차례

제1장 커리큘럼 개념화의 대안적 접근

　인간은 현재까지 이룩한 성취에 만족하기보다는 그 한계를 직시하고 이를 보다 나은 것으로 대체하려는 진취적인 성향에 의하여 성장한다. 교육이란 인간의 성장을 주도하고 촉진하는 활동이며, 커리큘럼은 성장의 과정을 단계적으로 처방하고 그 실현에 필요한 제반 조건을 마련하는 데 목적을 둔다. 이렇게 인간 진화를 이끌어 가는 창조적 활동과정의 중심에 교육이 자리하고, 커리큘럼은 그 교육의 수단 혹은 방법이라는 관점에서 본다면, 인간 변화를 점진적으로 촉발하는 데 필요한 방식으로 커리큘럼을 구성하고 활용할 필요가 있다. 이 장에서는 커리큘럼에 대한 종전의 이해와 접근방식을 차례로 검토한 뒤에 그 대안을 제시한다.

1. 커리큘럼을 어떻게 볼 것인가

　'무엇을 가르칠 것인가'는 커리큘럼의 핵심적인 문제이다. 가르칠 내용이 분명하게 제시되거나 정의되지 않은 상태에서 수업을 효율적으로 해 나가기란 상당히 어렵다. 설령, 그것이 가능하다고 해도 반대 측면에서 많은 혼란과 비효율적인 결과를 낳게 된다. 커리큘럼의 구성 및 상세화는 이런 차원에서 학교교육을 성립시키기 위해 반드시 고려해야 할 필요조건의 하나로 의심 없이 받아들여져 왔다.
　주지하다시피, 커리큘럼을 개념화하려는 시도는 주로 목표 정립과 관련하여 이루어져 왔으며, 학문을 강조하는 내용 중심의 접근이 미약하나마 그 대안으로 제안된 바 있다. 전자는 학습의 최종적인 상태인 '행동'을 상세화하는 데 주안점을 두는 반면, 후자에서는 학습의 대상으로서의 '내용'의 성격을 명료화하는 데 치중하여 대조를 이룬다. 이들 두 입장은 이제까지 커리큘럼 분야에서 제안되었던 논의들을 대표해 왔으며, 따라서 이론적인 측면에 관한 한 커리큘럼에 관한 논의는 대체로 이 두 입장의 특징을 분석하거나 그들 사이의 관련 및 차이를 분석하는 데에 집중되어 왔다.

기존의 입장들은 대체로 다음 두 가지 가정을 전제로 한다. 하나는 학교교육과 관련하여 가장 본질적인 영역은 커리큘럼이며, 커리큘럼은 학교교육에서 실현해야 할 가치의 내용을 집약하여 나타낸다는 것이다. 다른 하나는 그러한 커리큘럼의 형태는 학습자가 학습장면에서 습득해야 할 바람직한 지적 상태 또는 학습성취를 중심으로 하여 구성되며, 특히 그것을 학습이 이루어지기 전에 미리 결정, 제시함으로써 학습의 진로를 이끌어 간다는 것이다.

이 장에서는 이러한 기존의 입장을 비판하면서 커리큘럼을 바라보는 대안적 견해를 제안하고자 한다. 그 이유는 다음과 같다.

우선 첫째 가정에서, 커리큘럼이 학교교육에 대한 가치의식을 집약적으로 보여 준다는 점에 대해서는 일단 그렇다고 치자. 그러나 문제는 무엇을 '교육적 가치', 즉 교육의 고유가치로 볼 것인가 하는 점에 있다. 흔히 커리큘럼을 정당화하는 데 유용한 임의의 가치체계를 교육적 가치와 동일한 것으로 받아들이는 경향이 있으나, 교육이라는 일 자체가 고유가치가 결여된 영역이라면 모르되 그렇지 않는 한, 그들을 결코 동일한 것으로 보아서는 안 된다. 교육에는 삶의 다른 영역들에서 볼 수 있는 것처럼 그것을 지탱해 주는 근본이자 보루로서 그 나름의 독립된 가치가 내재하는 것으로 보인다. 그것은 정치, 경제, 사회, 문화, 학문, 예술, 도덕, 종교 등 여타의 인간사에서 추구하는 가치와 생리적으로 다른 것으로서 그들과 교육을 구별하는 준거가 된다. 물론 그것이 어떤 특색을 지닌 가치인가 하는 것은 좀 더 탐색되어야 할 문제이지만, 이러한 교육의 가치양상은 적어도 이제까지 커리큘럼 분야에서 논의되어 왔던 것처럼 교육을 지원해 주는 다른

적인 행동으로 표현될 수 있는 부분이 있고 그렇지 못한 부분이 있다. 전자는 어느 정도 객관적인 관찰과 측정이 가능한 부면이고 따라서 그것에 대하여는 마땅히 기술적인 차원에서 접근하려는 노력이 필요하다. 그러나 외부적인 관찰이 불가능한 인간의 내면적 변화에 대하여는 섣부른 양화(量化)가 오히려 그 실상을 왜곡하거나 간과해 버리는 결과를 빚는다. 예컨대, 학자의 안목, 시인의 마음, 화가의 손끝, 감식가의 혀, 의사의 통찰력 등은 오랜 수련과 연마의 과정을 거쳐 빚어진 까닭에 몇 마디 말로 나타내기 어려울 뿐만 아니라 객관적인 관찰이나 측정의 힘이 미치지 못한다. 보통 사람들의 경우에 있어서도, 이런 고도의 전문가적 체험과 수준 면에서만 다를 뿐, 이에 못지않게 의미 있는 변화를 내면에서 경험한다는 점은 부인하기 어렵다. 학교수업을 통해 달성하려는 목표에는 이런 종류의 변화가 응당 포함되어야 하겠지만, 객관적으로 측정 가능한 목표에 한하여 그 타당성을 인정하는 사고방식에서는 원칙적으로 이런 요구가 수용되기 어려운 것이 사실이다. 그러나 만약 교육을 통하여 추구하는 인간 변화의 보다 중요한 차원은 정작 이처럼 측정하기 어려운 부면에 집중되어 있다고 본다면 문제는 달라진다. 그런 변화를 추구하기 위해서는 아마도 커리큘럼을 구성하고 상세화하는 논리는 물론 교육을 보는 사고 자체의 전환이 심각하게 요청된다고 해야 할 것이다.

둘째, 목표를 상세화하여 제시하는 이면에는 수업에 참여하는 사람들 간에 의사소통의 혼란을 제거하여 일사불란한 노력을 촉진한다는 목적이 내축되어 있다. 그러나 수업목표는, 그것이 비록 명료하고 체계적인 방식으로 진술된 것이라고 하더라도, 그 의미가 누구나에게 동일한 것으로 받아들여지기 어렵다는 점에서 한계를 가진다. 이것은 단지 표현상의 기법 이상으로, 보다 근본적인 차원에서 제기되는 해석상의 난점이다. 여기에는 적어도 두 가지 이유가 있다. 하나는 언어적 진술 자체가 갖는 의미의 중의성(重意性) 때문이다. 흔히 명료한 문장으로 표현되고 해설을 덧붙인 목표는 누구에게나 똑같은 의미로 받아들여질 것으로 생각하지만 실상은 전혀 그렇지 않다. 진술된 언어가 갖는 의미는 단 하나로 고정시킬 수 없으며, 따라서 언어적 형태로 상세화시킨 목표는 갑과 을에게 동일한 의미로 수용된다는 보장은 없다. 따라서 전달과정에서 빚어지는 다소의 애매함과 오해는 불가피하다. 또 하나, 해석하는 사람의 이해수준의 차이 때문이다. 만약 갑의 이해수준이 높고 을의 이해수준이 낮다고 하면, 갑의 말과 행동은 을에게 납득하기 어려운 대상으로 비친다. 을은 갑의 진의를 제대로 이해할 수 없어 자기 멋대로 곡해, 왜곡하게 되고 결국 피차간의 오해는 피하기 어렵게 된다. 예를 들어, 어떤 교사가 목표로 제시된 커리큘럼을 실현하기 위하여 수업을 준비하는 경우를 생각해 보자. 목표는 그것을 성안(成案)한 전문가의 커리큘럼에 대한 이해수준을 어느 정도 반영한다. 그리고 이때 전문가는 교사보다 한 단계 정도 높은 수준에 있다고 가정해 보자. 이 상황에서 교사는 커리큘럼에 명시된 내용을 단순히 전달하기만 하는 역할을 하기보다는 오히려 커리큘럼의 의미를 적극적으로 파악하려는 해석자로 등장한다. (실제로 어떤 교사든지 수업을 준비하고 그에 임하는 과정에서 거의 항상 원론 수준의 커리큘럼에 제시된 바를 나름의 입장에서 해석하고 적용하고 응용하는 이해의 주체로서 활동한다고 보아야 한다.) 그런데 이 해석의 과정에는 암암리에 목표에 대한 이해와 오해의 과정이 교차되기 마련이다. 비록 커리큘럼에 제시된 목표가 실제 수업에 임하는 교사들의 오해를 최소화할 수 있도록 명료한 용어는 물론 교사들의 이해수준을 최대로 고려하여 평이한 형태로 진술될 가능성은 높지만, 이해수준의 차이가 존재하는 한 그로 인한 오해는 불가피하기 때문이다. 결국 목표의 명료화가 그에 대한 이해의 명료화를 보장하는 것은 아니기 때문에 이 접근방식은 어차피 한계를 지닐 수밖에 없다.

셋째, 목표 중심의 커리큘럼 개념화 방식은 교사와 학생의 실제 수업활동을 구체적으로 지시해 주기에는 미흡하다는 점을 지적하지 않을 수 없다. 교사의 입장에서 보면, 아무리 명백하게 진술된 목표라 해도 그것은 결국 그 자신에 의해서 다시금 구체적인 형태의 교수활동에 의해 부연 설명되지 않으면 안 되는 추상적인 지시에 지나지 않기 때문이다. 말하자면 교사는 목표를 확인한 시점에서 자신과 학생 사이의 논리적 간극을 메우는 낯선 과업 앞에 마치 초연(初演)을 앞둔 배우처럼 설레는 마음으로 임하지 않으면 안 된다. 그리하여 수업목표는 학서는 안 될 것으로 본다. 학습의 본질은 지식의 최전선에서 활동하는 학자들의 '학문적 사고방식'의 특징을 반영하는 것이어야 하며, 이런 방식으로 지식을 가르칠 때 비로소 학생들은 지식을 맹목적으로 암기하는 것이 아닌 진정한 이해에 도달할 수 있다고 보았다. 이것이 그가 강조하는 '발견학습' 혹은 '탐구학습'의 기본 아이디어이다. '발견학습' 혹은 '탐구학습'이란 본디 학생으로 하여금 목하 배우고 있는 지식의 의미를 원래 그것을 창출한 학자들의 탐구활동의 맥락으로 되돌려 해석하고 받아들이는 학습방법을 말한다. 지식을 배울 때 그것이 산출된 과정을 되밟음으로써 비로소 지식은 학생의 마음 '바깥'에 머물지 않고 그 '안'에 들어오도록 할 수 있다. 교사는 바로 이러한 '발견' 또는 '탐구'를 도와주기 위하여 학생 스스로 문제를 찾아내고 그 해답에 이르는 과정을 수행하도록 촉진하는 사람인 것이다. 이는 마치 학자가 학문을 연구하는 것과 '성격상' 동일한 일을 하도록 교사가 '산파'로서의 역할을 담당하는 것을 의미한다. '산파술'로 알려진 소크라테스의 교육방법이 Bruner의 커리큘럼 이론에서 끊임없이 논의된 이유도 바로 이와 같은 점에 있다. 요컨대, Bruner가 강조하고자 했던 것은 교육과 관련하여 항상 이야기되어 왔던 '고전적인 아이디어'—즉, 모름지기 가르치는 사람은 배우는 사람이 스스로 이해에 도달할 수 있도록 도와주어야 한다는 것—를 되살려낸 것이며, 이는 '교육의 본연적 모습'을 학문에 충실한 데에서 찾고자 하는 그의 학자다운 노력을 반영하고 있다.

　이것이 일명 '지식의 구조'를 가르쳐야 한다는 Bruner 주장의 요지이다. 이러한 Bruner의 주장에는 커리큘럼 구성과 그 상세화 방식에 관한 구체적인 원리와 지침도 아울러 제시되고 있다. Bruner가 『교육의 과정』에서 '지식의 구조'가 가지는 이점으로서 내세운 '한 가지 핵심적 확신'은 이 문제와 관련하여 커리큘럼을 구성하고 운영하는 실제적인 방향을 함의한다. 여기서 말하는 '핵심적 확신'이란 지식의 최전선에서 새로운 지식을 만들어 내는 학자들이 하는 것이거나 초등학교 학생이 하는 것이거나를 막론하고 모든 지적 활동은 근본적으로 동일하다는 것이다(Bruner, 1960, 이홍우 역, 1973, p. 68). 다만, 학생들은 학자들처럼 어려운 개념이나 복잡한 이론체계를 써서 하는 것이 아니라 자기의 수준에 맞는 개념과 사고방식을 써서 할 뿐이다. 그러므로 그들 사이에는 하는 일의 '수준'에 있어서 차이가 있을 뿐, 하는 일의 '종류'—탐구하는 일—에 있어서는 본질상 같다. Bruner가 보기에, 학자와 학생이 성격상 동일한 종류의 일을 하는 것이 옳다면 학생들에게 가르칠 교과는 초등학교 저학년에서 고등학교, 대학에 이르기까지 각 학교수준에 따라 달라질 이유가 없다. 즉, 수업내용은 어른의 입장에서 알 가치가 있는 것, 또는 아이 때에 그것을 배우면 보다 훌륭한 어른이 되는 데에 도움이 되는 것이어야 하며, 이 내용이 학교 수준 전체에 걸쳐 각 발달 단계에 알맞은 형태로 가르쳐져야 한다. 여기서 주목할 것은 각 발달 단계에 알맞게 가르쳐지는 수업내용은, 비록 그 표현 형태는 조금씩 다를지언정, '발달 단계' 여하를 막론하고 '동일한' 것, 즉 '공통된 교과'라는 점이다. 이렇게 수업내용을 '통일된 전체로서의 지식'으로 파악하는 관점에서 볼 때, 『교육의 과정』 이후 널리 알려진 Bruner의 가설, 즉 '어떤 교과든지 올바른 방식으로 표현하면 어떤 발달 단계에 있는 어떤 아동에게도 효과적으로 가르칠 수 있다.'는 말이 의미를 가지게 된다. 이 가설적 원리를 따르는 커리큘럼을 사람들은 '나선형 커리큘럼(spiral curriculum)'이라고 부른다.

Bruner에 의해 제시된 나선형 커리큘럼은 그 이면에, 지식의 성격을 학문과의 관련 하에 재해석함으로써 교과로서의 지식의 위상을 확립하고자 하는 의도를 지니고 있다. 아울러 거기에는 지식으로 대표되는 교과는 수업의 목표와 방법은 물론, '교육의 성격' 전체를 결정짓는 핵심 요소라는 생각이 깔려 있다. 이 점에서 그것은 '교과 중심 모형'이라고 부르기에 조금도 손색이 없다. 이러한 '교과 중심 모형'의 주된 특징은 지식을 '체계'로 파악하는 이른바 '전체주의적 접근'에서 찾을 수 있다. 이홍우 교수(1977)의 견해를 따르자면, 이는 목표 중심의 사고방식이 나타내는 '환원주의적 접근'과 크게 대조되는 특징이다. 이 입장에서 볼 때 교과는 그 구성요소들로 환원될 수 없는, 그 자체로서 의미가 있는 온전한 지식으로 규정된다. 커리큘럼을 구성하고 상세화한다는 것은 결국 이러한 지식의 의미가 손상되지 않는 방향으로 최대한의 노력을 기울여 나간다는 뜻으로 해석된다. 사실상 이런 특징 때문에 그것은 앞의 목표 중심 모형에서 간과될 수밖에 없었던 한계를 넘어서고 있고 그 점에서 하나의 대안으로 성립한다고 볼 수 있다.

그런데 교과 중심 모형은 지식의 성격을 규정하는 인식론적 입장에 있어서 다소의 문제를 지니고 있다. 교과 중심 모형에서는 지식을 그 배경이 되는 학문과 관련하여 설명하고 있다. 이는 지식을 학문적 탐구활동의 소산으로 보는 것을 의미한다. 따라서 지식을 가르치고 배울 때 학생들과 교사는 학자가 탐구활동을 하듯이 동일한 방식으로 그것을 습득해야 한다고 주장한다. 여기까지는 별로 문제가 없다. 과연 지식 공부의 생명은 '탐구'에 있기 때문이다. 그런데 문제는 그러한 지식을 커리큘럼의 형태로 편성하는 과정에서 발단한다. Bruner는 '발달 단계' 여하를 막론하고 '동일한' 것, 즉 '공통된 교과'가 있다는 식으로 가정한다. 그리하여 수준과는 무관하게 공통된 지식, 즉 '핵심적 아이디어'를 찾는 일이 중요하다고 보고, 각 학문 분야가 지닌 그러한 공통된 사고방식을 확인하여 학습자의 이해수준에 맞도록 번역해 주는 것을 핵심 원리로 삼는 커리큘럼의 아이디어를 제안한다. 이것은 마치 각 학문마다 그 근간을 이루는 전형적인 사고의 형태가 객관적으로 존재하는 것처럼 상정하는 것이며, 또한 그것을 어느 수준에서나 올바른 것으로 받아들여야 할 일종의 진리기준과 같은 것으로 파악하는 것이다. 그러나 이는 이른바 '객관주의적 진리관'에 기초한 소박한 가정이며 학문의 실상과 부합하지 않는 그릇된 발상이다.

학문은 역사적으로 내부적인 혁명을 거쳐 이전 단계의 모순을 극복하고 새로운 이해의 구조를 성취시켜 온 대표적인 세계의 하나이다(Kuhn, 1970). 학문 내부에서 가정하는 한 가지 신조가 있다면 그것은 '영원불변의 진리는 없다.'는 것이다. 학문이란 항상 현재의 지식을 잠정적인 가설로 받아들이고 그것을 대체할 보다 나은 지식체제를 찾아나서는 여로에 비유된다. 이 말은 학문이 자체를 끊임없이 쇄신하는 '부정의 연속'에 의해 영위되는 인간사임을 의미한다(Bachelard, 1949). 학문의 전통을 '반전통의 전통'이라고 갈파한 Shils(1992)의 지적도 이 점과 관련하여 정곡을 찌른 감이 있다. 실상 과학자들 사이에서는 학문 세계에 어떤 전형적인 사고방식이나 객관적인 진리가 실재한다고 믿는 것은 학문에 대한 그릇된 통념일 뿐이며, 이를 주장하는 객관주의적 진리관은 허상에 지나지 않는다는 주장이 점차 설득력을 얻고 있다(Bachelard, 1934; Feyerabend, 1975; Polanyi, 1958 등). 진리는 객관적으로 실재하는 어떤 고정된 실체라기보다는 인간이 끊임없이 자신의 지적 수준을 쇄신해 나가는 도정에서 파악되는 어떤 이해 구조의 총체적 변화와 관련된다. 말하자면, 인간은 스스로의 주체적 노력에 의해 이전보다 개선된 이해 수준으로 전환하는 과정에서 이전 상태와의 상대적 차별감에 의하여 부분적으로나마 진리를 체험하게 되는 것이다.

이와 같은 관점에서 볼 때, 각 학문 특유의 사고방식을 대표하는 지식의 최첨단 수준을 전제하고 그것을 모든 수준의 학생에게 가르쳐야 한다고 주장한 Bruner의 생각은 학문에 관한 지나치게 소박한 가정에 기초하고 있어 전적으로 재고될 필요가 있다. 아울러 어느 학문이든지 그 분야의 일반적인 아이디어는 각 발달 단계의 아동의 수준에 맞게 표현 또는 번역할 수 있다고 보는 견해도 수정될 필요가 있다. 학문은 그 발전도상에서 매번 전 단계의 지식체계를 부정하고 그것을 대치할 새로운 체계를 구성하는 과정에서 쇄신되어 왔다. 따라서 그 종적 확장의 나이테만큼 학문의 각 단계는 서로 모순되며 단절된 양상을 이루고 있다. 학문적으로 높은 수준의 단계는 그보다 낮은 이전의 수준을 극복하고 나온 것이므로 낮은 수준의 단계로 이해되거나 파악하기 어렵다. 학문의 수준이 서로 다르면 비록 동일한 대상을 논하더라도 각자 전혀 다른 방식으로 이해하기 때문에 그들 간에는 오해가 불가피하다. 이 점은 일찍이 인식의 발생적 순서를 고찰하면서 수준이 다른 인지구조 간에는 논리적인 연결이 불가능하다고 밝힌 Piaget(1950, 1954)에 의하여 입증된 바 있다. Piaget의 말대로 지적 발달의 각 단계는 공통된 사고방식을 가정할 수 없는 불연속적 단층을 이룬다고 보면, Bruner가 가정하는 나선형 커리큘럼의 기본 가정은 상당히 의심스러운 것이다. 실상 Bruner는 자신의 생각이 Piaget의 이론에 기초한 것이라고 밝히고 있으나, Piaget는 오히려 그가 자신을 곡해하였다고 지적한 바 있다(Piaget, 1971, p. 20; 장상호, 1987, pp. 51-56에서 재인용).

이렇게 볼 때, 나선형 커리큘럼에 나타난 커리큘럼의 아이디어는 그 기반에서부터 흔들리고 있음을 부인하기 어렵다. (이에 관하여는 다음 절에서 그 대안적 모형

유성을 토대로 하는 상호보완적인 관계를 통해서만 상대의 발전에 긍정적으로 기여할 수 있기 때문이다.

이러한 논의를 바탕으로 할 때, 적어도 '활동 중심 모형'을 따르는 관점에서 보면, 교과의 조직과 관련된 커리큘럼의 문제는 더 이상 교육의 핵심적인 영역을 차지한다고 보기 어렵다. 교육을 교육으로 성립시키는 핵심적 요소는 이제 교육 자체의 목적을 실현하기 위한 활동과 그러한 활동을 통한 가치실현 과정에 의해 새롭게 규정되어야 하기 때문이다.

커리큘럼의 성격을 재규정하는 이러한 시각의 변화는 근본적으로 교육의 전체 맥락을 새롭게 구축하는 시도라는 점에서 그와 관련된 다른 측면의 변화까지도 수반한다. 이를 커리큘럼의 문제 영역에 국한하여 살펴본다면, 우선 종전에 학문 위주로 편성되던 커리큘럼은 이제 그 소재의 폭을 학문 이외의 것까지 포함시키는 쪽으로 확대하는 것이 불가피하다. 교육적인 활동이 가능한 소재는 지식으로 대표되는 학문만은 아니기 때문이다. 다양한 종류의 예술, 기술, 취미, 신체 활동 등 수련적 색채가 강한 소재[5]는 모두 교육을 위하여 활용될 수 있고 또 활용되어야 한다. 이처럼 교육의 소재를 학문 이외의 영역으로 확대하는 것은 학문이 교육의 소재로서 다른 것보다 중요하지 않기 때문은 결코 아니다. 학문은 여전히 교육을 위해 중요하며 또 비교적 친숙한 소재이기에 상대적으로 유리한 점도 많다. 그러나 교육은 반드시 학문에만 의존해야 할 필연적인 이유는 없다. 우리는 이미 수없이 많은 경험을 통하여 학문 이외의 다양한 소재를 교육에 활용하고 있다. 이들 각 소재와의 만남에서 얻는 체험은 학문을 통한 체험보다 열등한 것도 아니고 학문적 체험에 의해 대체될 수도 없는 고유한 속성을 지니고 있다. 그러므로 각 개인이 지닌 소질과 여건에 맞게 소재를 다양화하여 제공한다면 그들이 누릴 수 있는 교육적 체험의 기회를 더욱 심화하고 확대하는 결과를 얻을 수 있을 것이다.

---

5) 장상호(1991)는 교육의 소재가 될 수 있는 이러한 특이한 세계들을 통칭 '수도계'라 이름하고, 그 종류 및 특징을 비교적 자세히 규정한다. 장상호 교수에 의하면, 수도계는 인간이 자신의 잠재적 위대성을 실현시켜 보다 높은 수준의 실재(實在)와 접촉할 수 있는 존재적 지위의 확보와 관련된 세계를 의미한다(pp. 6-7 참조).

그러나 이처럼 교육적 과정의 활성화를 위한 소재의 확장이 필요하다고 해서 무엇이든지 교육의 소재가 될 수 있다고 보아서는 안 된다. 교육의 소재가 되는 데에는 몇 가지 까다로운 조건을 만족해야 할 것으로 보기 때문이다. 가령, 어떤 특수한 소재든지 그 안에서의 성장 발전은 소위 구조적인 단절과 비약이 교차되는 비연속적 계열을 따라 이루어진다는 점이 확인될 수 있어야 한다. 말하자면 각 소재별로 '모순의 계열화'가 내재한다는 조건을 만족시킬 때에만 교육 소재로서 활용이 가능하다. 바둑이나 장기 또는 태권도나 유도의 경우에서 볼 수 있는 단급수의 발전적 위계가 그 좋은 예라고 할 수 있다. 여기에 더하여 또 하나 중요한 조건은 그러한 발전의 계열이 원칙상 그 끝을 마감할 수 없는 이른바 무제한적 개방성을 가정할 수 있어야 한다는 것이다. 교육은 속성상 인간의 불완전을 전제로 하기 때문에 완전이나 절대를 신봉하지 않는다. 그러므로 최종 단계가 불확실한 것일수록 혹은 베일에 가려 있는 것일수록 교육의 소재로서 적합하다고 할 수 있다.

물론 이 외에도 교육의 소재가 되는 데 필요한 조건은 추가로 더 열거될 수 있을 것이다. 그리고 그러한 조건들은 아마도 꽤 장기간의 체험을 바탕으로 하는 연구와 검증을 통해 확인이 필요한 문제들일 수밖에 없을 것이다. 이런 점에서 '활동 중심 모형'에서 제안하는 커리큘럼의 의의를 보다 구체화하기 위해서는 다양한 소재의 교육적 활용 가능성을 타진하고 정립해 나가는 실증적·경험적 연구가 이론적 측면과 함께 후속되어야 할 것으로 본다.

제2장 전통문화와 커리큘럼

1. 서론: 근대화와 문화적 갈등

해방 후 반세기는 우리 민족이 사회 전 분야에 걸쳐 후진성의 굴레를 탈피하려고 노력한 시기였다. 그 가운데 우리는 특히 서구의 문화를 광범위하게 받아들여 짧은 시간 내에 이를 소화해 내려고 노력하였다. '근대화', 좀 더 좁혀 말하면 '서구화'로 명명할 수 있는 이 과정은 아직도 완결된 것은 아니어서 그에 대한 총체적 평가를 내리기는 다소간 시기상조일지 모른다. 그렇지만 그동안 간간이 사회 여러 분야에 걸쳐 부단한 중간 점검이 이루어져 온 것도 사실이다. 그들에 따르면, 근대화 내지 서구화(양자는 완전히 같은 의미를 가진 것은 아니다.)는 많은 측면에서 긍정적인 평가를 내릴 수 있음에도 불구하고, 또한 적지 않은 부분에서 부작용과 무리를 동시에 야기하여 왔다는 평가가 내려지고 있어 주목된다. 그 골자는 한 마디로 광범위한 문화 수입의 이면에 민족의 전통과 주체성을 저버린 사대주의적 사고가 깊숙이 자리하였다는 점과, 그로 인해 우리 스스로가 '서구문화의 식민지'로 전락해 버린 작금의 현실에 대한 반성과 자각으로 집약된다.

오늘날 이와 같은 서구문화의 부작용을 우려하면서 그 원인과 대책을 마련해야 한다는 목소리가 높다. 그러나 그 대책을 논의하기 이전에 먼저 문제의 본질을 명확히 하고 넘어갈 필요가 있다. 이 장은 그 가운데 오늘날의 우리 학교체제[1]와 관련된 문제의 일단을 점검해 보려는 것이다.

---

1) 오늘날 우리가 주위에서 보고 있는 학교의 형태는 우리나라의 전체 역사를 통해서 존재했던 다양한 형태의

현재의 학교체제는 시기적으로 뒤늦게 국제 경쟁무대에 뛰어든 후진국의 입장에서 볼 때 근대화에 필요한 인력을 양산하고 공급해 줄 희망의 기구로서 각광을 받았다. 국가적인 차원에서 근대화된 시민의식과 국가사회에 헌신하는 능력 있는 인간상이 학교교육을 통해 강조되고, 이를 위해 서구의 사상과 과학 그리고 윤리의식들로 내용이 채워진 교과들을 가르치고 배웠다. 그 결과 서양의 기술문명은 말할 것도 없이, 그 정신적 토대를 이루는 철학과 문학과 과학, 심지어 음악과 미술까지도 가장 진보된 문화라고 믿는 젊은이들이 학교를 통해 배양되었다. 이 땅에 조상 전래의 찬란한 문화유산들이 적지 않았지만, 그것들은 단순히 '옛것'이라는 이유로 근대화 과업에는 거의 무용지물로 취급되고 학교교육에서도 철저히 배제되는 수모를 감수해야 했다.[2] 따라서 우리 시대의 학교는 사실상 과거 수천 년간 지속되어 온 이 땅의 문화적·도덕적·교육적 전통과는 거의 단절 상태에 있으며, 그 영향력 아래 자라난 세대 역시 몸은 비록 이 땅의 사람이면서 그 의식 구조는 거의 서구문화의 지배를 받고 있다고 해도 과언이 아니다. 근대의 여명기에 한때나마 '동도서기(東道西器)'를 주장하는 세력이 있기도 했지만,[3] 작금의 우리 형편은 차라리 '서도서기(西道西器)'라는 말이 한층 더 적절해 보인다.

서구문화를 받아들여 부강한 나라를 이룩하려는 의도는 그 나름으로 충분한 이유를 지니고 있다. 그러나 애초의 의도는 아니었을지 몰라도 근대화의 방법으로 유입된 서구문화로 인해 우리 전통문화의 존립이 위태로운 사태를 맞게 되었

학교 중에서도 특별한 부류의 것이다. 그것은 이른바 '신교육체제'에 해당한다. 우리가 주목할 점은 역사상 한국의 신교육체제는 국가적인 수준에서 항상 그 설립의 목적이 다분히 교육 외재적인 성격을 띠어 왔다는 사실이다(오천석, 1964). 학교가 국가적 목적 달성의 수단이었으며, 교육 또한 수단이라는 범주에서 추진되었다. 이에 관한 보다 자세한 설명은 장상호, 『학문과 교육』(상)(서울: 서울대학교 출판부, 1997a), pp. 170-191을 참조하기 바란다.

2) 근자에 이르러 우리의 전통문화에 대한 관심이 되살아나면서 그것들을 학교교육에 접목시켜야 한다는 자성의 소리가 나오고 있음은 다행스런 일이다. 그렇지만 국가가 편성하는 커리큘럼과 정규학교의 교육에서는 여전히 이를 거의 외면하고 있음을 상기할 필요가 있다.

3) 동도서기론(東道西器論)은 구한말 위정척사론과 개화론 간의 중도적 입장을 견지하였다. 이들이 주장한 근대화의 논리는 서구화가 아니라 전통적인 역량과의 관련 아래 모색되고 있었다. 실제로 광무연간(1897~1907)에 추진되었던 대한제국의 개혁사업은 이러한 동도서기론의 입장에 입각한 것이었고, 일제강점기의 애국계몽운동 또한 그 사상적 흐름을 이어받은 것이다(이태진, 1994, pp. 95-103).

다. 이것은 반드시 우리 것만이 좋다는 국수적 민족주의가 아니더라도, 민족의 얼과 뿌리를 담고 있는 유일한 원천인 전통문화의 존재의의로 보아 결코 사소하게 보아 넘길 일이 아니다. 혹자는 우리 문화의 주류가 서구문화로 대체되는 과정은 비단 우리나라에만 국한된 것은 아니고 전 세계적인 흐름이라고 말할 수도 있을 것이다. 또, 역사적으로 볼 때 우리의 전통문화는 대부분 중국의 문화적 영향을 받은 것인 만큼 이제 서양문화도 그런 방식으로 수용하는 것이 바람직하지 않느냐고 말할 수도 있을 것이다. 이런 주장은 결국 '전통문화의 단절과 소멸은 대세'라는 생각을 나타내고 있다.

오늘날의 우리 학교는 결국 이런 종속주의의 노선 위에서 '서구를 배워 서구 따라잡기'를 시대적 사명으로 삼고 있는 셈이다. 그런데 지난 한 세기에 걸친 노력의 결과는 유감스럽게도 이런 목표를 크게 배반하고 있어 주목된다. 도대체 '서구 따라잡기'는커녕 '서구 배우기'조차 제대로 추진되지 못하고 있다는 진단이 내려지고 있다. 이것은 한 나라의 학문과 문화를 선도한다는 대학의 경우에도 마찬가지이다. 대학에서조차 '남의 학문 가져와서 자랑하기'가 학문활동의 주종을 이루고 있어,[4] 서양문화에의 예속이 날로 가속화되는 느낌이다. 이런 식으로 나가다가는 서양문화는 서양문화대로 제대로 소화하지 못하고 우리 전통문화는 그것대로 사라지고 말지도 모른다는 우려가 나올 수밖에 없다. 역사상 또 한 번의 문화침체기를 맞을지 모른다는 비관적 전망도 따라 나오는 모양이다.

이런 혼란이 거듭되는 가운데 지금까지와 정반대로 서구화를 버리고 전통으로 선회해야 한다는 주장도 나오고 있다. 그러나 이것은 문제의 해결책으로서 적절한 것이 아니다. 서구문화에 물든 지금까지의 학교교육을 비판하면서 그 대안을 오직 과거의 것에서 찾겠다는 발상 역시 또 하나의 극단적인 입장에서 벗어나지 못한다. 그러나 해방 후 지금까지 학교체제를 주도해 온 사고방식, 특히 교육의 목적과 내용 그리고 방법의 체계를 오직 서구지향적인 시각에서만 다룰 것인가 하는 데에는 좀 더 체계적이고 근본적인 성찰이 있어야 할 것으로 보인다. 그 개

---

4) 조동일 교수는 이를 '수입학'이라고 부른다. 수입학에 관해 좀 더 자세히 알고자 하면, 조동일, 『인문학문의 사명』(서울: 서울대학교 출판부, 1997), pp. 31-41을 참고하기 바란다.

선의 방식에는 여러 가지가 있겠지만, 적어도 우리는 전통문화의 진수를 확인하여 교과체계로 정립하는 일과 함께 서구의 학문적 교과와 대등한 비중을 가지도록 조화와 균형을 맞추는 것이 필요하다고 본다. 또한, 교과를 가르치고 배우는 방식은 물론, 그 평가방식에 있어서도 적절한 기준과 방법을 모색하는 노력이 뒤따라야 할 것이다. 이런 일련의 작업이 병행된다면 전통문화 유산의 전면적인 소실을 막고 서구화된 우리의 의식 구조를 좀 더 균형 잡힌 상태로 이끄는 전기를 마련할 수 있을지도 모른다.

　이미 근대화 이후 세계문화의 흐름이 서구 쪽으로 기울대로 기울어진 마당에 그 흐름을 무슨 힘으로 역전시킬 수 있겠는가 하고 회의를 품을 사람도 적지 않을 것이다. 그러한 생각의 밑바닥에는 자기 문화에 대한 긍지와 열정의 결여뿐만 아니라 그 이상의 깊은 자기패배적 의식이 깔려 있다는 점을 지적하고 싶다. 불과 한 세기 동안의 역사만을 가지고 모든 것을 재단하려는 사고는 그 자체로 위험한 것이고 누가 보아도 올바른 역사의식을 갖춘 것이라고 하기는 어려울 것이다. 더욱이 최근 우리 전통문화에 대한 관심과 호응이 요원의 불길처럼 일어나고 있는 것을 보면 '전통의 르네상스'는 시간문제라고 판단된다. 문제의 핵심은 과연 그런 노력을 교육과 관련된 영역에서 얼마나 구체적이고 설득력 있게 전개할 수 있느냐 하는 데 달려 있다.

　이상의 논의를 토대로, 이 장에서는 우리 커리큘럼의 구조를 재조정하기 위한 구체적인 방향을 탐색해 보려고 한다. 이를 위해 먼저 우리 커리큘럼이 걸어온 과거를 개괄적으로 고찰하되 그 교과내용과 방법에 함축된 문화적 성격을 진단해 본다. 교육과 관련하여 전통문화가 차지하는 비중과 의의는 어떤 것인지에 대해서도 고찰할 필요가 있다. 이러한 논의는 전통문화의 진수를 커리큘럼에 접목시키는 데 필요한 논거와 방향을 시사해 줄 것으로 기대된다. 다음으로, 현재의 서구화된 커리큘럼의 틀을 재구조화하기 위한 구체적인 방안의 하나로 이른바 '전통 커리큘럼'은 어떠한 특징과 면모를 지닌 것인지에 대해 살펴본다. 우선 '전통 커리큘럼'은 '서구식 커리큘럼'과 어떤 관계에 놓이는 것인지 고찰하고, 이어서 '전통 커리큘럼'의 특징을 크게 교과내용의 체계, 교수–학습의 원리, 평가의 방식으로 나누어 상론하고자 한다.

2. 커리큘럼[5]의 문화적 종속성

1) 교과 체계의 역사적 변천

우리나라는 역사가 오랜 만큼 교육의 역사도 오래다. 지정학적으로 대륙과 해양을 접하는 반도에 위치하여 우수한 외국 문화를 접할 수 있었고, 그중 상당 부분의 문화는 우리 교육에 수용되었다. 삼국시대에는 인도에서 발원한 불교가 중국을 거쳐 우리나라에 전래되었고, 중국의 도교 또한 전수받을 수 있었다. 고려시대는 이러한 불교문화가 활짝 꽃피었다. 조선조에 들어와 유교가 불교를 대신하게 되었다. 그 후 주로 일본과 미국을 통해서 서양의 신학문[6]을 접하게 되었다. 이처럼 시대마다 종류를 달리하는 문화를 교육의 소재[7]로 접할 수 있었던 것은 우리 민족에게는 일종의 축복이었다고 보아야 할지 모른다.

이러한 다양한 갈래의 문화는 정규학교를 통해서만 아니라 일상적인 사회생활을 통해서도 습득되고 전파되었다. 그렇지만 그것이 주로 학교를 통해서 수용되고 전파되는 것은 당연했다. 한 가지 흥미로운 사실은 학교에서 채택한 교육의

---

5) 이 장에서 전제하는 커리큘럼의 개념을 간단히 밝혀 두고자 한다. 커리큘럼에 관한 개념은 논자에 따라 상당히 다르지만, 이 장에서는 '학교운영의 목적과 내용과 방법에 관한 체계적인 사고방식의 구체적 실천방안'으로 정의한다. 이 정의는 '학교에서 무엇을 왜 어떻게 가르칠 것인가' 하는 문제를 구체적으로 다루는 일을 커리큘럼의 핵심이라고 보는 관점을 따른 것이다. 그런 의미에서 용어를 '교육과정'으로 하는 것이 적절치 않다고 보아 영어의 커리큘럼을 소리 나는 대로 사용한다. 이홍우, 『교육과정 탐구』(증보) (서울: 박영사, 1992), p. 97 참조.
6) 일반적으로 조선시대에 우리 문화를 지배하던 토착사상을 '구학문'이라 하고, 주로 중국을 통하여 전래되기 시작한 서양의 학문을 '신학문'으로 부르는데, 이것은 마치 전자가 후자에 비해 덜 발전된 것이라거나 혹은 전자가 후자로 대체되어야 할 어떤 것이라는 인상을 준다는 점에서 시정될 필요가 있다. 양자는 거의 같은 시기에 동양과 서양에서 출현한 것이며, 내용에 있어서 서로 혼동되어서는 안 될 이질성을 지니고 있기 때문이다(장상호, 1997a, p. 111). 이런 견해는 '신학문'과 '구학문'을 통칭하는 개념으로 '학문'이라는 말을 쓸 수 있다고 보는 견해(조동일, 1993)와도 상당한 차이가 있다. 조동일, 『우리 학문의 길』(서울: 지식산업사, 1993) 참조.
7) '교육의 소재' 혹은 '교육 소재'는 교육활동을 펴 나가는 데 필요한 재료 혹은 소용이 되는 연장을 가리킨다. 이것은 종래 '교육내용'이라 칭하던 것을 교육을 본위로 하는 맥락에 기초하여 대치한 개념이다.

소재들이 시대에 따라 확연하게 달랐다는 점이다. 그 배경에는 권력관계의 유지에 필요한 이데올로기의 주입, 사회적 질서의 변혁과 개편, 경제발전의 논리 등 교육 외재적 목적의식이 작용하고 있었다. 이 때문에 그것은 순수한 의미에서 교육을 장려한다는 의도와는 상당한 거리가 있었다.

우리나라의 학교는 일찍부터 중국의 체제를 모방하여 삼국시대, 통일신라, 고려를 거쳐 조선 말엽에 이르기까지 적어도 천여 년 동안 외형상의 큰 변화가 없었다. 물론 내용적인 면에 있어서도 중국적인 것, 그중에서도 유교철학에 바탕을 둔 교과내용이 압도적인 비중을 차지하였다. 이런 경향은 특히 사회의 엘리트를 양성하는 대학 이상의 학교에서 더욱 두드러졌다.[8]

전통적인 교과체계에 변화가 나타난 것은 구한말에 이르러서이다. 서세동점의 여파 속에 '신학문'이 유입되었다. 신학문은 정권담당 세력의 적극적인 수용에 의하여 전래되었다기보다는 당시의 불가피한 상황과 서구세력의 압력에 의해서 우리 민족에게 수동적으로 부과되었다. 주로 유학에 의존해 온 지배 세력

---

8) 삼국시대의 고구려는 오늘날의 대학에 해당하는 태학(太學)에서 오경(五經) [시전(詩傳), 서전(書傳), 주역(周易), 예기(禮記), 춘추(春秋)]과 삼사(三史) [사기(史記), 한서(漢書), 후한수(後漢書)]를, 사학기관인 편당(扃堂)에서는 독서와 습사(習射)를 가르쳤고, 신라에서는 국학(國學)을 설립하여 『논어』와 『효경』을 필수로 하되 예기 · 주역, 좌전(左傳) · 모시(毛詩) · 춘추, 상서(尙書) · 문선(文選)을 구분하여 가르치는 삼과(三科)를 두었다. 고려시대의 국자감(國子監) 안에 육학(六學)[국자학(國子學), 태학(太學), 사문학(四文學), 율학(律學), 서학(書學), 산학(算學)]을 두었고, 주역 · 상서 · 주례(周禮) · 예기 · 모시 · 춘추 · 좌씨전 · 곡량전(穀梁傳)을 각각 일경(一經)으로 하고 『논어』와 『효경』은 필수과목으로, 율학(律學)에는 율령(律令), 서학(書學)에는 팔서(八書), 산학(算學)에는 산수를 각각 학습하게 했다. 사학(私學)인 12도(徒)에서는 주로 구경(九經)(구경이란 주역, 시경, 서경, 예기, 춘추, 효경, 논어, 맹자, 주례를 총칭하는 말이다.)과 삼사(三史)를 가르치고 시문을 짓게 했다. 조선시대에 이르러서도 유학을 주종으로 삼았기에 교과내용상의 큰 변화는 없었다. 성균관에서는 크게 강독, 제술(製述), 서법으로 나누어 강독은 사서(四書), 오경(五經), 제사(諸史)를, 제술은 의(疑), 론(論), 부(賦), 표(表), 송(頌), 명(銘), 함(箴), 기(記), 서법은 해서, 행서, 초서로 하였다. 중앙의 사학(四學)과 지방의 향교(鄕校)에서도 사서와 오경이 중심이지마는 필수교과로서 소학(小學)을 특별히 강조하였다. 사학에서는 여기에 문공가례집(文公家禮集), 초사(楚史) · 문선 및 역대의 시문 등을 더하여 가르치고, 향교에서는 근사록(近思錄), 제사(諸史), 상감행실과 함께 농업과 잠업에 관한 내용도 포함시켰다. 고려시대부터 조선시대에 걸쳐 존속하였던 서당은 국민대중의 자제들을 위한 민간 사설학교였다. 그 교과방식은 강독, 제술, 습자(習字)의 세 가지였으며, 강독은 처음에 천자문으로부터 시작하여 동몽선습, 통감, 소학, 사서, 삼경, 사기, 당송문(唐宋文) 및 당률(唐律)로 올라갔다. 서당에 따라서 춘추, 예기, 근사록 등을 읽히기도 하였다. 제술은 일반적으로 오언절구(五言絶句), 칠언절구(七言絶句), 사율(四律), 십팔구시(十八句詩), 작문 등을 가르쳤다. 습자의 경우에는 처음에 해서를 많이 연습시켜 어느 정도 익숙해지면 행서, 초서를 익히게 했다. 손인수, 『교육사 · 교육철학연구』 (서울: 문음사, 1985), pp. 265-355에서 발췌한 것임을 밝힌다.

은 서구문명이 체제 자체를 위협할 만큼 이질적인 것이었기 때문에 한동안 쇄국주의로 서구의 세력을 막아 보려는 시도를 하였다. 그러나 대세는 어떤 방식으로든 서구 문물의 실체를 인정하고 그것에 적응해야만 하는 쪽으로 기울어갔다.

그리하여 조선왕조는 대한제국으로 국호를 바꾸고 서양문물을 적극 수용하는 개혁을 단행하기에 이른다. 그것이 광무(光武) 연간의 갑오개혁(甲午改革)이다. 이 시기의 교과과정을 보면, 전래의 교과내용에 서양의 신학문이 혼합된 양상을 띠고 있다. 소학교의 경우 수신(修身), 독서, 작문, 습자는 대체로 전통교과를 그 명칭만 바꾼 것이고, 새로이 산술, 한국지리, 한국역사, 외국지리, 외국역사, 이과, 도화, 체조, 외국어, 재봉 등이 추가되었다(함종규, 1983, p. 19). 중학교의 경우에도 사정은 비슷하다. 윤리, 독서, 작문이 전통교과의 성격을 지닌 것인 반면에 역사, 지지(地誌), 산술, 정치, 법률, 경제, 박물, 물리, 화학, 도화, 공업, 농업, 상업, 의학, 측량, 외국어, 체조는 서구교과 쪽에 가까운 것들이었다. 상급학교인 성균관의 교과체계에도 변화가 나타난다. 전통적으로 가르쳐 오던 사서, 삼경, 작문은 그대로 유지되었지만, 언해(諺解)의 강독, 역사교과로서 강목(綱目, 宋明元史를 말함)과 역사(한국 및 만국역사), 지지(地誌, 한국과 만국지지), 산술 등이 새로 추가되었다. 이를 통해 볼 때, 광무개혁기부터는 서양학문이 큰 비중을 차지하게 됨을 확인할 수 있다. 그러나 이때만 해도 아직은 전통교과의 대부분이 그대로 교과내용에 포함되어 있었다.

일제에 의해 나라가 강점되자 사정은 완전히 달라졌다. 일제는 강압적인 상황에서 이전의 동양적인 전통교과를 서양학문의 일원적 체제로 송두리째 개편시켰다.[9] 주지하다시피 일본은 우리보다 먼저 학교체계를 현대식으로 정비하고 서양의 학문을 보다 적극적으로 도입하였다.[10] 따라서 일본의 학교체제가 우리

---

9) 일제에 의해 도입된 서구적 문화체계는 제국주의 이데올로기의 여파로 인하여 한국의 근대화를 위한 정신적·제도적 기반을 형성하는 데에는 결정적인 타격을 주었다(김기석, 1997, p. 264).

10) 일본이 처음으로 현대식 학교제도를 마련한 것은 명치 5년, 즉 1872년이었다. 일본은 그때 이미 전국을 8대 학구로 나누고, 각 구에 하나씩의 대학교를 설립하기로 하였으며, 소학교의 교육연한을 8년, 중학교 연한을 6년으로 정하였다. 이것이 나중에는 소학교 6년, 중학교 5년으로 되었다(장상호, 1997a, p. 109, 각주 38).

나라에 도입되었을 때 교과내용은 서양학문이 주종을 차지할 수밖에 없었다.[11]
일제강점기 동안에는 내내 이러한 서구식 교과체제의 틀이 유지되었고, 말기에
갈수록 일어가 국어의 자리를 차지하여 그 비중이 현저하게 강화되는 변화만 나
타난다.

해방을 맞이하여 이러한 식민지 교육의 왜곡에 종지부를 찍게 된다. 그렇지만
미군정기를 포함하여 이후 학교의 교과체계는 일제에 의하여 전면적으로 실행
에 옮겨진 서구학문 중심의 기본 형태를 고스란히 이어가게 된다.[12] 일제에 의하
여 황국신민화를 목적으로 삽입된 흔적들이 제거되었지만, 그 공백은 미국의 신
학교체제와 그 교육사조의 배경을 업은 원조격의 서양학문으로 보충되어 더욱
강화된 모습을 띠게 된다. 그리하여 오늘에 이르기까지 수차에 걸쳐 커리큘럼을
개혁하면서도 이 기본 틀은 한 번도 바뀌지 않았다. 때로 이 모양, 저 모양으로
강조점이 달라졌던 서구 교육사조의 영향은 민감하게 받았을지언정, 서양학문
을 기조로 하는 교과체계와 내용은 현재까지도 변함없이 유지되고 있는 것이다.

이상에서 고찰한 바에 의하면, 학교를 통해 가르치고 배운 교과내용은 그 변천
의 역사를 통하여 다음과 같은 세 가지 특징을 지닌 것으로 분석할 수 있다.

첫째는 주로 외국문화가 교과내용의 주종을 이루고 있다는 점이다. 그중에서
불가(佛家)[13]는 주로 인도적인 것이고, 유가(儒家)나 도가(道家)는 중국적인 것
이며, 근대의 과학들은 거의가 서양적인 것이다. 이 가운데 불가나 유가 혹은 도
가는 그 발원지만 외국일 뿐 그것을 수용하는 과정에 별다른 거부반응이 없이

---

11) 통감부 시대의 보통학교(이전의 소학교)의 교과목을 보면, 수신, 국어, 한문, 일어, 산수, 지리 · 역사, 이과, 도화, 체조, 수예, 창가, 수공, 농업, 상업으로 되어 있다. 고등학교의 경우에는 여기에 법제 · 경제, 외국어, 가사, 재봉을 추가하는 정도였으므로 전체 틀은 대동소이했다.

12) 미군정기의 초등학교 교과목을 보면, 공민, 국어, 역사, 지리, 산수, 이과, 체조, 음악, 습자, 도화 · 공작, 요리 · 재봉, 실과로 되어 있다. 중등학교의 경우는 여기에 영어가 추가된다(함종규, 1983, pp. 187-191). 이러한 교과체제는 한국동란을 거치면서 오늘날과 거의 같은 명칭과 체제로 바뀌게 된다.

13) 이 장에서는 불가와 불교, 유가와 유교, 도가와 도교를 구분하여 사용한다. 양자는 완전히 다른 것을 가리킨다기보다는 무엇을 강조하여 보느냐에 따라 구분된다. 불교, 유교, 도교는 대체로 보아 주술적 혹은 종교적인 측면이 강하게 부각되는 경우를 가리키고, 불가, 유가, 도가는 이와 달리 수도계(修道界)적인 요소가 좀 더 강조되는 경우를 뜻하는 것이다. 수도계라고 하는 것은 인간에게 잠재된 내면의 가능성을 계발하여 좀 더 고귀한 품위의 삶을 향유하려는 목적을 지닌 세계를 말하고 있다(장상호, 1991, p. 6).

하는 것이 필요하다. 교육의 소재를 선택함에 있어서 동양의 것에 대한 무조건
적인 지지나 서양에 대한 무조건적인 반발이 가져오는 것은 우리들 자신의 가능
성에 대한 불필요한 제약이다. 소재의 제약은 우리 스스로를 빈궁하게 만든다.
배타주의의 반대편에 있는 이른바 사대주의라고 하는 것도 그 점에서는 마찬가
지이다(장상호, 1997a, p. 113).

　우리는 서양의 것이든 혹은 동양의 것이든 인간의 내면적 향상을 위해 기여
할 수 있는 것이라면 모두 수용하는 자세가 바람직하다고 믿는다. 인간성의 고
양을 향한 이 보편성의 교육적 향연에 기꺼이 참여하여 그로부터 우리의 정신을
살찌우고 나아가 그 향연을 더 풍성하게 하는 데 나름의 공헌을 보여야 한다. 그
렇게 하는 데에 두 가지 길이 병행되어야 한다.[18] 하나는 우리가 받아들인 서양
의 학문을 그들 못지않게 연찬하여 그것을 발전시키는 것이다. 다른 하나는 서
양이 갖지 못한 우리의 전통문화의 지평을 새롭게 찾아 동양과 서양을 아우르
는 더 넓은 의미의 보편성을 추구하는 길이다. 최근에 서양이 자신의 문화적 빈
곤을 동양에서 보완하려는 경향을 보이고 있는 것이 그 좋은 예이다. 이러한 두
갈래 길은 양립 불가한 것은 아니다. 두 방향의 가능성을 모두 모색하면서 고유
한 결실을 거두어 나가는 것이 우리의 문화적 주체성을 다시금 회복하는 첩경이
된다. 이런 각도에서 전통문화의 실체를 다시금 파악하고 그것을 오늘의 교육에
접목시키는 노력이 절실히 요청된다.

3. 전통문화의 체계화와 적용의 문제

　재래의 전통문화를 가르치고 배우기 위해서는 우선 그것을 구체적으로 확인하
는 작업이 선행되지 않으면 안 된다. 여기에는 전통의 의미를 해석하는 것과 함
께 그 내용을 체계적으로 분류하는 일도 수반된다. 전통문화를 분류하는 방식에

---

18) 이런 주장은 최근 들어 조동일 교수와 장상호 교수가 각기 국문학계와 교육학계의 좁은 시각을 넘어서 제기
　함으로써 주목을 끌고 있다.

도 그 목적과 기준에 따라 여러 가지가 있다. 그 가운데 전통문화를 가르치는 데
에는 어떤 분류방식이 적합한 것인지, 또 전통문화를 학교에서 가르치기 위해서
고려해야 할 사항은 무엇인지를 고찰하는 것이 이 절의 주제이다. 이 문제는 오
늘날과 같은 서구식 학교체제에서 그것과는 이질성을 띠는 전통문화가 어떻게
접목될 수 있는지를 가늠해 본다는 점에서 매우 중요한 의미를 가진다.

1) 전통문화의 의미와 내용

전통이라는 것은 무엇이고 전통문화의 내용에는 어떤 것이 포함되어야 하는
가 하는 문제는 그것을 바라보는 시각과 기준에 따라 달라질 수 있다. 시대와 장
소에 따라 전통도 변한다. 한 나라의 전통은 다른 나라의 비전통이 된다. 그런가
하면 하나의 전통 안에는 서로 모순되거나 다른 성질을 가진 것들이 혼재되어
전체적으로 단일한 흐름을 견지하는 것으로 보기는 어렵다. 이런 특징으로 인
해, 전통은 '밖에서 보면 그 모양이 울퉁불퉁한 하나의 구(球)'에 비유되기도 한
다(이홍우, 1985).

일반적으로 전통의 의미에는 세 가지 측면이 내포된 것으로 분석될 수 있다(고
병익, 1982, pp. 8-20). 첫째, 전통은 변화를 전제로 한다. 즉, 모든 것이 바뀌어
나가는 가운데서도 바뀌지 않는 것을 전통이라고 한다. 둘째, 전통은 계속성을
포함한다. 전통이란 한 민족을 단위로 하여 면면히 이어져 내려오는 무엇인가
를 의미한다. 셋째, 전통은 고유성을 특징으로 한다. 특정 민족이나 공동체만이
가지고 있는 독특하고 고유한 그 무엇이어야 한다. 즉, 특정 집단의 역사를 통해
면면히 이어져 내려오는 그들만의 고유하고 불변적인 어떤 계통적 실체가 전통
이라는 것이다.[19]

이러한 전통의 기준 자체가 상대적이기 때문에 그것이 포괄하는 범위는 늘 일

---

[19] 그러나 전통은 변화하지 않는 것이라는 견해에 대해서는 의문을 제기할 수 있다. 왜냐하면 그것은 전통을 어
느 한 시점에서 고정적으로 파악할 때만 그러할 뿐 실제로는 전통 자체도 끊임없이 변하는 것으로 볼 수 있
기 때문이다. 전통에 새로운 요소가 가미되면 전통 자체가 쇄신되기도 한다.

정한 것이 아니다. 또한 문화의 의미도 관념, 행위 혹은 추상적인 것 등 보는 관점에 따라 그 의미가 다양하여 일률적으로 확정하기 어렵다(White, 이문웅 역, 1978, p. 52). 이런 점을 감안한다면 전통문화를 일반적으로 규정하는 데에는 언제나 약간의 무리가 따를 수밖에 없게 된다.

그러나 한 나라 혹은 민족의 전통문화는 특정한 역사적 · 사회적 맥락과 배경을 지닌 어떤 실체로 상정할 수 있다. 문제는 과연 어디까지를 전통의 범주로 포함시키는 것이 타당한가 하는 데 있다. 여기에는 시대적 하한을 어디까지로 잡을 것인가 하는 종적 차원과 문화적 고유성을 어느 범위까지 확장할 것인가 하는 횡적 차원이 동시에 관련된다.[20] (실제의 연구들에서는 이 두 가지 차원이 각각 별개로 다루어지기보다는 함께 적용되는 것이 보통이다.)

전통문화의 종적 차원과 횡적 차원이라는 두 가지 측면을 중심으로 한국적인, 나아가 동양적인 전통문화의 실체를 확인하려는 것 자체는 쉽사리 답하기 어려운 문제임에 틀림없다. 우선 유교나 불교 등 한국의 전통문화의 중핵을 차지하는 것 대부분이 중국과 인도 멀리는 시베리아에서 발원하여 흘러 들어왔다는 점에서 볼 때 한국적인 전통은 과연 따로 존재하는가에 의문이 생기고, 서양과 대비하여 동양적인 전통과 그 문화적 측면을 명확하게 구분하는 것도 그리 쉬운 문제는 아닌 것으로 보인다. 더욱이 전통도 어느 정도까지는 변하는 것이고 그 전통의 문화적 측면도 변천을 거듭하고 있기에 그것을 포착하기는 더욱 쉽지 않다. 그렇기는 하지만 우리가 확인할 수 있는 한에서 한국의 전통문화에 해당하는 것을 전혀 확인할 수 없는 것도 아니다. 문제는 어떤 기준을 가지고 그 범위를 구획하느냐에 달려 있다.

전통문화가 무엇인가 하는 문제에 대하여 그 대상을 극히 제한하는 입장이 있는가 하면, 여러 갈래의 흐름을 두루 포괄하는 입장을 취하는 경우도 있다. 전자

---

20) 정재걸, 이혜영의 연구(1993)에서는 여기에 더하여 한 사회의 지배 · 피지배 관계를 별도의 차원으로 상정하고 있다. 전통의 외연을 설정하는 문제에 계급성을 관여시키는 의도는 지배집단의 문화보다 피지배집단의 문화가 더 순수한 전통이라는 점을 부각시키기 위한 것으로, 사회학적 관심을 반영한 것이다. 그러나 본 연구에서는 기본적으로 교육학적 문제에 초점을 맞추고 있기 때문에 어느 계층의 문화가 되든지 그것은 그다지 중요한 문제가 아니다. 이에 관련된 사항은 정재걸, 이혜영, 1993, pp. 14-18를 참조하기 바란다.

의 경우, 전통사상의 영역을 어디까지 정할 것인가 하는 문제를 놓고 그 기준을 사상의 사회적 기준에 둠으로써 종교 의존적이었던 고려시대와 그 이전의 불교를 전통사상사의 영역에서 제외하는 입장을 들 수 있다(홍이섭, 1973, pp. 5–19). 이렇게 되면 유교만이 전통사상으로 남게 된다. 반면, 그러한 기준 없이 성리학과 실학으로 전개된 유교는 물론 불교를 더하여 한국의 대표적인 양대 사상으로 파악하는 입장도 있다(윤사순, 고익진 편, 1984). 그러나 이 후자의 입장에는 다시 풍류도로서의 화랑도를 위시한 민간종교로서의 선교(仙敎) 혹은 도교가 빠지게 된다. 이 점을 의식하여 도교를 포함한 유불선 삼교를 전통사상의 범주로 삼으려는 입장이 개진되었다(송건호, 1973, pp. 20–32). 그 결과 오늘날 대부분의 학자들 사이에서는 유불선교의 삼대사상이 우리나라는 물론 동양 전통사상의 주류를 형성한다고 보는 데에는 별다른 이견이 없는 실정이다.

그러다가 근자에 들어와 우리 문화에 대한 연구 성과의 축적 및 일제 식민사관을 극복하려는 움직임으로 인해 우리 기층문화 내지는 뿌리사상을 샤머니즘, 무속 또는 원시신앙에서 찾으려는 시도가 나타났다.[21] 이에 따라 전통사상의 외연을 유불선 삼교와 민족 고유의 정통적 신앙과 종교사상으로까지 확대하는 입장이 부각되었다(이종후, 윤명노, 1982, pp. 157–224). 이런 움직임은 구한말 동학을 효시로 발생한 민족 신흥종교까지 전통사상으로 보아야 하지 않느냐는 견해를 불러일으켰다. 그러나 전통사상의 범주에 무(巫)사상과 기독교 사상까지 포함해야 하는가 하는 회의가 있어 이 문제를 놓고 찬반이 엇갈리기도 한다.[22]

간단하게나마 전통사상을 중심으로 전통문화의 범주에 관한 논의를 종합해 보면, 전통문화의 범위는 대략 넓은 의미에서의 유교, 불교, 도교에다가 무속과 원시사상, 그리고 동학과 신흥종교 사상을 포함시키는 데 큰 이견이 없을 것으로 본다. 다만, 기독교를 위시한 서양사상을 전통사상에서 제외한 점에 대해 의견

---

21) 가령, 이을호, "단군신화의 철학적 분석", 『한국사상의 심층연구』(서울: 우석출판사, 1982), pp. 12–13와 김인회, 『한국무속사상연구』(서울: 집문당, 1987)가 그 대표적인 예이다.
22) 이 문제를 다룬 논쟁의 일부가 국민윤리학회, 『한국의 전통사상』(서울: 형설출판사, 1983)과 조명기 외, 『한국사상의 심층연구』(서울: 우석출판사, 1982), 그리고 황성모, "전통사상과 외래사상", 불교사상, 1984년 9월호, pp. 84–93에 실려 있어 참고할 수 있다.

적 조건 자체를 부차적인 사항으로 간주한다. 그러한 입장에서 커리큘럼의 재구조화를 모색하려는 것이며, 그 점에서 기존 커리큘럼의 틀을 유지하고자 하는 입장과는 근본적으로 차이를 지닐 것이다.

2) 전통 커리큘럼의 구조

이제 전통수도계를 중심으로 하는 커리큘럼의 구조를 탐색할 차례이다. 앞서 말한 바와 같이, 그것은 기존의 서구식 커리큘럼을 부정하거나 대체하는 것이 아니라 그것과 선의의 경쟁을 벌이는 방식을 지향한다. 따라서 다소간은 '서구식 커리큘럼'의 기본 형태와 유사한 방식으로 '전통 커리큘럼'의 특징을 살펴보는 것이 필요하다. 이를 위해 다음의 세 가지 사항, 즉 교과의 내용체계, 교수–학습의 원리, 평가의 방식으로 나누어 살펴보기로 한다.

(1) 교과의 내용체계

앞에서의 논의를 토대로, '전통 커리큘럼'의 내용체계의 두 가지 구성원칙을 제시하면 다음과 같다. 하나는 '범위'에 관한 것이고, 다른 하나는 '계열'에 관한 것이다.

첫째, '전통 커리큘럼'의 교과체계는 '학문중심형'이 아니라 수도계의 다양한 체험 구조의 특성을 그대로 포섭하는 '소재병립형'으로 구성되는 것이 바람직하다. 여기에는 이른바 '종류가 다른 고유한 것은 고유하게 취급한다.'는 횡적 상대주의의 원칙이 적용된다. 그 배경에는 다원주의적인 세계관이 자리하고 있다 (Schutz, 1973). 우리가 경험하는 세계는 반드시 한 가지로 통일할 필요가 없고 또 그것은 가능하지도 않다. 각 수도계는 그것만이 지닌 고유한 속성, 구조, 가치, 질서에 따라 점차 분화되어 나온 것인 만큼 개별적 특성을 존중하는 것이 옳다.

'소재병립형'에 따르는 교과체계의 상위 범주는 크게 학문, 도덕, 예술, 신앙, 체육, 기예 등으로 나뉘고, 그 밑에 하위 범주로서 여러 갈래의 전통수도계가 배치된다고 보면 된다. 그것들은 각기 진, 선, 미, 성(聖), 무(武), 기(技)로 이름 붙

일 수 있는 고유의 가치기준에 따라 구분된 것으로 직접 가르치고 배우는 교과
는 아니고 분류를 위한 것에 지나지 않는다. 그러나 전통수도계 가운데에는 성
격상 이러한 상위 범주에 포함되기 어려운 특이한 것들이 적지 않다. 가령, 해탈
을 추구하는 불가, 인(仁)을 추구하는 유가, 좌선을 통하여 '직지인심 견성성불'을
기약하는 선(禪), 그 밖에 다도, 화도(花道), 기도(棋道), 요가, 제자백가 등 열거될
수 있는 수도계가 무수히 많아 그것들은 전부 망라한다는 것은 거의 불가능하다.

이러한 '전통 커리큘럼'에 포함된 교과들의 특징은 수도계의 속성에서 잘 드러
난다. 첫째, 각 수도계는 그 나름으로 상이한 도를 추구하며 그런 점에서 상호
중복되지 않는다. 이른바 '통합교과'라든가, '중핵교과' 같은 것을 찾기 어렵다.
둘째, 그것들은 고유한 가치기준과 그 가치를 식별하는 고도의 감식체계를 또한
내장하고 있다. 그러나 수도계의 가치는 그것을 어떤 수준에서 체험하느냐에 따
라 달라지기 때문에 그 가운데 어느 것이 가장 대표적인 것이라고 말할 수 없다.
셋째, 각 수도계 간에는 상호 간의 우열을 따질 수 없다. 다도를 화도로 대치할
수 없듯이 다도와 화도 중 어느 것이 우위에 있다고 말할 근거가 없다. 이른바
'주요교과'라든가 '도구교과'와 같은 개념은 적용되지 않는다.[42] 넷째, 전통수도
계의 범위는 원칙적으로 무한대에 가깝다. 기존의 수도계가 다시 분화되기도 하
고 새로운 수도계가 창시되기도 하므로 그 수효를 확정짓기는 사실상 어렵다.

둘째, 각각의 전통수도계가 내포하는 체험 내용의 종적 계열에 관한 문제이다.
임의의 수도계는 그 안에 여러 수준으로 이루어진 체험 수준의 위계 구조를 가
지고 있다. 이것을 인간적인 측면에서 파악한 것을 '품위(品位)'라고 한다(장상호,
1997a, p. 89). 하나의 수준은 그보다 높은 수준과 낮은 수준 사이에서 상대적인
위치를 점유하는 것으로서 파악된다. 따라서 절대급은 없고 비교급만 있을 뿐
이다. 각 수준의 체험은 또한 하나의 구조를 이룬다. 그것은 이전 및 이후의 단

---

42) 혹자는 이러한 커리큘럼의 운영의 문제로서 여러 수도계 가운데 어느 것을 선택적으로 강조할 것인지, 또는
그들 사이의 비중을 어떻게 정할 것인지를 생각할지 모르겠다. 필자가 보기에 이것은 특정한 실천적 목적을
위한 경우에만 개입되는 필요성과 우연성에 따를 뿐, 그것을 정하는 데 적용될 어떤 궁극의 원리도 없는 것
으로 생각된다.

계와 총체적인 면에서 전혀 다른 의미의 정합적 체제를 이루고 있다. 따라서 서로 수준이 다른 두 품위 간에는 소통의 장애로 인한 불가피한 오해가 생기게 된다. 그렇지만 수도계는 역사적으로 볼 때 한 단계를 지양하고 다음 단계에 이르는 발생적 계열의 위계를 지니고 있다. 교육은 바로 그러한 발생적 계열에 존재하는 차이에 주목하면서 그 차이를 체험하는 과정을 매개하는 과정이다. 따라서 수도계의 각 단계에서 교육적 활동이 일어날 수 있도록 수도계의 수준을 단계별로 위계화하는 것이 긴요하게 된다. 즉, 체험내용의 종적 배열은 차상과 차하의 위계 안에서 그 구조적 차이를 해소하는 교육적 활동을 촉발시키는 방식으로 이루어져야 한다. 종적 상대주의에 입각한 이런 방식의 배열을 가리켜 '모순의 교육적 계열화'라고 부를 수 있다.

이는 결국 각 수도계 내에 존재하는 수준 사이의 모순을 단계적으로 계열화하여 그것을 차례로 밟아 나가도록 촉진하는 것이 교육이라는 인식에서 나온 것이다. 배움에 임하는 개인들은 교과 안에 포함된 수도계의 내용을 절대시하지 말고, 각 단계에서 그 모순을 발견하고 지양하도록 격려받아야 한다. 수도계적인 내용을 이런 방식으로 계열화함으로써 그들은 현재의 품위를 허위화하는 초월의 과정을 반복적으로 체험하고 이를 통해 좀 더 고귀한 품위를 체득하는 데 이를 수 있다.

(2) 교수-학습의 원리

오늘 우리의 학교에서는 서양학문을 주종으로 하는 교과서의 지식을 습득하되, 그것을 효율적으로 재생하는 방법을 개발하고 적용하는 데 몰두하고 있다. 교사와 학생들은 교과서적인 지식을 정답과 오답의 이분법적 도식에 의해 판별하고 그 징후를 신속하고 정확하게 포착하는 방법을 교수-학습의 원리로 여긴다. 한편에서는 지식 생성의 조건과 과정을 강조하면서 그것이 학생들에게 의미 있게 재체험되도록 해야 한다고 역설하지만, 그것이 받아들여지고 있다는 확실한 증거가 없다. 서양학문의 발전이 그런 과정에서 이루어진 것을 알면서도 그들이 생산해 놓은 지식을 모방하기에만 바쁘고 스스로 지식의 생산자적 역할을 감당하려고도 아니하고 또 다른 사람에게도 그 일을 하지 못하게 만드는 풍토가 있다. 이것은 '가르치고 배우는' 내용이 서양학문이라서가 아니라 '가르치고 배우는' 일의 본질을 근본적으로 오해하는 데서 비롯된다.

'전통 커리큘럼'에서는 모방과 답습에 치우친 학교의 의사(疑似)교육적 관행과 그 함정을 은폐하는 기능주의적 교육관을 경계한다. 많은 경우에 사람들은 체험의 근거가 없이 단지 표현체를 모방하거나 그 표현체가 겨냥하는 효과만을 달성하려고 한다(장상호, 1991, p. 12). 그러나 그림이나 물건, 인쇄된 낱말 따위의 표현체는 표현되는 순간 체험을 떠난 것일 뿐, 그러한 표현체를 소유하는 것이 체험의 소유를 보장하지 못한다. 체험의 표현은 원칙상 내근성(內根性)이 전제가 되어야 하고, 모방이나 조작에 의한 외염적(外染的) 표현과 구분될 수 있어야 한다. 언어 역시 체험을 대신하는 것이 아니라 오히려 체험을 전제할 뿐이다. 체험 없는 언어는 공허하다. 언어에 생명을 불어넣는 것은 오직 체험이다. 이런 수도계의 원칙을 지켜나갈 수 있을 때 수도계는 활성화되고 발전이 기약된다.

체험을 확충하고 그것을 표현체의 해독에서 지켜내는 일은 수도계의 존속과 발전에 핵심적으로 중요한 일이다. 이 과업은 수도계 자체가 해결하지 못하고 오직 교육의 해법에 의지함으로써 풀 수 있다. 교육은 수도계의 이상을 실현하는 데 필요한 역량을 자체의 고유한 원리에 의해 자율적으로 충족시켜 나간다. 그리하여 수도계의 목적이 장식적인 표현효과를 경계하고 내용과 실질의 충실한 내적 혁명을 통해 그 고유의 가치기준을 높여 가는 데에 있다면, 교육은 그러한 자기교정성을 실현시키는 체계적인 장치로서 작용하게 된다(장상호, 1997a, p. 158).

이런 의미에서의 교육은 한 마디로 '수도계의 품위를 상구(上求)하고 하화(下化)하는 과정'이라고 말할 수 있다(장상호, 1991). 각 수도계에서 한 품위의 소지자가 다음의 품위에 오르고, 그보다 낮은 품위에 있는 후진을 위로 끌어올리는 작용이 교육에 의해서 이루어진다. 이 과정은 수도계의 종류와 수준에 관계없이 동일한 구조로 진행되는 것으로 가정된다. 문제는 각각의 품위를 연결 짓는 과정에 난관과 장애가 가로놓여 있고 교육은 그 매듭에 얽힌 활동의 비밀을 풀어

는 사람이면 누구나에게 향유될 수 있었다. 다양한 삶의 가치들은 이처럼 경제적인 악조건 속에서도 능히 누릴 수가 있었다고 할 때, 당시에 비해 풍족한 오늘의 환경은 그것의 향유에 훨씬 유리한 조건을 제공한다고 볼 수 있을 것이다.[44] 만일 이를 단지 '옛것'이라는 이유만으로 외면을 받게 한다면 우리에게 남는 것이란 지극히 좁고 단조로운 생활이 될 수밖에 없다.

물질적인 가치는 정신적인 가치를 대신 채워 줄 수는 없고, 또 본디 정신적인 가치는 물질적 환경의 열악함 속에서도 꽃을 피울 수 있는 것이 특징이다. 내면의 덕을 갖추고 예를 추구하는 삶, 아름다운 것을 창조하고 감상하며 심취하는 삶, 재주를 연마하고 몸을 단련하는 삶을 참여하고 몰입하는 길은 원래 권력 잡고 돈 벌고 명예를 탐하는 길과는 다른 쪽으로 나 있다는 것은 동서양의 기나긴 역사에서 여러 차례 확인된 사실이다. 오늘날 우리가 추구하는 선진화는 한 마디로 '잘 살아 보자'는 한 맺힌 목표를 위한 것이지만, 그때의 '잘 사는 삶'은 적어도 수도계적으로나 교육계적으로도 열려 있어야 할 것이다. 기본적으로 삶의 가치를 다양화하는 것만큼 풍요로운 삶을 보장하는 것은 없을 것이기 때문이다.

이 일을 하는 데에 우리의 전통문화의 역할은 참으로 긴요하다. 원래 서양문화라는 것은 그 자체가 국지적인 지역성을 안고 있는 것이고 그것이 점차로 범세계적으로 보편화되는 길을 걸었다. 말하자면 서양의 문화는 그 가치를 널리 입증하는 데에 성공한 것이다. 그렇다면 우리의 전통문화가 단지 동아시아의 한편에서 발생했다는 이유만으로 지역성을 탈피할 수 없을 것으로 볼 필요는 없다. 동양은 서양이 갖지 못한 다양한 수도계를 보존하고 있다. 그것은 종류 면에서 서양의 학문과는 구별되는 인간성의 또 다른 차원으로 우리를 안내해 줄 수 있다. 이 점에서 우리 고유의 전통은 인류 전체의 자산이요, 보물이다. 여기에는 그것이 지닌 보편성을 입증하고 고양시켜야 할 임무를 우리가 어떻게 감당하느냐 하는 문제가 남아 있다. 이 장은 이런 문제의식에 기초하여 커리큘럼의 새로운 틀을 전통문화에 입각해서 검토해 보고자 한 것이다.

---

44) 이 말은 수도계의 향유가 누구에게나 쉬운 일이라는 뜻은 아니다. 여기서 말하고자 하는 것은, 수도계는 그것을 추구하려는 열정과 노력을 가진 자에게는 항시 그것을 누릴 기회를 보장하는 세계라는 것이다.

전통문화에 입각하여 커리큘럼의 구조를 재검토하는 작업이 기존의 서구적인 학문과 문화를 전적으로 배제하는 방식으로 전개되는 것은 결코 아니다. 교육의 소재라는 점에서 보면 서구적인 것이든 전통적인 것이든 모두 허용되는 것이 당연하고 그 점에서 그들은 선의의 경쟁관계에 놓여 있다. 다만 우리나라의 커리큘럼이 서구 일변도의 내용과 방법에 의해 획일화된 요인과 실상에 대해서는 응분의 비판과 수정이 가해지는 것이 마땅하다. 특히, 서구의 학문이 그 실상과 어긋나게 피상적인 모방에 그치는 쪽으로 수용되고 있는 점에 대해서는 심각한 반성이 필요하다. 서구의 학문은 가끔 그들의 앞선 과학기술과 관련된다는 점 때문에 정신적인 가치와는 무관한 것처럼 인식되고 있지만 그것은 전적으로 그릇된 오해에 불과하다는 것을 깨달아야 한다. 서양과학의 놀라운 성과는 그것을 만들어 낸 무형의 원리와 정신의 표면적인 결과일 뿐이다.[45] 따라서 학교에서 학문을 하화할 때에는 상구하는 사람이 그 지식의 탐구과정을 몸소 체험하는 과정에서 자신의 지적 품위가 혁신되고 성장하는 희열을 맛볼 수 있도록 안내하는 것이 마땅하다. 그렇게 하는 것이 학문이 지닌 수도계적 속성을 제대로 살리는 길이고, 학문을 소재로 상구하고 하화하는 당사자들의 교육적인 삶의 질도 향상될 수 있기 때문이다.[46] 오늘날 학문은 그 탄생지가 서구이기 때문에 그 가치를 인정받고 있지는 않다. 학문의 가치는 그 자체가 인간의 보편성에 관련된 것이기에 소중히 여기는 것이다. 이제 학문의 발원지가 서구라고 해서 우리가 그것을 무조건 피동적으로 수용하던 잘못된 관행으로부터 벗어나야 한다. 오히려 서양의 학문을 수용하되 그 특수성을 좀 더 큰 맥락의 일반이론으로 승화시키는 일을 창조적이고 능동적으로 담당해야 하고, 그들이 가지고 있지 않은 우리 전통문화를 발전시켜 그들에게도 고루 혜택이 돌아가도록 해야 한다. 그렇게 하는 것만이 우리가 서양에 진 정신적인 빛을 훌륭하게 되갚는 길이 된다.

---

45) 서구의 과학을 발전시킨 과학자들의 삶을 살펴보면, 그들이 대부분 일상의 실제적인 관심을 초월하는 가운데 과학을 발전시켰음을 발견할 수 있다. 서양의 학문이 발전하게 된 근본적인 자산은 바로 진리를 추구하는 일 자체에서 그 나름의 내재적 가치를 찾는 태도와 자세였다(장상호, 1997a, p. 139).

46) 교육은 수도계의 가치를 실현시켜 주는 과정이면서, 동시에 그 자체가 더 잘 상구하고 하화하는 것을 추구하는 하나의 수도계이다.

제**3**장 교직과목의 재구성

교직과정의 목적은 직무훈련을 통해 전문적 실천가로서 교사의 직업능력을 향상시키는 데 있다. 인문사회과학의 학문적 지식으로 구성된 현행 교직과목 체제는 실천가에게 필요한 개념적 자질, 기술적 자질, 인성적 자질 가운데 개념적 자질에 치중하기 때문에 그 목적에 부응하지 못한다. 이 장에서는 교사에게 필요한 직무훈련의 내용을 학교경영의 측면에서 전반적으로 재구성하기 위해 그 기본 방향과 교과목 개편, 그리고 개선안의 실행을 위한 과제에 대해 살펴본다.

1. 교사 양성의 목표를 둘러싼 문제의식

지금은 학교의 전성시대다. 그래서일까? 지금처럼 '교육'에 거는 기대가 높았던 적이 있었을까 싶을 만큼 '교육'을 향한 엄청난 주문이 연일 학교에 쏟아지고 있다. 창의적 인재 육성, 글로벌 리더십을 지닌 차세대 리더 양성, 녹색성장을 주도할 후속세대 발굴, 핵심역량 개발, 인성 강화…… 이 모두가 '교육', 그중에서도 특히 '학교교육'의 중점목표로서 부각되고 있다. 과연 학교는 이런 엄청난 일을 해 낼 만큼 창의적이고 열정적인 인적 기반과 물적 토대를 갖추고 있는가 생각하면 고개를 갸우뚱할 수밖에 없게 된다. 그 이유는 교사들의 역량을 과소평가해서가 아니다. 그보다는 오히려 초 · 중등교사들을 배출해 온 교육대학과 사범대학 교수진의 역량, 그리고 그들이 운영하는 교사 양성과정의 커리큘럼이 항간의 기대를 모두 충족시키기에 턱없이 미흡해 보이기 때문이다. 목표는 거창한데, 가진 것이 너무 빈약해 보인다. 거미줄에 자물통을 채우는 것 같은 무모함마저 느껴진다. 더욱이 그 요구를 죄다 받아들임으로써 학교가 걸머질 실패의 부담은 이미 도를 넘어선 지 오래다. 그런데도 아무도 나서서 이 사태를 제지하기는커녕, 도리어 더 큰 짐을 학교에 지우는 데에만 골몰한다. 이제 무턱대고 과중한 부담을 학교에 안겨주기 전에, 그 기대가 진정 온당한 것인지를 차분히 성찰해 볼 때가 되지 않았나 싶다.

이 장은 교사 양성과정의 일부로서 편성, 운영되는 교직과정을 중심으로, 그것이 제공하는 경험의 내용과 방법이 과연 그 목표를 이루는 데 적절한지를 비판적으로 검토하고 그 대안적인 방안을 모색해 보는 데 목적이 있다. 이 문제는 위에서 언급한 바와 같이 교직과목 체제가 지향하는 최종 목표로서 어떤 바람직한 인간상과 긴밀하게 연결되어 있다. 이 때문에, 교직과목 체제에 대한 검토는 그 자체에만 그치는 것이 아니라 좀 더 근본적인 문제, 곧 그것이 가정하는 '교육'과 그 '교육'을 통해 실현하려는 인간에 관한 전반적인 성찰로 나아갈 수밖에 없다. 이 문제는 특히 학교의 목표로서 수월성의 추구와 연관성이 크다는 점에서 교직과목 체제가 그 목표의 실현에 얼마나 근접해 있는지가 관건이다.

오늘날 '학교교육'에 대한 일반인들의 관심은 학문을 비롯한 각 분야의 최첨단 수준을 경신하는 탁월한 인물이며, 그런 인물을 어떻게 효과적으로 배출할 것인가에 쏠려 있다. 당연한 기대이다. 그러나 막상 그 과정에서 학교가 무엇을 어떻게 해야 할 것인지 뾰족한 수가 없고, 거기에 관련된 마땅한 증거조차 확보하지 못한 형편임을 아는 사람은 극히 드물다.

놀라운 것은 이런 와중에 거의 대다수의 사람들이 자신의 기대를 성취하는 일체의 효과적 수단이나 방법을 모두 '교육'으로 간주하는 결과론적이고 기능론적인 관점을 취한다(장상호, 2005a, 2005b; 최성욱, 2005). 기능론적 규정은 일상의 상식과 관행의 투영일 뿐, 교육에 대한 이론적 해명을 회피하는 무책임하고 근거 없는 행태의 하나이다. 그것은 교육을 훈련, 주입, 선전, 세뇌, 조건화, 사회화, 문화화, 약물주사, 뇌엽 절개 등 효과를 앞세운 온갖 이질적 과정으로 왜곡시키기까지 한다. 교육이 그 기능으로 대치됨으로써 교육 아닌 것과 개념상 구별할 수 없게 되고, 효과 면에서 교육을 능가하는 다른 수단에 의해 교육이 뒷전으로 밀리는 결과가 초래된다. 교육에 대한 이론적 해명을 지연시키는 기능론적 도식에 의해 교육이 삶의 한 자율적 영역으로 자리매김되지 못한 채 표류하고 결국은 소실될 위기에 처한다. 모두들 '교육'의 문제가 심각하다며 모두들 우려를 표명하지만, 실상 그 '교육'이 무엇인지조차 올바로 파악되지 못하는 답답한 상황이 지속되고 있다. 그 점에서 '교육의 문제보다는 교육관의 문제가 더욱 심각하다'는 것이 정확한 진단이 아닐까 싶다.[1]

우리의 삶에서 성취지향의 가치관은 그 나름의 중요한 역할을 한다. 엄청난 부작용을 수반함에도 불구하고, 기본적으로 그것은 개인과 사회발전에 필요한 불가결한 요소의 하나임을 인정할 수 있다. 그렇지만 성취가 모든 사람에게 삶의 유일한 목적은 아니고, 또 교육이 반드시 성취를 위한 일인지도 의문이다. 성취지향의 가치관은 목표만 제시할 뿐, 거기에 이르는 중간 여정에 대해서는 아무것도 안내하지 않는다. 목표, 성취, 표준, 효과의 제시는 힌트 없는 어려운 숙제를 내주는 것과 같다. 그것이 창의적인 인재이든, 혹은 그런 인재를 길러내는 노련하고 숙련된 교사이든 마찬가지이다. 유능한 교사를 배출하려면 그 출발점에서 도달점에 이르는 중간 단계와 각 단계에서 보충해야 할 활동이 무엇인지를 살펴야 하는데, 그런 위계적인 접근과 점진적인 노력의 필요성을 충분히 헤아리지 못한다. 대신에 조급한 효과 위주의 처방이 우리를 졸속으로 내몰고 체험의 지긋한 성숙을 기다리는 건전한 성취의식을 구축할 여유를 가질 수 없게 만든다. 성취지상주의가 만연할 때 교육은 한낱 성취를 위한 기능으로 간주되고, 교육과 결코 상응할 수 없어 보이는 엉뚱한 과정이 버젓이 '교육'으로 인정된다. 그 개념적인 혼동으로 인한 피해는 부메랑이 되어 우리 모두에게 고스란히 되돌아

---

[1] 이것은 교육의 자율적 해명에 천착해 온 장상호(1994, 2005a)의 통찰 가운데 하나이다. 그는 교육관의 병폐로서 기능주의적 교육관의 문제에 더해 최소한 두 가지 유형의 교육관의 문제를 추가해야 한다고 본다. 하나는 학교를 교육하는 곳으로 여기는 관습적 교육관의 함정이고, 다른 하나는 교육이 아닌 현상을 설명하는 다른 학문의 개념체제를 가지고 교육을 포착하거나 규정할 수 있다는 용병학문적 교육관의 오류이다.

온다. 교육에 대한 무지의 수렁에서 빠져나오지 못한 채 끝없는 개념의 혼란과 왜곡을 반복하는 악순환은 실로 뼈아프다.

교직과목에 대한 새로운 제안을 하기 전에 반성하기를 다그치는 이유는 우리가 서 있는 현재의 위치를 올바로 진단하고 어디로 나아갈 것인지 그 방향을 명확히 하기 위해서이다. 문제의식이 올바르다면, 비록 그 제안이 조악한 수준의 것이라 해도, 다시 가다듬으면 될 일이다. 그러나 문제의식이 그릇되면, 아무리 세련된 것을 내놓아도 결국 쓸모없는 것이 되고 말 것이기 때문이다.

우리가 아는 한, 위대한 것은 위대한 과정을 통해서 이룩된다. 어느 경우에나 빛나는 성과 뒤에는 어김없이 고뇌하고 땀 흘린 이력이 자리하기 마련이다. 그렇기에 고귀한 것의 가치는 반드시 그에 상응하는 대가를 치러야만 그 진가를 제대로 알 수 있다. "천재는 하루아침에 만들어지지 않는다." 인재의 출현을 희구하는 바람은 심원하지만 그들이 어떻게 탄생되는지에 대한 이해는 일천하다. 대개 탁월한 성취의 외형만을 바라보고 마치 단기간에 그런 상태로 도약이 가능할 것처럼 생각하지만, 그것은 결코 올바른 생각이 아니다. 위대한 성취는 결과의 모방이나 흉내로 가능한 것이 아니고, 오직 거기에 이르는 매 단계에서의 성장통을 충실히 겪은 결과로 나타날 뿐이다. 그것은 또한 언어적 묘사나 대화 혹은 토론과 같은 언어적 활동에 의해 쉽사리 전달하거나 습득할 수 있는 것도 아니다. 모름지기 위대한 성취의 비결은 '결과의 재생'이 아니라 그 결과를 창조하는 '과정의 재생'에서 찾아야 한다. 낮은 수준에서 높은 수준에 도달하는 각 단계마다 이전 단계의 모순을 해체하고 새로운 단계를 출현시키는 경험의 변증법적 재구성이 요구된다는 데 주목할 필요가 있다(Dewey, 1916a). 교육은 성장의 단계적인 이행을 매개하고 실현하는 인간적인 분투와 노력의 하나로 이해될 수 있으며, 특별히 매 단계마다 경험의 창조와 재창조를 촉진하는 특이한 활동의 조합으로 파악될 수 있다(장상호, 1991, 1994, 1997a, 2005a).

이처럼 교육을 어떤 결과의 재현보다 그 과정의 재생을 실현하는 창조적인 노력의 결집으로 이해할 때, 수월성을 실천하는 교사를 어떻게 배양할 것인가 하는 문제에 대해서 일말의 시사를 얻을 수 있다. 여기서 교사를 기르는 일은 교육을 그 한 부분으로 포함하며, 그 경우 기본적으로 교육이 지닌 고유의 규칙을 따라야 하는 점을 상기하자. 그렇다면 교사 양성에서 어떤 방법이 목표달성에 효과적인가를 묻는 것은 다소 성급하며, 또한 우리가 논하려는 문제의 초점에서 꽤 빗나간 질문임을 간파할 수 있을 것이다. 교사 양성의 문제를 좀 더 심도 있게 논하기 위해서는 그런 성취지향의 관심보다 먼저 교육에 대한 올바른 이해와 그 해법을 찾는 노력이 절실히 요구된다. 물론 교사를 양성하는 과정 자체가 교과를 소재로 한다는 점에서 교과에 대한 논의를 배제하기는 어렵다. 그렇지만 교과는 교사 양성과정을 구성하는 하나의 요소에 불과하며, 교과내용의 습득을 돕는 전문적인 준비를 별도로 훈련하지 않으면 안 된다. 가령, 교사 양성과정에서 다룰 교육의 소재는 교과만이 아니라 교육하는 능력을 고려하는 것이 필요하다(최성욱, 1996, 2010a). 교사에게 요구되는 교육능력을 낮은 수준에서 높은 수준으로 연성해 나가도록 교육에 관한 전문적인 경험과 기술을 전수하는 일은 교과내용의 전문적 준비와는 전혀 다른 별개의 영역이다. 교사 양성과정에서 이 부분을 별도로 다루지 않는다면, 그 정체성을 스스로 흐리는 결과를 낳게 된다.

2. 현행 교직과정의 근본 문제

교직과목 체제는 원래 사범학교(normal school) 시절에 '교사에게 필요한 교양적인 내용들'로 제공되기 시작하였다(장상호, 1986; Schneider, 1987). 당시 대학에 설치되어 있던 철학, 심리학, 사회학, 행정학 등에 '교육'이라는 접두사를 붙임으로써 교육철학, 교육심리학, 교육사회학, 교육행정학 등으로 구성된 교직과목 체제가 탄생하게 된 것이다. 그 후, 사범학교는 종합대학의 일부로 편입되어 '사범대학'이 되었고, 상황이 이렇게 변하자 교직과목 체제의 위치가 매우 어정쩡한 상태로 남게 되었다. 왜냐하면 종합대학에 설치된 교직과목 체제는 기존의 인문, 사회과학의 각 전공학문들과 내용상 중복이기 때문이다. 그런데 당시에는 대학을 육성하려는 국가의 이해관계와 이를 통해 세력 확장을 도모하던 대학 사이의 정치적 타협과 절충에 의해 문제가 적당히 무마될 수 있었다. 그 일환으로 정부와 대학들은 사범대학에 대해 교사가 되기 위한 필수과정으로서 교직과목 체제를 부과하도록 인가해 주었고, 그때부터 시작된 관행은 지금까지 변함없이 이어져 내려오고 있다.

이러한 배경을 지닌 현행 교직과목 체제는 내적으로나 외적으로 다음과 같이 매우 심각한 문제점을 안고 있는 것으로 판단된다.

① **비통합성**: 교직과목 체제를 구성하는 분과학문적 영역들은 각자의 이질성으로 인한 장벽이 높아 상호 간의 대화와 교류가 거의 단절되어 있다(장상호, 1986, 1990). 그들의 공통점은 오직 학교사태를 중심으로 각자의 관심을 전개한다는 것뿐이다. 그렇지만 이 경우에도 각 영역별로 서로 다른 내용의 용어와 개념을 사용하기 때문에 소통이 어렵고 독백을 반복하는 실정이다. 그들을 하나의 영역으로 통합시킬 구심점이나 활동주제를 찾기 위한 진지한 노력이 별로 보이지 않아 지금의 상황이 당분간 지속될 전망이다. 구약성서에 나오는 '바벨탑의 혼란'이 연상되는 장면이다.

② **교직수행과의 괴리**: 교직과목 체제는 대부분 학문적인 내용으로 구성되어 있기 때문에 교사의 직무수행에 과연 실질적인 도움을 줄지 의문이다(김재웅, 2012; 박상완, 2000; 장상호, 2005a; 최성욱, 2011). 이런 의문을 불식시킬 경험적 증거가 충분히 제시된 바 없으나, 가정과 추측에 의거한 관행이 지속되고 있을 뿐이다.

③ **학문적 후진성**: 종합대학 내에 설치된 교직과목 체제는 앞서 말한 바와 같이 '타 학문과의 중복'이라는 심각한 정체성의 문제를 안고 있다. 그 실태는 '백화점 안의 잡화상'에 비유된다(장상호, 2005a, pp. 51-54). 이 외에, 그것의 원조 혹은 대부격인 인문학과 사회과학의 각 전공학문에 비해 질과 양 면에서 뒤떨어진 '이류'로 평가될 수밖에 없다는 심각한 문제가 추가된다(Clifford & Guthrie, 1988; Lagemann, 2000).

④ **강제성**: 타 학문의 아류 혹은 그 의존성에도 불구하고, 많은 경우 교직과정을

필수로 지정함으로써 학생들의 자유로운 선택의 폭을 제한하는 문제를 지니고 있다.

3. 교직과정의 현장 적용: 교사 직무와 교직과목 체제의 연계성 검토

흔히 교육의 성패는 교사에게 달려 있다고들 한다. 맞는 말이다. 그런데 우수한 교사를 양성하기 위해 지금처럼 교과내용을 숙지하고 교직과목을 이수하는 것으로 충분한 것일까? 이 질문은 우리가 이제껏 교사 양성에 관해서 생각해 온 패러다임을 근본적으로 다시 성찰하도록 이끈다.

교사의 업무가 학교의 기능과 밀접한 상관이 있다는 데에는 누구나 쉽게 동의할 것이다. 오늘날 학교체제는 국가, 사회, 가정, 기업 등의 수많은 종류의 요구와 압력에 직면하며, 그들의 필요를 채우기 위해 분주하다. 이처럼 다양한 요구에 직면한 학교의 현실이 바로 교사의 역할을 이해하는 배경이 된다. 이제 단지 수업에서 전문적인 능력을 발휘하면 교사로서의 역할을 다한 것이라는 말은 하기가 어려워진다. 수업 외에도 학교의 기능과 관련하여 교사가 수행해야 할 직무는 너무도 다양하고 복잡하기 때문이다. 그중 대표적으로 교사의 잡무로 지목받는 행정업무라는 것이 있다. 업무처리에 필요한 재능이 교과수업과는 다른 능력을 필요로 한다는 것은 두말할 필요가 없을 것이다. 또, 학부모와의 면담, 학교운영위원회, 학교폭력, 집단따돌림, 교내외의 각종 행사 진행 등 이루 매거하기 어려운 다양한 업무도 수업을 마친 교사의 손길을 기다린다. 문제는 이처럼 다양하고 복잡한 직무수행 준비를 교사 양성기관에서 충분히 훈련하고 있는지 의문이라는 것이다. 왜냐하면 현행 교사 양성과정의 훈련내용은 교과내용에 대한 지식 위주의 전공강의와 교양적인 내용으로 이루어진 교직과목이 거의 대부분이기 때문이다. 물론 여기에 몇 주간의 학교현장 실습과 '교육봉사'라는 명칭의 학교실습이 있기는 하다. 그렇지만 그것마저 단기간의 경험에 그치기 때문에 현장이 요구하는 전문적인 업무처리능력을 터득하기란 사실상 어렵다는 것이 정확한 판단일 것이다(최성욱, 2010a).

　물론 현행 교사 양성과정이 직업교사가 갖추어야 할 준비를 그 직무의 종류와 관련하여 충분히 제공하지 못한다는 지적에 대해서는 다음과 같은 반론 혹은 변론이 있을 수 있다. 첫째, 어차피 현장의 실무는 임용 후 교사로 근무하면서 본격적으로 익히는 것이기 때문에 단기간의 교사 양성기간 동안에는 예비교사에게 필요한 최소한의 준비만 하면 되지 않느냐는 것이다. 둘째, 교사라는 역할은 사실 학생들에게 지식을 전달하고 올바른 인성을 길러 주는 데에 중점을 두어야 하고, 이를 위해 필요한 핵심적 교양과 전공지식을 갖추는 데 중점을 둠으로써 교사로 하여금 장차 학교 학교현장에 응용하도록 하는 것이 교사 양성과정에서 역점을 둘 일이 아닌가 하는 것이다(김영화, 2011).

　그러나 이러한 반론의 내용은 일종의 변명에 가까우며, 전문적인 교사로서의 자격에 합당한 훈련을 받도록 하기 위한 교사 양성과정의 근본 취지를 망각한 단견으로 보인다. 첫째 답변은 교사에게 필요한 전문능력의 함양을 목적으로 하는 입장임에도 불구하고 그 책임을 회피하는 매우 궁색한 변명으로 들린다. 예비교사에게 필요한 것은 최소한의 준비가 아니라 최대한의 훈련이며, 실전을 방불케 하는 직무예행연습이 교사로서의 성공적인 적응을 위해 요구되기 때문이다. 둘째 답변은 얼핏 보면 매우 조리 있는 답변으로 들리지만, 이 역시 문제가 있다. 그것은 주장에서 끝날 문제가 아니라 증명을 필요로 하는 문제이기 때문이다(김재웅, 2012; 장상호, 2005a, pp. 165-166). 다시 말해, 교양과 전공지식이 교사의 역할을 수행하는 데 성공적으로 응용된다는 경험적 증거가 제시되어야 하며, 그렇지 않는 한 그 주장은 단지 공염불에 불과하다. 사실 이 주장의 증거는 교사에게서 찾기 전에 교사 양성기관에 근무하는 교수들에게서 먼저 찾을 수 있어야 마땅하다. 즉, 교사 양성기관의 교수들부터 가르치는 내용이 담당하는 강좌에 어떻게 적용되는지를 시범적으로 보여 줄 수 있어야 하는 것이다. 교수가 먼저 지식응용의 모범을 보이면 학생들도 그것을 본보기로 삼을 수 있다. 이렇게 해야 단지 지식을 전달하는 데 그치지 않고 그것을 적용하는 시범과 실습이 교사 훈련의 중심을 이루게 되고, 그런 모습이 바로 우리가 사범대학의 양성과정에 기대하는 수업일 것이다.

4. 교직과목 체제 혁신의 주안점: 내용과 방법

오늘날 교사 양성과정은 지나치게 학문적 지식의 전달에 치중하는 양태를 보인다(장상호, 1997a, pp. 693-718; 최성욱, 2010a, 2010b). 이런 경향은 비단 교사 양성과정만이 아니라 현행 대학의 거의 모든 직업과정에서 나타나는 공통적인 현상이기도 하다. 그러나 이제 우리 사회가 점차 직업현장의 실무경험과 기능을 중시하는 방식으로 대학 직업훈련이 바뀌어 가고 있음을 상기할 필요가 있다. 그런 추세는 시간이 갈수록 더욱 점증할 것으로 보인다. 이는 교사 양성과정의 훈련방식에 새로운 도전과 변화를 예고한다. 그 흐름에 보다 능동적인 대응이 필요하다.

이와 관련하여 교사 양성과정의 한 축을 이루는 교직과정의 내용과 방법에 대해서 구체적으로 어떤 변화가 필요한지를 살펴보고자 한다.

첫째, 직업훈련에서 핵심을 차지할 부분은 직업현장에서 필요로 하는 직무능력의 배양이다. 이 원칙에 따르면, 지금처럼 교과교육과 교직과목에서 학문적인 내용에 치중하는 것은 심각한 문제를 낳는다. 그것은 '학자 양성과정'과 '실천가 양성과정'을 구별하지 않는 잘못을 범하는 것이기 때문이다. 유능한 교사에게 전문적인 지식과 이해가 필요한 것은 부인할 수 없다. 그렇지만 그것 못지않게 중요한 것은 바로 실천가로서의 전문적인 능력이다. 사실 분야를 막론하고 실천가에게는 통상 기술적인 자질, 인간적인 자질, 개념적인 자질이 필요한 법인데,[2] 현행 교사 양성과정은 그 가운데 개념적인 자질을 제외하고는 별다른 역할을 하지 못하는 셈이다(장상호, 1997a, p. 683). 이렇게 교사 양성과정이 학문적인 지식의 전달에 치중하게 된 이면에는 일반적 전이(general transfer)를 가정하는 형

---

2) 실천가에게 필요한 최소한의 요건으로서 기술적인 자질, 인간적인 자질, 개념적인 자질에 대해서는 후론하겠다.

식도야(formal discipline) 이론의 해묵은 전통과 함께 습득된 지식이 곧바로 현장에 적용될 것으로 기대하는 실증주의적 사고방식이 자리하고 있다. 형식도야 이론의 타당성은 부정된 지 이미 오래다. 콩트(A. Comte)에서 유래된 실증주의도 그 소박한 신념에 의문이 제기된다. 대상세계와 학문세계는 서로 다르고, 그것은 영토와 지도의 관계에 비유될 수 있다. 이때 지도가 영토의 어느 한 측면을 묘사하는 것은 맞지만, 문제는 지도를 가진다고 해서 영토를 수호하거나 확장하는 식으로 문제가 해결되는 것은 아니다. 우리가 맞닥뜨리는 대상세계는 개념적 이해의 차원을 넘어 다양한 요인들이 복잡하게 얽혀 있기 때문이다. 그렇기 때문에 이론의 현장 적용 가능성은 무턱대고 주장한다고 해서 성립되는 것이 아니라 경험적으로 증명되어야 할 과제로 받아들여야 한다. 그 점에서 지식의 응용 가능성은 항상 가설적인 주장으로 받아들이는 편이 옳다.

둘째, 교사 양성체제의 훈련방식도 직업훈련의 특수성과 현장의 요구에 맞는 방식으로 변화가 필요하다. 원래 직업훈련 자체가 생산현장의 도제훈련 방식을 근간으로 발전해 왔음을 상기하면 그런 요구가 새삼스러운 것은 아니다. 도제식 직업교육에서는 무엇보다도 현장에서 부닥치는 실무적인 문제해결에 필요한 기술과 지식과 태도를 바로 그 현장과 밀착시켜 '시범(demonstration)'하고 '실습(practicum)'하는 것을 원칙으로 삼는다(전정호, 2000; Schön, 1983). 교사 양성과정이 직업훈련인 이상, 거기에서 배출되는 교사가 맡은 바 직무를 충실히 수행하려면 이러한 시범과 실습이 대학의 교사 양성과정에서 실천되어야 마땅하다(Schön, 1988a, 1988b). 지금처럼 시범과 실습을 거의 외면한 채 학문적인 지식을 전달하는 언어적 소통에만 의존하면 현장의 요구와 점점 멀어지고 만다. 교사 양성기관에 근무하는 교수들부터 강의방법의 변화와 혁신을 진지하게 고민해야 할 때다.

요컨대, 교직과목 체제는 그 내용과 방법 면에서 새롭게 변화가 모색되어야 한다. 현장교사에게 부과되는 직무의 다양성과 개별 직무의 특수성을 고려하여 그 수행에 필요한 능력과 자질을 계발하고 증진시키는 내용을 담은 교과목을 개발할 필요가 있다. 또한, 현장의 문제해결을 위해 지식이 어떻게 응용되는지를 시범하고 실습하는 방식으로 교사 양성의 방법적 틀이 근본적으로 바뀌어야 한다. 개념과 지식의 올바른 적용과 그에 대한 자기반성적 경험을 지속할 수 있을 때 비로소 유능한 현장교사의 배출이 가능해진다고 믿기 때문이다.

5. 교직과목 체제 재구성의 기본 틀

여기서 제시할 교직과목 체제는 앞에서 강조한 변화의 요구를 수용하기 위해 탐색적 수준에서 예시한 것에 불과하다. 기본 틀은 다음 네 가지 사항을 염두에 두었다.

첫째, 이 절에서 제시하는 교직과목은 교사의 직무분석을 토대로 한 것이다. 특별히 직무분석과 관련해서 경영학 분야의 사례를 참조하는 것이 도움이 된다고 판단하여 그 분류방식과 분석내용을 벤치마킹하였다.[3] 오늘날 경영학 분야가 심리학이나 행동과학과 같은 기초학문을 응용하지만, 그들의 지식을 기초학문의 사실로 환원시키지 않고, 그것의 토대 위에 이를테면 생산관리, 마케팅, 재무관리, 인사관리 등 경영에 필요한 하위 영역을 발전시켜 온 것은 본받을 만한 예이다(장상호, 1997a, p. 165). 다만, 교직과목 체제에 포함되어야 할 교사의 직무를 일일이 망라하기는 어렵기 때문에, 중요하다고 생각되는 영역을 주관적인 판단에 근거하여 선정, 편성하였음을 밝힌다. 또한, 학교의 제반 기능이 점차 다

---

3) 현장직무와 연계된 경영학의 커리큘럼은 다음과 같이 구성되어 있다(서울대학교 홈페이지, 〈경영학과 학부과정〉 http://cba.snu.ac.kr/ko/undergraduate−curriculum).

(1학년) 경영학원론, 경제원론, 회계원리

(2학년) 중급회계, 경영과학, 조직행위론, 기업법, 인턴십, 마케팅 사례연구, 비즈니스커뮤니케이션, 조직구조론, 한국기업경영, 재무관리, 경영정보론

(3학년) 지식경영시스템, 관리회계, 인간과 경영, 재무제표분석 및 기업가치평가, 기업과 경력개발, 보험과 위험관리, 회계감사, 투자론, 리더십특강, 인사관리, 원가회계, 금융기관경영론, 생산관리, 마케팅관리, 국제경영, 기업재무론, 소비자행동, 품질경영, 네트워크비즈니스경영, 현대경영이론, 기업윤리, 신제품개발 및 제품관리, 공급사슬관리, 디자인과 경영전략, 세무회계

(4학년) 마케팅조사론, 파생금융상품론, 경영전략, 국제기업환경, 기업경영특강, 서비스운영관리, 정보기술과 경영혁신, 기업전략, 노사관계론, 광고관리론, 국제금융관리론, 특수경영론, 정보시스템특강, 위험관리론

양화하고 교사의 직무가 고도화되어 가는 추세를 감안하여 교직과목의 목록과 내용을 지속적으로 수정하고 보완할 필요가 있다.

둘째, 교직과목의 내용에 대해서는 현장의 문제해결에 필요한 관련 분야의 지식과 경험을 모두 통합하는 형태로 제시되어야 한다는 점을 염두에 두었다. 그 점에서 각 교직과목에 담길 내용은 현재로서는 이미 해결된 문제의 답을 정연하게 제시하기보다는 앞으로 해결되어야 할 문제를 제기하는 형태에 더 가까울 수밖에 없다. 각각이 직무영역을 토대로 제안된 교과목인 만큼, 기존의 지식과 경험을 총동원하여 미지의 과제해결에 활용하려는 노력이 요구되고, 그 과정에서 과제와 유관한 통합의 가능성을 제시하거나 그 효율적인 적용방안을 찾아내는 성과를 거둘 수 있을 것으로 기대한다. 특별히 현장에서 교사가 수행하는 직무는 그 자체가 어떤 한 분야의 지식이나 경험만으로 만족스럽게 해결되지 않을 만큼 복합적인 것이기 때문에, 교직과목 개발 단계에서부터 그러한 직무수행 과정에 필요한 능력 요소들을 어떻게 통합하고 적용할 것인지를 고려하는 것이 매우 중요하다. 이를 위해 먼저 직무수행에 직결된 능력 요소가 무엇인지를 제시한 다음에, 그 요소들의 통합 가능성을 염두에 두면서 교직과목의 내용을 개발하는 방식을 따랐다.

셋째, 교사의 직무훈련을 위한 교직과목의 수업에서는 무엇보다도 시범과 실습이 강조된다. 물론, 교과목을 개발하는 수준에서는 그 구체적인 실천의 모습을 드러내기가 어렵다. 어차피 그것은 양성기관의 교수들이 강의, 실험, 세미나, 연수, 워크숍, 연구수업, 모의수업, 논문 발표, 학위논문 심사 등 각종 장면에서 해당 교과목에 관한 주제를 다룰 때 적용되어야 할 활동이고 방법이기 때문이다. 다만 여기서 한 가지 강조할 점이 있다. 시범과 실습은 반드시 직무와 관련된 주제 내용에 관한 학생의 개별적인 경험과 이해수준을 토대로 이루어져야 한다는 점이다. 한 예로, 피아노 레슨에서 가장 중점을 두는 대상은 악보가 아니라 악보를 보는 학생의 반응이며, 구체적으로 학생의 미숙한 연주 수준이다. 다시 말해, 피아노 선생님은 '악보대로 치라.'는 일방적인 요구를 하는 사람이 아니고, 악보대로 칠 수 없는 학생의 미숙한 연주 실력을 고쳐 나가도록 돕기 위해 레슨을 하는 것이다. 교사 양성에서도 시범과 실습의 목적은 교과를 획일적으로 전달하기 위한 것이 아니라, 교과를 접한 학생들의 반응과 그 반응에 나타난 그들의 모자란 경험과 부족한 이해를 교정하는 데 있다. 이렇게 수업에서 추구하는 목적을 새롭게 정립할 때, 비로소 시범과 실습이 그 본래의 취지에 맞게 진행되고 활성화될 수 있다. 그 점에서 시범과 실습에 초점을 맞춘 수업에서는 '학생들의 반응'이야말로 가장 중요한 수업의 교재임을 잊어서는 안 된다.

넷째, 교직과목 체제에서는 교과를 시범하고 실습하는 것과 구별해서 시범과 실습을 별도의 시범과 실습의 대상으로서 강조한다. 말하자면 시범과 실습이 또 하나의 시범과 실습의 소재가 된다는 것인데, '시범의 실습'과 '실습의 시범', 그리고 그것과 짝을 이루는 '시범의 시범', '실습의 실습'이 가능하고 중요하다는 말이다. 교과를 소재로 하는 경우와 달리, 시범과 실습을 소재로 하는 시범과 실습은 교사 양성과정, 그중에서도 교직과목 체제의 독자적인 성격을 확립하는 데 핵심적인 요건이 된다. 그 특별한 의의를 강조하고 싶다.

앞에서 언급했던 것처럼 교사의 직무는 그 자체가 학교의 기능과 매우 밀접한 연관이 있다. 학교에 대한 사회 각계각층의 요구는 기본적으로 그 내용이 다양하며, 사회가 고도화됨에 따라 그 요구가 갈수록 복잡하고 까다로워지는 추세이다. 따라서 교사에게 필요한 교과목을 개발하기 위해서는 역할기대에 따른 교사의 직무가 무엇인지를 파악하여 그에 적절한 교사훈련의 내용과 방법을 강구할 필요가 있다.

〈표 3-1〉 교사의 기본 직무

〈수업혁신〉, 〈학급경영〉, 〈적성계발〉, 〈경력개발〉, 〈사제관계〉, 〈학생행동분석〉, 〈학부모상담〉, 〈리더십〉, 〈교직윤리〉, 〈진로정보〉, 〈학생모집〉, 〈행정사무〉, 〈학교법률〉, 〈인사관리〉, 〈물품관리〉, 〈조직관리〉, 〈회계관리〉, 〈학교홍보〉, 〈지역사회봉사〉, 〈레크리에이션〉, 〈행사기획〉, 〈보건체육〉, 〈수사기법〉, 〈관광안내〉, 〈의전활동〉, 〈IT 능력개발〉 ……

앞에서 말한 것처럼 조직의 효율성을 추구하는 경영학적 관점에 입각하여 학교조직의 유지와 발전에 필요한 교사의 기본 직무를 파악한 결과, 개략적인 수준에서 몇 가지 직무 영역으로 나누어 볼 수 있다. 〈표 3-1〉은 현장의 필요와 관련해서 교사가 수행해야 할 직무를 종류별로 열거해 본 것이다. 그러나 사회가 변화함에 따라 직무의 범위와 수준도 얼마든지 달라질 수 있기 때문에, 이 역시 한시적이고 유동적인 것임을 염두에 둘 필요가 있다.

위에 나열된 직무를 원활하게 수행하기 위해서는 적어도 개념적인 자질, 기술적인 자질, 인성적인 자질이 모두 필요하다. 그것은 앞에서 언급한 바와 같이 통상 실천가에게는 요구되는 세 가지 필수적인 능력 요소이기 때문이다. 개념적 자질이란 학문적인 지식만이 아니라, 종합적 사고력, 비판능력 등을 포함시켜 생각할 수 있다. 기술적 자질은 실험능력, 연습능력, 기능적 숙련도 등을 뜻하는 것으로 보면 된다. 인성적 자질에는 주체성, 가치관, 열정 등이 포함된다. 이 세 가지 능력 요소 가운데 어느 하나의 요소라도 미흡할 경우에는 곧바로 직무 수행에 지장이 생길 수 있다는 점에 유념할 필요가 있다. 각각의 내용을 표로 제시하면 다음과 같다.

〈표 3-2〉 직무 수행에 필요한 능력 요소 (예시)

개념적 자질				기술적 자질				인성적 자질			
학문적 지식	종합적 사고력	비판 능력	기타	실험 능력	연습 능력	기능적 숙련도	기타	주체성	가치관	열정	기타

이제까지 교직과목들은 거의 인문학과 사회과학에 속하는 학문적 지식들로 구성되었다. 그러나 인문사회적 지식은 실천가에게 필요한 개념적 자질의 일부분에 불과하기 때문에 그것만으로 위에서 열거한 교사 직무 전체를 적절하고 만족스럽게 수행하기를 기대하기는 어려워 보인다. 그 점에서 교직과목 체제는 기존의 학문 중심적 패러다임을 넘어, 현장의 문제해결에 필요한 다방면의 지식, 기술, 태도를 통합하는 경험 위주의 교과목 체제로 새롭게 구성할 필요가 있다.

자 평가 주체로 설 가능성을 지닌다. 사실 이것은 제도적으로 교사에게 부여된 역할의 일부인 경우가 있다. 그러나 문제는 그 역할에 대한 교사 자신의 인식과 태도가 어떠한가에 달려 있다. 단지 지시에 따르는 것과 자발적인 의사에 의해 그와 같은 역할을 수행하는 것 사이에는 커다란 차이가 있기 때문이다. 학교는 이처럼 자기반성적인 교사의 연구와 평가에 의해 지속적인 발전의 기틀이 마련되기 때문에, 적극적인 태도로 그에 관한 훈련을 권장하고 격려할 필요가 있다. 여기에는 학교와 사회의 특성과 한계를 냉철한 눈으로 연구하고 감식하는 데 필요한 평가능력을 갖추도록 훈련하는 일, 학교에서 개발한 프로그램을 공정하고 합리적으로 평가하는 데 필요한 지식, 기술, 태도를 연마하는 일이 포함된다. 더불어 교사가 되어 스스로 학급 내에서 일어나는 여러 가지 상황을 연구하고 평가하는 것과 같은 현장연구가로서의 체계적인 훈련, 그리고 자신과 동료교사를 평가하고 학생들을 평가하는 데 필요한 이론, 기법, 인성을 단련하는 훈련도 필요하다.

6) 〈교직윤리 세미나〉

교사의 역할 속에는 학생들과의 만남, 관계 유지, 그리고 관계 종결이라는 인간적 유대가 필연적으로 요구되기 때문에, 이에 관한 전문적인 훈련이 반드시 필요하다. 성인으로서 대부분이 미성년인 다수의 학생들과 원만한 인간관계를 맺고 유지하는 것 자체가 까다로운 도전적 과제임에 틀림없다. 따라서 교사가 되기 위한 준비로서 청소년에 대한 폭넓은 지식과 경험, 그리고 인간관계에 관한 기술적 요소와 태도를 고루 갖추기 위한 특별훈련이 요청된다. 그 과정 속에 교사−학생 관계의 특성을 올바로 이해하는 일, 학생상담에 필요한 체계적인 이론, 기술, 인간적 태도를 함양하는 실습과정이 기본적으로 포함되고, 동시에 교직에 대한 사명감의 확립과 교권에 대한 이해도 포함된다. 또한, 교사 신분을 올바로 이해하도록 학교법률에 관한 기본소양을 확충하고, 학생체벌이나 교사폭행처럼 학생과 교사의 인권에 관한 문제를 바르게 이해하고 적절하게 대처하는 시범과 실습도 여기에 포함된다.

7) 〈행사기획홍보 연습〉

교사가 수행하는 기본 업무 중 상당수는 학교의 제도적 특성상 불가피한 것이 많다. 그중에서 해마다 반복되는 연례행사를 기획하고 준비하고 운영하는 것은 교사가 온전히 감당해야 한다. 내용은 조금 다르지만, 그 밖에 창의적 체험활동 영역에 속한 업무도 그 가짓수가 엄청나게 많아 교사의 어깨를 늘 무겁게 한다. 이를 위한 전문적인 준비를 양성과정에서부터 체계적으로 훈련할 필요가 점증하고 있어 차제에 교직과목의 하나로 설치하는 것이다. 그 내용으로 위에서 언급한 것 외에, 지역사회봉사를 위한 기획운영, 학교홍보에 관한 사항, 입시전형 관리기획, 보건체육, 레크리에이션 등이 포함된다. 업무의 파악과 숙달은 모두 시범과 실습을 통해 이루어진다.

8) 〈행정사무 연습〉

흔히 교사의 '잡무'로 불리는 것이 행정사무이다. 그런데 이것은 교사의 역할을 수업에 한정하는 협소한 관점에서 기인한 것으로 볼 수도 있다. 교사의 직책상 그 업무 범위가 반드시 수업에 한정되지 않음은 누누이 강조한 바 있기에 반복하지 않기로 한다.

행정의 원활하고 효율적인 수행을 위해서 교사가 받아야 할 훈련의 내용은 광범위하다. 그중에서 대표적인 것만을 열거해 보자. 학교행정의 기본 특성, 교무분장에 대한 기본적 이해, 문서작성과 문서관리에 관한 지식과 기능, 의사결정과정에 대한 지식과 기법, 관계기관과의 행정적 소통 및 절차에 대한 이해, 통신보안에 관한 지식과 기술, 정보처리능력, IT 능력개발 등이 여기에 포함된다. 시범과 실습을 위주로 한 교직훈련을 통해 행정사무의 기본 능력을 갖추는 것이 본 강좌의 목적에 해당한다.

이상에서 제시한 교직과목 체제(안)과 기존의 교직과목 체제를 비교해 보면 상당한 차이가 있다. 기존의 체제에 익숙한 이들은 새 체제의 내용이 정말 기존의 것과 다른지, 기존의 과목들을 가지고도 충분히 커버할 수 있는 것은 아닌지에 관심을 가질 것이다. 외형적인 명칭만 본다면, 새 체제에 포함된 강좌의 내용은 기존의 교육사, 교육철학, 교육심리학, 교육사회학, 교육행정학, 교육과정, 교육공학, 교육평가, 생활지도 등 교직이론 과목에서 다루었던 지식과 이론, 특수아동의 이해, 교직실무로 편성되어 있는 교직소양의 내용, 그리고 학교현장 실습, 교육봉사활동으로 편성된 교육실습과 여러 면에서 중복되거나 대동소이한 것이라는 평가를 내릴 수 있을지 모른다.

그러나 많은 이들이 지적하듯이, 기존의 교직과목 체제는 일부의 실습과목을 제외하면 그 대부분이 교육 아닌 외래학문적 사실을 설명하기 위해 만들어진 학문적 지식들을 다루고 있고, 또한 교사를 위한 직무훈련임에도 불구하고 시범과 실습을 거의 외면한 채 주로 이론 위주의 강의 방식으로 왔음을 염두에 둔다면, 양자가 비슷하다고 볼 근거는 거의 없는 것으로 보인다. 새로운 교직과목 체제는 현장에서 필요로 하는 실무능력을 연마하는 데 초점을 두고 직무 중심의 내용체계로 구성된 것이고, 또한 실천가로서의 경험과 그에 대한 반성을 중시하는 특색을 지닌다. 그 점에서 부분적으로 유사해 보일지 모르지만, 전체적인 내용은 물론 그 성격 면에서도 기존의 체제와 상당히 차별화된 것으로 판단된다.

6. 논의: 교직과목 체제의 정상화를 위한 과제

어느 경우나 제도를 바꾼다는 것은 간단한 일이 아니며, 복잡한 절차와 충분한 논의를 거쳐 그 타당성과 적합성이 검증되어야 가능한 일이다. 그 점에서 교직과목 체제를 개선하기 위한 이 장의 제안에 대해 '현실과 동떨어진 발상'이라거나 '실현하기 어려운 공상적 방안'이라는 부정적 반응도 얼마든지 나올 수 있다. 여기서 그 반응들을 모두 예상하면서 일일이 답하기는 어렵다. 그 가운데 꼭 필요하다고 생각하는 몇 가지를 짚고 넘어가려고 한다.

우선 언급하고 싶은 것은 지금의 학교 현실이 영원히 요지부동의 것이라고 생각해서는 안 된다는 점이다. 지금의 학교제도가 불과 200여 년의 역사를 가진 것이고, 끊임없는 변화의 요구에 직면해 있기 때문에 얼마든지 달라질 수 있음을 감안해야 한다. 특히, 학교는 교육을 위한 제도로서 교육의 가치실현을 위해 긍정적인 역할을 해야 할 것이다. 그런 시각에서 학교의 정상화를 위한 교사 양성과정의 개선은 현 단계에게 꼭 필요한 일임을 강조하고자 한다.

앞에서 우리는 주로 교직과목 체제의 변화가 어떤 방향으로 이루어져야 하는지를 전체적인 맥락에서 검토해 보았다. 거기에서 제시한 개선의 방향이나 실천방안에 대해서는 앞으로 많은 검토가 필요할 것으로 생각된다. 이왕에 개선안을 제안한 만큼, 교직과목 체제의 개선을 위해 필요한 추가적인 과제에 대해서 필자의 생각을 밝혀 두고자 한다. 지면상 관련된 문제를 일일이 다루지 못하고, 그 중에서 두 가지에 대해서 특별히 언급하려고 한다. 첫째는 시범과 실습에서 이견이 발생할 경우 그 갈등 해소를 위해 어떤 노력이 필요한가 하는 것이고, 둘째는 새로운 교직과목 개선안의 정착을 위해 필요한 여건의 조성에 관한 문제이다.

1) 교직수행을 둘러싼 교육적 교섭의 필요성

전문적인 직업훈련은 학문이 아닌 대상세계에 대해 가르쳐야 한다. 교사훈련 역시 학교현장의 실질적인 문제들을 이해하고 해결할 수 있도록 준비시켜야 한다. 물론 실천 상황에서의 문제해결이라는 것이 그렇게 간단치만은 않다. 대상세계 내에서 올바로 역할을 수행하려면 이론적 지식, 기법적 지식(technical knowledge)뿐 아니라 실천적 지식(practical knowledge)이 필요하다(Oakeshott, 1962). 이 실천적 지식은 언술화하기 어렵고, 오직 실천 상황에서의 행동을 통해서만 드러나기 때문이다. 따라서 이 능력을 기르기 위해 요구되는 것이 바로 대상세계 내에서의 실습과 반성이다. 혹은 해당 분야의 대가와 도제관계를 맺고 장기간에 걸쳐 대가의 시범활동에서 드러나는 실천적 지식을 배워야만 한다.

직업훈련이 어떻게 이루어져야 하는가에 대해서 쉰(D. A. Schön)과 폴라니(M. Polanyi)의 이론을 깊이 참고할 필요가 있다. 가령, 쉰(1983, 1988a, 1988b)은 현재의 직업훈련 커리큘럼에서 학문적인 코스워크와 실습의 관계가 뒤바뀌어야 한다고 보았다. 직업훈련은 실습이 주를 이루고 실습 안에서 반성이 일어나야 한다고 보았던 것이다. 스승과 도제 간의 실습과정에서 스승은 시범을 보이고 도제는 그것을 관찰하고 모방한다. 그러나 그들의 행위에는 간과할 수 없는 커다란 차이가 있으며, 이것은 '인식틀의 갈등(frame conflict)'이 원인이다. 이 인식틀 혹은 체험 구조의 차이에서 비롯된 갈등을 해소하고 일치시키는 방향으로 작용하는 것이 그들 사이의 도제교육 활동이다. 시범과 실습이 진행되면서 도제는 말과 행위를 통해 드러난 스승의 인식틀과 자신의 인식틀을 비교하고 성찰하며, 이는 스승의 경우도 마찬가지이다. 그러나 실상 스승의 말과 행위를 납득할 수 있는 인식틀을 갖지 못한 도제는 신뢰와 불신이 교차하는 미묘한 갈등을 겪는다. 이때 도제에게는 내면의 불신을 자발적으로 연기(a willing suspense of disbelief)하는 의연한 마음가짐으로 스승과의 관계를 지속할 필요가 있다. 그런 의지적 결단을 수반한 도제관계만이 스승과의 인식틀의 차이를 좁히는 긍정적인 계기를 만들어 나간다.

폴라니(1958)는 수준이 다른 지식 간의 단절을 극복하는 과정을 '발견적 열정(heuristic passion)'과 '설득적 열정(persuasive passion)'이라는 개념을 도입하여 설명한다. 발견적 열정은 개인 내의 지식수준 향상을 위한 열정이며, 설득적 열정은 개인 간의 지식수준 차이를 극복하기 위한 열정이다. 이 두 가지 열정은 수준이 높은 사람이 수준이 낮은 사람을 가르치고 수준이 낮은 사람은 보다 높은 수준의 지식을 획득할 수 있게 하는 원동력으로 작용한다. 이때 설득의 과정에서 보다 중요한 것은 가르치는 사람이 지식을 획득하는 과정에서 얻게 된 묵지를 배우는 사람이 형성하도록 돕는 것이다. 이 묵지는 명시적 지식의 토대가 되는 지식이며 말로 전달할 수 없고 스스로 체험을 통해서만 얻을 수 있다. 따라서 매일의 경험, 실습, 훈련 등을 통해 이 묵지를 형성하는 것이 선행되어야 명시적 지식을 주고받는 것도 가능하게 된다.

비록 폴라니의 이론은 학문을 소재로 하는 교육을, 쉰의 이론은 직업을 대상으로 하는 교육 쪽을 바라보는 경향이 있지만, 이들 이론은 각각 교사를 위한 직업훈련에 매우 중요한 시사점을 준다. 우선, 지식은 말로 가르치고 배우기보다 그 대상세계 내에서 스승과 제자 간의 시범, 모방, 실습, 반성, 훈련, 즉 체험을 통해 가르치고 배울 수 있다는 것이다. 이는 학문계 내에서의 지식도 그러하지만, 그 기예를 말로 표현하기가 상대적으로 더 어려운 직업세계 내에서의 지식도 마찬가지이다. 그리고 인식틀의 차이는 단순히 평면적인 것이 아니기 때문에 그것을 입체적인 관점에서 바라보면서 접근해야만 그로 인한 불일치와 갈등을 원만하게 극복할 수 있다. 다시 말하면, 외현적 행위로 드러난 스승과 도제의 격차는 시간적 발생의 순서라는 각도에서 투시해야만 그 사이의 체험적 공백을 메우는 데 필요한 활동이 무엇인지를 올바르게 파악할 수 있다. 그 도제관계를 유지하기 위해 특별한 종류의 신뢰와 열정을 강조한 점도 인상적이다.

근자에 장상호(1991, 1994, 1997a, 2005a, 2009a, 2009b)가 제안한 '교육본위론'은 직업훈련과 관련하여 이상에서 살펴본 쉰과 폴라니, 그리고 오우크쇼트와 맥을 같이하면서 그 내용을 교육에 관한 일반이론의 형태로 좀 더 포괄적으로 설명하고 있다. 그의 이론을 토대로 우리는 교사훈련의 상황을 좀 더 교육의 시각에서 파헤쳐볼 기회를 얻게 된다. 특별히 교사 양성기관에 재직하는 교수와 그의 시범을 따라하는 예비교사의 실습 사이에서 교직수행을 둘러싸고 다양한 형태와 수준의 의문, 의혹, 갈등, 반론이 제기될 수 있다. 그것은 앞에서 쉰이 지적한 것처럼 인식틀의 차이에서 오는 갈등이라는 점에서 교사훈련의 핵심 소재로 주목해야 마땅하다. 그렇지만 실제로는 이 부분에 대한 관심이 상대적으로 미미했음을 부인하기 어렵다. 교사훈련에서 이 부분에 중점을 둔다면, 교직과목 체제의 정체성이 더욱 확고하게 정립할 수 있는 기틀이 마련될 것으로 생각된다. 이 장 역시 그 점을 살펴보기 위한 하나의 시도이며, 이에 관한 좀 더 심층적인 연구가 좀 더 필요하다고 생각된다.

2) 개선안의 실행을 위한 여건의 조성

혁신적인 내용을 일거에 시행하거나 빠른 성취를 바라는 것은 성급한 기대이다. 변화의 요구가 수용되는 과정에는 의례 반발과 저항이 따르는 법이다. 자칫 무리를 범하다가는 졸속과 부작용을 낳을 수도 있다. 여기에 해결해야 할 장애가 무엇인지를 파악하고 원만한 해결을 모색하는 지혜도 필요하다. 시행을 서두르는 것보다 차분한 우회가 실효성을 높이는 접근방법이 될 수 있다. 여건의 조성을 꾀하면서 단계적으로 시행해 나가는 방식이 바람직하다.

그중에서 제안할 수 있는 방안의 하나가 '현행 교직과목의 재활용'에 관한 것이다. 기존의 교직과목 자체가 본래 철학, 심리학, 사회학, 행정학, 통계학 등 대학의 기성학문을 사범학교 시절의 직업교사에게 필요한 교양과목으로 들여온 것임은 앞에서 밝힌 바 있다. 그 내용이 교육과 유관한 것이 아니지만, 그 앞에 '교육'이라는 수식어를 붙임으로써 '교육학'으로 통하게 되었다. 그러나 그 내용은 누가 보아도 인문사회 분야에 속한 학문적 지식인 이상, 더 이상 교육학으로 혼동해서는 곤란하다. 이제 그 명칭을 수정함으로써 그것을 더 이상 교육학으로 오해하지 말아야 한다. 대신에, 교사 양성의 목적에 비추어 그들을 어떻게 재활용할 수 있는지 숙고할 필요가 있다. 사실 인문사회과학의 다양한 지식은 여전히 교사를 위한 교양으로서 필요한 것들이다. 그 이유는 앞서 살펴본 바와 같이 교육만이 교사에게 요구되는 직무의 전부가 아니기 때문이다. 교사의 직무 가운데에는 교육 말고도 정치, 경제, 사회, 문화, 역사, 도덕, 종교, 예술 등 각종 인문사회 분야의 지식을 가져야만 올바로 이해할 수 있는 복잡하고 다양한 문제들이 가득하다. 철학, 심리학, 사회학, 행정학, 역사학, 통계학 등 기존의 교직과목은 이러한 직무수행에 필요한 교사의 개념적 자질을 확충하고 증진하는 데 직결된 내용들로 이루어져 있다. 이런 이유에서 기존의 과목들은 단지 교육학이 아니라는 이유만으로 무조건 배제해서는 안 되며, 그 직책의 원활한 수행을 위해 교사에게 필요한 내용으로 재차 활용할 필요가 있다.[4)]

---

4) 여기서 교사의 직무수행에 필요한 교직과목과 교육의 이론적 탐구를 목적으로 하는 교육학의 경계는 명확히

우리는 그 구체적인 활용방안을 크게 두 가지로 나누어 생각할 수 있다(장상호, 2005a, pp. 154-166). 하나는 학교현장의 직무를 종합적으로 이해하는 학제적 협력연구(interdisciplinary research)의 형태로 그것을 포섭하는 것이고, 다른 하나는 학교문제의 해결방안을 제시하도록 요청함으로써 그 실제적인 응용효과를 모색하는 것이다. 이 두 가지 방안은 현장의 요구를 최대한 고려한 것이라는 점에서 학교 안팎의 환영을 받을 것으로 보인다. 이 가운데 특히 후자는 학교의 실제적 개선과 밀접히 관련되기 때문에 그것을 '학교개선학' 혹은 '학교관리학'이라는 특별한 명칭으로도 부를 수 있다.

또 하나, 교직과목 체제의 개선을 위해 필요한 여건은 교사 양성기관에 재직하는 교수들의 인식 변화와 그 실천을 위한 노력이다. 사실 교사 양성과 관련하여 견지해 온 낡은 패러다임의 한계를 직시하고 대안적 패러다임의 필요성을 인지하는 인식의 변화는 매우 중요하다. 앞서 살펴본 바와 같이 교사에게 필요한 것은 학문적인 코스워크가 아니라 직무실습이며, 그 주된 내용은 교직에 관련된 실천적 지식이다. 교직수행의 실천적 지식은 의료계의 인턴, 레지던트 기간에 준하는 교직활동의 체험, 반성, 실습과 같은 형태로 가르쳐질 수 있다. 이를 위해 사범대학의 교수들은 그 대상세계에 관한 학문적 지식이 아닌 역할수행의 대가로서 해당 대상세계 내의 높은 실천적 지식을 보유하고 그것을 시범 보일 수 있어야 하며, 학생들의 실습을 안내하고 그 실습에 관해 반성적인 대화를 나누는 등 일련의 지도를 통해 그 인식틀의 개선을 실질적으로 촉진하고 매개할 수 있어야 한다. 이것은 물론 쉽지 않은 일이다. 무엇보다 현재의 사범대학 교수진 대부분이 이런 전문적인 지도역량을 발휘해야 할 대상세계인 교직수행의 능력을 충분히 확보했다고 보기가 어렵다. 그들이 쌓아온 경력과 박사학위는 단지 그 대상세계에 대한 학문계의 대가임을 증명할 뿐이기 때문에, 사범대학이 요구하는 교사훈련의 적임자라고 하기 어렵다. 교직실무에 관한 실천적 지식을 갖고

구분될 필요가 있다. 교육학은 기존의 교직과목과는 달리, 교육의 양상을 이론적으로 해명하는 지식을 제공함으로써 교사가 갖추어야 할 개념적 자질의 한 부분으로 활용될 수 있다. 다만, 그때 말하는 교육학의 지식은 교육 외적 사실들을 다루는 여타의 학문과는 성격이 다른 것임은 물론이다.

있지 않다고 여긴다면, 그것을 가르치는 것은 더더욱 어려운 일로 비칠 수밖에 없다. 그럼에도 불구하고, 이런 한계와 난점들을 극복하기 위해 스스로 노력하고 개선해 나가지 않는다면, 그들 자신은 물론 사범대학의 입지는 더욱 위태로워질 뿐이다. 이것이 현행 교직과목 체제를 그 본래의 목적인 교직수행의 준비에 맞게 전면 재편하는 데에만 그칠 것이 아니라, 그 과정을 직접 담당하는 교수들의 의식 변화와 실천적 노력이 뒤따르지 않으면 안 되는 이유이다.

패러다임의 변화에는 시간과 노력이 필요하다. 교사 지망생들을 훈련시키는 과정에서 실습과 반성, 인식틀의 변화가 필요한 것처럼, 교사 양성에 종사하는 교수들 또한 자신의 행위에 관한 반성을 통해 자기 내부에서 야기되는 인식틀의 갈등을 변화의 계기로 삼아야 한다. 그 속에는 지금처럼 교직과목 체제가 그 명분에 위배된 유명무실한 과정으로 남게 될 때 교사 양성에 기여한다는 애초의 취지가 무색해진다는 위기의식도 한몫을 할 것이다. 그러나 그것보다는 교사 양성전문가로서 자신의 위치를 되돌아보면서 스스로의 발전을 기약하는 공공의식과 책임의식이 좀 더 우선하여야 할 것이다. 교직과목 체제의 근간을 바꾸는 일은 당장에는 고통스럽고 힘들게 보일 수 있다. 그렇지만 궁극적으로 교사 양성기관의 역할과 존립 근거를 어디에서 찾는 것이 옳은지를 추궁해 본다면 그 정당성을 수긍할 필요가 있을 것으로 생각된다. 진실로 책임 있는 실천가라면 그런 엄정하고 성실한 자기성찰이 요청된다. 제도의 변화에 앞서 사람의 변화야말로 타인의 삶을 향도하기 위한 교사 양성 커리큘럼 개발에서 추구하는 변화의 핵심이기 때문이다.

제4장 교육실습의 재음미

교사 양성과정의 일환으로 실시되는 '교육실습'은 그 명칭과 실질이 분리되어 있다. 사실적인 면에서 그것은 정확히 '학교현장 실습'에 해당하며, '교육실습'이라는 용어는 단지 명분상의 용어로 남아 있을 뿐이다. 그럼에도 불구하고, '교육실습'이라는 용어가 지속적으로 사용됨으로써 우리의 인식에 적지 않은 혼란과 갈등을 초래하고 있다. 이 장에서는 '교육실습'을 둘러싼 개념과 용어의 해체와 재건이 불가피하다고 보고, 최근 사용되기 시작한 '학교현장 실습'이라는 용어로 그 의미를 나타내고자 한다. 다른 한편, 실질적인 의미의 교육실습은 우리의 삶 곳곳에서 전개된다는 점에 주목하여, 그것이 지닌 보편적인 의미를 이론적으로 재규정하고자 하였다. 덧붙여, 기존의 '학교현장 실습'과 다른 순수한 의미의 교육실습은 비단 실습학교에서만 아니라 대학이나 그 밖의 공간에서 얼마든지 이루어질 수 있다고 보고, 그 활성화에 필요한 조건이 무엇인지를 추가로 살펴보았다.

1. '교육 전문가'[1]로서 교사 양성과정의 문제

현대 사회를 특징짓는 두드러진 경향 중의 하나는 고도의 분업화와 더불어 그

---

1) 이 장에서 말하는 '교육 전문가'는 이론적인 규정에 의거한 것이 아니라 다분히 제도적 관행에 의거한다는 점에서 따옴표(' ')를 붙여 식별한다. 그 범위는 초ㆍ중등학교 교사와 사범대학 및 교육대학에 근무하는 교수로

것을 뒷받침하는 전문화에서 찾을 수 있을 것이다. 우리 사회 역시 저마다의 전문성으로 무장한 다양한 전문가집단이 곳곳에 포진한다. 이들은 각종의 제도적 장치를 통해 자신들의 아성을 공고히 하는 동시에 여타 분야와 긴밀한 협력관계를 구축함으로써 사회 전체의 유지와 발전에 기여한다. 의료, 법률, 재정, 경영, 공학 등 각 분야에서 활동하는 전문가 집단은 내부적으로 엄격한 자격기준을 마련하여 구성원들에게 부과하고 이를 철저히 감독, 평가함으로써 자체의 전문성을 증진시켜 나가는 공통된 특징을 보여 준다. 이런 경향은 고도의 전문성을 갖춘 직종일수록 더욱 두드러진다. 타 분야와 뚜렷이 구별되는 전문적 능력을 요구하는 직업일수록 그 구성원을 선발하고 충원하고 배치하는 기준은 엄격하고 까다롭다. 한 가지 주목할 점은, 이들 전문가 집단의 선발기준이 과거에는 주로 인문적인 교양에 치우쳤으나, 근자에 들어서 현장의 실무능력을 보다 중시하고 강화하는 쪽으로 변화를 겪고 있다는 것이다.

이러한 전문가 사회의 특징이 교육 분야에 그대로 적용될 것으로 보는 이들이 많다. 대중들은 흔히 교육 분야에 종사하는 이들에게 그것에 관한 고도의 지식과 기술의 축적을 기대하고, 이를 통해 '교육'[2] 문제를 전문적으로 해결해 줄 것을 바란다. 그들은 교사를 양성하는 과정이 '교육의 전문가'가 갖추어야 할 전문성 함양에 필요한 기준을 충족시켜 준다고 믿는다. 그 기대와 믿음은 과연 충실하게 채워지고 있을까?

결론부터 말하자면, 그런 기대와 믿음은 거의 충족되지 못하는 실정이다 (Clifford & Guthrie, 1988; Flitner, 1982; Lagemann, 2000; Schneider, 1987). 현행 교

한정된다. 이 장에서는 그중 교사에 한정하여 논의한다. 혹자는 대학에 봉직하는 교수들을 '교육학의 전문가'로 보아야 한다는 반론을 제기할 것이나, 그 학문의 본령이 교사 양성을 위한 응용학에 있음을 고려하면 '교육전문가'에 포함시켜서 크게 문제될 것이 없다고 생각한다.

2) 대중의 통속적 교육관에 따르면, 교육이란 일상의 삶을 구성하는 법과 제도와 규범에 의해 규정되며, 특별히 학교라고 부르는 가시적인 공간 안에서 전개되는 것으로 간주된다. 그러나 제도적 개념은 이론적 토대가 결여된 것인 까닭에 우리의 인식을 그릇된 방향으로 이끄는 기능을 한다. 이런 이유에서 앞 장의 논의에서와 마찬가지로 대중적 속론에 근거한 교육을 지칭할 경우에는 별도의 따옴표(' ')를 붙여서 표기하는 방식을 택한다. 즉, '교육'의 의미는 이론적으로 파악되어야 할 보편적 의미의 교육과 구별된 것이라는 점에 유념해 주기 바란다.

사 양성과정은 전문가 양성코스가 갖추어야 할 핵심적인 요건을 외면한 채 파행적인 양태로 흐르고 있다. 충격적이지만, 이런 결론을 뒷받침해 줄 근거로 적어도 두 가지를 제시할 수 있다.

하나는 양성과정에서 다루어지는 내용이 교직수행에 필요한 직무실습을 거의 도외시한 것들로 구성되어 있기 때문이다(장상호, 1997a, p. 685). 교사 양성과정을 통해 학생들에게 전달되는 내용은 대부분 학문적인 지식과 이론들이다. 그 내용 자체가 교사 양성이라는 본래의 취지와 달리, 학문을 직업으로 택하는 이들을 위한 학자 양성 코스의 성격을 띤다. 그 점에서 현행 교사 양성과정은 내용 면에서 그 기본 목적에 정면으로 위배된다.

교사 양성과정 자체에서 전문직다운 특성을 찾을 수 없는 다른 하나의 이유는 양성과정을 담당하는 교수들의 강의방법이 특별히 교육의 원리에 부합한다는 증거를 찾기 어렵다는 데 있다(장상호, 1986[3]; Egan, 1983; Eisner, 1985[4]). 다른 곳은 몰라도 양성과정에 종사하는 대학교수의 강의는 교육방법 면에서 모범적이어야 한다. 왜냐하면 교수들의 교직수행 자체가 교사 지망생들에게 하나의 전범(典範)이 되기 때문이다. 그것이 미흡하다는 지적이 있다면, 교사 양성기관에 이를 겸허하게 수용하는 전향적인 자세가 필요해 보인다.

교사 양성과정의 실질적인 내용이 교사의 직무와 동떨어진 것이고, 교수들의 강의 또한 타 학과나 단과대학의 교수들에 비해 질적으로 우수하다는 증거를 찾을 수 없는 사태는 적지 않은 실망과 자괴감을 안겨다 준다. 적어도 "교육의 질은 교사의 질을 넘어설 수 없다."는 말이 옳다면, 대학의 교사 양성기관에서 배출되는 교사들의 질 역시 보장하기 어려울 것이기 때문이다. 그런데 이 사실은 위협적이기까지 하다. 내용과 방법 면에서 양성과정과 교사 직무 사이에 괴리

---

3) 장상호(1986)는 다음과 같이 말한다. "교직과목은 실천성을 전제한다. 교직의 훈련을 받으면 그만큼 수강생의 교육활동도 개선될 수 있어야 한다. 만약 이 전제가 옳다면 교직연수를 담당한 사범대학의 프로그램이나 교육학과의 교수활동은 가장 교육적인 것이어야 한다. 그런데 사실은 그렇지 못하다(p. 32)."

4) Eisner(1985)의 발언은 다음과 같다. "나는 교육에 있어서 이론과 실천 간의 관계에 관해서 오랫동안 호기심을 가져왔다. ……한 가지 명백한 결론은 교육학의 연구결과와 그로부터 도출된 이론들이 (교육학과의) 교수들에게 심각한 고려사항이 되거나 그로부터 실천적인 것이 도출된 바가 없다는 것이다. 이 사실은 이 교수들이 연구하는 교육학의 어느 영역에서도 예외적인 것이 아니다(p. 256)."

혹은 단절이 심각하다는 것은 양성과정 자체의 존재이유 혹은 정체성에 커다란 의구심을 불러일으키는 빌미가 될 수 있기 때문이다.

오늘날 대학의 직업교육은 구구한 설명이 필요치 않을 만큼 유례없는 호황을 누리고 있다. 교사교육 역시 그 인기와 수요가 매년 상한가를 치고 있다. 그러나 응용학문들이 누리는 이런 화려함의 이면에 무심히 지나칠 수 없는 심각한 부실이 도사리고 있음을 아는 이는 많지 않다. 대학의 중심부를 응용학이 차지한 것은 어쩔 수 없는 시대풍조라고 하더라도, 응용학에 토대를 둔 대학의 직업교육이 현장의 실무와 거리가 먼 내용을 무미건조하게 다루는 파행은 결코 좌시되어서 안 된다.

이 장은 이런 문제의식을 가지고 현행 교사 양성과정의 한 부분을 차지하는 '교육실습'에 대하여 그 실상과 개념이 적절히 부합하는지를 비판적으로 살펴보려는 데 일차적인 목적을 둔다. 사범학교가 처음 태동할 무렵, 실천가로서 교사를 양성하는 직업준비과정에서 '교육실습'의 강조는 일견 당연시되었다. 그러다가 교사의 전문성을 강화할 학문적 배경이 중시됨에 따라 교사 양성과정은 점차 학문적인 내용 위주로 편성되는 변화를 겪었다. 추가된 학문의 내용이 교사의 직무수행에 진정 유관한 것인지에 대한 진지한 반성은 거의 이루어지지 않았다 (장상호, 1986; Schneider, 1987). 이러한 배경을 그대로 물려받은 현행 교사 양성과정에서 '교육실습'은 교직의 실무적인 내용을 실습하는 거의 유일한 기회로 인식되고 있다. 말하자면, 학문 위주로 편성된 현행 교사 양성과정의 불균형 속에서 그나마 직업현장이 요구하는 현장경험을 실습을 통해 익히도록 실습과정이 부과되고 있는 것이다. 그런데 '교육실습'이 실습학교현장에 국한하여 이루어지는 가운데 그 실습의 내용과 형식이 교육과는 아무런 연관을 맺지 않은 채 진행되는 경우가 관찰된다. 그중에는 학교현장의 필요 때문에 불가피하게 이루어지는 의식이나 절차에 해당하는 부분도 있고, 실습을 위임하는 양성기관의 요청에 따라 다분히 형식적으로 포함되는 부분도 있다. '교육실습'에 교육 외적 요소들이 포함되어 있다면, 교육실습이라는 명칭이 과연 적절한가 하는 의문이 당연히 제기될 수 있다. 그 경우 '교육실습'이라는 말 속에 포함된 그 '교육'이 무엇을 말하는지를 꼼꼼히 따져 물어야 할 것이다.

주어진 사태를 바라보고 기술하는 개념과 용어가 부적절하다면, 그것을 보다 적절한 것으로 대치하는 것은 학자로서 당연히 해야 할 일이다. 그런 개념과 용어의 쇄신 자체가 학문의 발전을 나타내는 건전한 지표의 하나로 받아들여진다 (장상호, 2007). 특별히 이 장에서 관심을 가지는 교사 양성과정에서 파생된 개념과 용어들을 보다 적절한 것으로 대치함으로써 많은 혼란이 제거될 뿐 아니라, 그것을 바라보는 우리의 사고가 좀 더 올바른 방향으로 나아가는 초석이 마련될 것으로 기대된다.

기존의 '교육실습'은 다분히 학교라고 하는 제도와 결부되어 그 의미가 특수하게 규정되어 왔다. 이제 그것을 제도의 올무에서 해방시키는 작업이 추가로 필요하다. 교육은 우리의 삶에서 그것이 요구하는 특정한 조건이 만족되면 언제, 어디서나 번창할 수 있는 보편적이고 자율적인 삶의 한 양상이다. 특별히 교육은 거기에 참여하는 과정에서 항상 실습이 이루어지는 것으로 가정된다. 말하자면, 교육 자체가 넓은 의미에서 하나의 '실습'인 셈이다. 자신의 행위를 그 실천이 따라야 할 고유한 원칙과 원리에 비추어 보면서 그 부족한 점을 끊임없이 개선해 나가는 주체의 반성적 실천행위를 일반적인 의미의 실습이라고 말한다면 (Schön, 1983), 실천의 한 분야인 교육에도 당연히 실습의 일반준칙이 적용된다. 다만, 교육은 일반적인 의미의 실습이 아니라 교육의 내재율이라고 부르는 그것만의 독특한 규칙에 복속하는 특별한 의미의 실습과정이라고 보면 될 것이다. 반면에 교육 자체가 하나의 실습 대상이 될 수도 있다. 이럴 경우 실습 대상으로서의 교육과 실습활동으로서의 교육은 소재와 활동이라는 특별한 관계에 놓인다.[5] 그 관련 양상을 이론적인 견지에서 살펴보는 것도 흥미로운 연구주제이다.

이처럼 교육실습 내실화의 방향이 교육의 고유한 맥락과 원리에 맞는 실습다운 실습의 구현에 있다면, 그러한 교육실습이 이루어지기 위해서는 그 교육이 무엇인가를 규정하는 자율적인 이론체제를 구축하는 일이 선행되어야 할 것이

---

5) 이것은 뒤에서 살펴볼 메타교육에 속하는 문제이다.

다. 한 가지 유념할 것은 교육을 파악하기 위한 개념체제의 역할을 하는 이론의
구축은 제도적 개념을 무비판적으로 수락하는 기존의 상식적인 인식태도를 해
체하는 데에서부터 출발한다는 사실이다. 제도의 한계를 넘어서 교육의 총체적
인 맥락을 자율적인 방식으로 구성해 낼 수 있는 요건에 합당한 것이어야 비로
소 그 실천을 보편성의 기준에 맞게 개혁하고 향도할 수 있기 때문이다.

이런 엄격한 조건에 맞는 교육이론의 예를 찾아보기란 쉬운 일은 아니다. 이
장에서는 그 기준에 비교적 충실하게 부합하는 이론으로서 교육본위론(장상호,
1991, 1994, 2005a)에 주목한다. 교육본위론은 교육을 인간적인 삶을 구성하는 자
율적인 영역 가운데 하나로 보고, 그것이 지닌 특유의 구성방식과 내재적 원리
를 구명하는 데 성공한 것으로 평가된다. 물론, 이에 대한 학계의 인식은 아직
미미한 편이고, 더욱이 그 관점을 기존의 학교체제에 적용해 보려는 이론적·실
천적 노력도 아직은 초기 단계에 머물고 있다. 그런 만큼, 이 장에서처럼 그것을
교육실습 영역에 적용해 보는 것은 그 이론의 타당성을 시험한다는 의미를 가진
다. 그럼에도 불구하고, 교육본위론의 관점에 의거하여 교육실습의 보편적인 의
미를 이론적으로 살펴보는 것은 교육실습을 단지 학교제도의 요구에 맞추는 기
존의 상투적인 접근을 넘어, 좀 더 보편적인 맥락에서 교육의 본연적인 요청에
맞게 교육실습을 내실화하는 데 반드시 필요한 것이라고 믿는다. 이 점에서 이
장은 교육실습에 관한 기존의 다른 연구에서 아직 수행해 보지 않은 새로운 기
능성을 탐색한다는 의의를 지닌다.

이하에서는 먼저 기존의 연구에 나타난 '교육실습'의 개념을 고찰한다. 기존
연구에 대한 리뷰는 교육실습에 대한 이해방식의 특징을 파악하고, 그 전제의
타당성을 고찰하기 위해서이다. 아울러 교육의 맥락을 제도적 범주와 구별하는
차원에서 교육실습의 개념을 새로운 측면에서 접근한다. 이 작업은 교육의 자율
성을 강조하는 교육본위론의 이론적 바탕 위에서 그것을 참조하는 방식으로 이
루어질 것이다. 마지막 부분에서는 교육실습을 교육의 맥락에 맞게 내실화하기
위해 대학과 실습학교에서 각각 어떤 부분이 강화되고 개선되어야 하는지 그 과
제를 제시하도록 하겠다.

2. '교육실습'의 기존 패러다임에 대한 비판적 검토

1) '교육실습'에 관한 선행연구 고찰

그간 '교육실습'에 대하여 여러 측면에서 많은 연구가 이루어져 왔다. 그중에는 현행 '교육실습'이 교사로서의 자질 점검, 역할수행 등 여러 측면에서 긍정적 효과가 있음을 보고한 연구도 적지 않다(김정현 외, 2009; 백순근 외, 2007; 유지영, 2008). 그렇지만 대부분의 연구들이 기존 '교육실습'의 실천 양태가 여러 가지로 미흡함을 지적하면서, 나름의 개선방안을 제시하는 데 주된 목적을 두고 있다. 가령, '교육실습'의 목표의 적합성에 대한 분석평가(김윤옥, 설양환, 2005), '교육실습'에 대한 인식 및 만족도 조사(나경희, 2008; 박은숙, 2000; 엄미리 외, 2010) 및 유·초·중등 '교육실습' 프로그램 및 실습체제의 개선방안 마련(고영미, 2010; 곽철홍 외, 1989; 박순자 외, 2001; 박영만 외, 2003; 이경희, 2005; 이학원, 1999; 정혜영, 2009; 조용진, 1983; 최돈형 외, 2010a, 2010b; 황복선 외, 2007; 황윤한, 2007) 등이 그 예이다. 이들은 기존의 '교육실습'이 교사의 전문성을 함양하기에 부족하다는 인식 하에 다양한 개선방안을 내놓았다. 박영만 등(2003)은 실습기간의 대폭 연장, 실습 이수학점 및 '교육실습' 세미나 개최를 비롯한 대학 커리큘럼의 대대적 정비, 사전−사후지도 강화, 대학과 실습학교 간 협력방안 모색, 실습비 증액, 실습평가 체제 정비 등 '교육실습 체제'의 전반적 개선이 필요함을 강조하였다. 황복선 등(2007)은 멘토 및 슈퍼바이저 제도를 활용함으로써 '교육실습' 프로그램을 개선할 것을 제안하였다. 황윤한(2007)은 '교과교육실습', '교육실습' 지도교사 지정제도, '교육실습' 포트폴리오 제도의 도입 등을 역설하였다.

현행 교육실습에서 과연 '실습다운 실습'이 이루어지는가를 문제시하면서, 그 개선의 방향과 조건을 논하는 연구도 볼 수 있다. 쇤(Schön, 1983, 1988a, 1988b)의 실천적 인식론을 토대로 '교육실습'이 실천에 대한 반성을 중심으로 이루어질 것을 강조한 연구가 그런 예이다(윤기옥 외, 2001, 2002; 이경화, 2008). 이는 '교육실습'이 지식의 기계적 적용에 치우친 기술공학적 접근을 넘어 실습 현장에서 부닥치는 문제해결을 위한 반성적 실천에서 이루어질 것을 강조하고 있어 주목된다. 이러한 강조는 '교육실습'의 성격 전반에 걸친 것은 아니고, 그 구성 요소의 하나인 실습의 문제만을 다룬 것이어서 부분적인 기여에 그친 아쉬움을 남긴다.

'교육실습'이 갖는 의미를 여섯 가지 유형으로 분류하여 제시한 경우도 주목된다(김병찬, 2005). 그 내용을 일별하면, 첫째, '교육실습'을 양성기관에서 배운 교과지식을 현장에 적용하는 과정으로 보는 관점으로, 교과지식과 학교현장의 접목을 중시하는 입장, 둘째, '교육실습'을 교직생활 경험이라고 보는 관점으로, 교과지식 못지않게 학교현장의 실제 경험을 중시하는 입장(신용일, 1997), 셋째, 교직 적성을 점검하는 과정으로 보는 입장(남궁용권, 1989), 넷째, 교과지식, 교수기술, 태도 등 기본 능력을 형성하는 기본적인 교직이수 과정으로 보는 관점(정재철, 1995), 다섯째, 학교현장에 대한 연구와 실천의 기회로 보는 관점(박영배, 백운학, 1989), 여섯째, '교육실습'을 통과의례라고 보는 입장(이명순, 2001) 등으로 나누어진다. 이러한 구분은 예비교사들이 경험하는 '교육실습'의 과정을 그 특징 면에서 살펴본 시도라는 의의를 지니고 있지만, 분류에 적용한 기준을 이론적인 수준에서 별도로 제시하지 않고 단지 '교육실습'을 바라보는 관점을 나열하는 데에 그쳤다는 점에서 그 이론적 깊이는 그다지 크지 않은 것으로 보인다.

전반적으로 볼 때, 선행연구들은 일부 개념적인 문제를 다룬 연구가 있기는 하지만, 대체로 '교육실습'의 내실화를 기하기 위해 그 실태를 조사하고 그 효율적 운영방안을 짜내는 데 골몰해 왔다고 할 수 있다. 이러한 연구 경향은, 그 자체로 충분한 것은 아니지만, 예비교사들의 전문성을 신장시키고 대학과 실습학교와의 연계성을 강화하는 데 일정 부분 기여했다고 평가할 수 있다. '교육실습' 자체가 적지 않은 예산과 시간, 그리고 인력이 투입되는 교사 양성과정의 핵심 프로그램의 하나인 만큼 그 계획, 조직, 운영, 그리고 평가에 이르기까지 지속적인 개선방안이 마련되어야 한다는 것은 두말할 나위가 없다.

그러나 본격적인 의미에서 교육실습에 관한 개념적 문제나 이론적 요건의 문제를 직접 다룬 예가 여전히 기대에 미치지 못할 만큼 드문 점은 매우 심각하게 받아들여야 한다. 개념의 문제를 다루지 않은 데에는 여러 가지 이유가 있겠지만, 이 방면의 연구자들이 대부분 교육실습이 무엇을 의미하는지 굳이 되물을 필요조차 없을 만큼 당연한 것으로 가정하는 고착화된 인식에서 그 원인을 찾을 수 있다. 그들은 마치 약속이라도 한 것처럼 '교육실습'에 관한 기성의 고정관념을 그대로 수용한다. 틀에 박힌 인식틀에 의존하여 '교육실습'의 목적을 파악하고 그것을 구현하는 데 필요한 각종 제도적 지원체제의 개선에 치중하고 있다. 그러나 '교육실습'이 지향하는 목적이나 그 실행방식이 그처럼 자명한 것인지는 여전히 의문을 가질 만한 문제라고 보아야 한다. 모두에게 알려지거나 이미 명확한 결론이 난 문제라면, 그것을 연구한다는 말 자체가 성립될 수 없다. 연구라는 것은 언제나 약간은 새로운 것, 낯선 것, 참신한 것, 미지에 속한 문제를 발견하고 탐색하고 추궁하는 행위이기 때문이다. 이런 이유에서 관행적으로 반복되어 온 통념 수준의 '교육실습'을 기정사실화하고, 개념적인 문제보다는 기술적인 측면과 효과성 문제를 처방하는 데 매달리는 기존의 연구풍토는 엄정한 비판적 검토의 대상이 되어야 한다.

2) '교육실습'에 관한 기존 패러다임의 특징과 한계

(1) '교육실습'의 내용 측면

현행 교직과목 체제에서 교사자격증 취득에 필수코스의 하나로 부과된 것이 '교육실습'이다. ('교육실습'은 한때 '교생실습'이라는 말로도 통용되었다가, 어느 때부터인가 슬그머니 '교육실습'으로 바뀌었다.) 그 목표는 교생들로 하여금 실습학교에 나가 교사의 실무적인 역할을 단기간의 인턴과정을 통해 경험하는 데 있다.

학교에서 교사가 수행하는 역할은 매우 다양하다. 그 각각의 역할을 수행하는 데에는 각기 다른 능력과 기술을 연마하는 것이 필요하다. 대학의 교사 양성과정에서는 마땅히 그런 실무적인 내용을 실습할 기회와 여건이 충분히 제공되어야 한다.

그런데 현존하는 대학의 교사 양성과정에서는 주로 학문적인 지식을 가르치는 데에만 치중하고 있다. 문제는 학문적인 지식과 이론을 아무리 많이 습득해도 교직수행에 필요한 능력과 기술을 대신할 수는 없다는 점이다. 대학이 그 전문 직업교육을 이처럼 학문적 내용 일색으로 대신하는 것은, 앞 절에서 이미 언급했듯이, 직업교육 본연의 목적에 위배되는 것이다. 그것은 교직세계의 실상과는 거리가 먼 추상적인 관념의 유희[6]를 합리화하는 대학의 그릇된 관행이며, 고루한 전통의 유지에 불과하다는 비판을 면하기 어렵다.

현행 '교육실습'은 대학 직업교육의 한 분야인 교사 양성과정에서 유일하게 실무적인 내용을 익힐 기회를 제공한다. 즉, 교사의 직무수행에 필요한 실무적인 측면에 중점을 두고, 실습을 통해 그것을 익히도록 하자는 것이 '교육실습'의 기본 취지이다.

그러나 '교육실습'의 실상을 좀 더 자세히 들여다보면, 그것이 표방하는 표면상의 취지와는 사뭇 다른 방향으로 운영되고 있음을 알게 된다. 왜냐하면 '교육실습'이 교사 양성코스의 한 과목으로 설정된 배경에는 전문 직업학교로서 대학이 담당할 역할에 관한 전통적인 신념이 고스란히 반영되어 있기 때문이다. 이른바 대학에서는 이론만 가르치고, 실무는 현장에서 익힌다는 전래의 통념이 바로 그것이다. 이 전통에 의거하여 대학에서는 변함없이 이론 위주의 직업교육을 실시하고, 실무 차원의 직업교육은 '교육실습'이라는 명목으로 유·초·중등학교에 위임한다.

현행 '교육실습'은 이처럼 대학은 의뢰만 하고 실제 실습지도는 실습학교가 전담하는 이원적인 체제로 운영된다. '교육실습'에서 볼 수 있는 안이하고 기형적인 운영방식은 대학의 직업교육기능에 대한 무관심과 방만을 보여 주는 하나의 상징이 되고 있다.

한편, 타성에 젖은 대학의 외면 속에 실습학교에서 이루어지는 '교육실습'은 그 본연의 취지에 맞게 운영되는가? 다시 말해, '교육실습'을 통해 교사에게 필요한 기본적인 능력과 기술의 습득과 연마 등 교직실무 경험을 쌓을 수 있는가?

우리가 아는 한, 직무수행과 관련하여 교사에게 필요한 것은 단지 학문적인 지식만이 아니다. 물론 지식도 필요하지만, 교사의 역할에 따른 직무를 수행하는

---

6) 이 말은 '직업교육'이라는 특수한 관점에 국한해서 볼 때 그렇다는 것이지, 일반적으로 대학의 학문활동이 모두 그렇다는 의미는 아니다.

데에는 그것 이상의 능력과 기술이 필요하다. 통상 실천가에게는 적어도 기술적인 자질, 인간적인 자질, 개념적인 자질이 두루 요구되는 것으로 알려져 있다(장상호, 1997a, p. 683). 이 가운데 학문적인 내용은 인지적인 능력과 비교적 높은 연관을 가지고 있을 뿐이다. 교사의 직무 중에는 수업을 하거나, 학급을 담임하거나, 상담을 하는 일이 포함되며, 그 수행에는 개념과 언술의 경계를 넘는 능력이 필요하다. 그런 능력은 해당 세계 내에서의 체험적 느낌의 개발을 통해서 습득된다(장상호, 1997a, p. 683).

교직수행에 필요한 이러한 능력들은 실습학교에서 이루어지는 직무실습을 통해 부분적으로 습득될 가능성이 있다. 가령, 기술적인 자질과 인간적인 자질은 위탁실습을 통해서 연마하고 강화할 기회가 주어질 것으로 보인다. 반면에, 개념적인 자질에 대해서는 큰 기대를 걸기 어렵다. 학문적인 내용과 연관된 능력이 위탁실습을 통해 더욱 강화될 것으로 보기 어렵기 때문이다. 여기에 더하여, 현행 교사 양성체제 하에서는 대부분의 실습이 단기적인 프로그램에 그치고, 게다가 실습학교 일과 중 많은 부분이 위에서 말한 교직 실무능력의 배양과는 거리가 먼 내용들로 채워진다는 점에서 큰 효과를 거두기가 어려운 것이 사실이다.

(2) '교육실습'의 성격 측면

현행 '교육실습'은 내용상 교사에게 요구되는 온갖 역할과 관련된 실무능력을 습득하는 데 목적을 두고 있다. 그것을 모두 삶의 한 양상으로서의 교육에 관한 실습이라고 할 수 있는가?

교사가 수행하는 역할 중에는 과목담임으로서의 수업실습과 학급담임으로서 학급경영 실습이 중요한 부분을 차지한다. 그 외에 학교 직원으로서의 역할(가령, 각종 회의참석, 공문서 처리, 학교행사 준비와 참여 등)과 학생상담을 비롯한 생활지도 영역 등도 추가된다. 이처럼 현행 '교육실습'에서는 교사가 감당해야 할 온갖 역할수행에 필요한 실무 차원의 실습이 망라된다.

그 직무내용은 가히 만능인이나 수행할 수 있을 정도로 방대하다. 교사의 역할이 이처럼 종류와 범위에서 엄청난 이유는 학교체제가 그만큼 다양한 사회적 요구에 직면해 있는 것과 관련이 깊다. 현존의 교사 양성과정에서는 그 역할과 기능 모두를 '교육'으로 간주한다. 따라서 이 '교육'에 봉사하는 교사를 양성하기 위한 실습에 '교육실습'이라는 이름을 붙이는 것은 너무도 당연한 일로 간주된다.

그렇지만 그 당연함은 기존의 사고방식에 동조할 경우에만 가능할 뿐이다. 그 사고방식의 문제점을 간파한다면, 그것은 그렇게 당연하지 않을 수도 있다.

이 대목에서 우리는 '교육실습'이 지닌 성격을 파악함으로써 그것에 얽힌 교육관의 한계를 좀 더 분명하게 살펴보기로 한다.

첫째, 현행 '교육실습'이 지닌 특징 가운데 하나는 교육을 제도 중심의 관점에서 규정한다는 점이다. 교생들이 낯선 학교에 적응하는 과정은 사회화 과정이라는 도식에 의해 잘 설명된다. 사회적인 맥락이 전면에 등장하고 교육의 맥락이 후면에 배치되는 구도 역시 '학교실습' 혹은 '학교현장 실습'[7]이라는 말이 '교육실습'보다 더 잘 어울린다. 학교사회를 관통하는 수평적 혹은 수직적 유대관계와 그 상호교섭에 관여하는 현상은 분명 교육실습이라기보다는 제도실습에 가까운 것이다. 또, 앞서 언급한 바와 같이, 학교현장 실습의 핵심은 교직실무 경험을 쌓는 데 있으므로, 직업교육으로서의 특징을 보다 강조하여 '교직실습'이라는 용어로 나타낼 수도 있다.[8] '교직실습'은 학교현장의 모든 요소를 포괄하는 '학교현장 실습'의 일부로서 그 안에 포함된다고 보면 될 것이다.

둘째, '교육실습'이라는 용어는 교육이 무엇인지를 규정하는 일을 철저히 도외시하는 기능주의적 사고의 특징을 고스란히 재연한다. 그 개념은 뿌리 없는 나무처럼 공허하기 이를 데 없지만, 이론적 토대의 부재라는 취약성을 은폐하기 위해 교묘한 논법으로 자체를 위장한다. 그 논리는 목표를 이루기 위해 학교가 동원하는 온갖 종류의 수단을 '교육'이라는 이름으로 치장하고, 학교의 실무적 기능에 관한 실습을 모조리 '교육실습'으로 치부한다. 그러나 교육실습의 의미를

---

7) 최근 당국에서 '교육실습'이라는 용어 대신 '학교현장 실습'이라는 용어를 도입하여 사용하고 있다. 때늦은 감이 있으나, 의미에 맞는 표현으로 바꾼 것은 긍정적으로 평가된다.

8) 과거에 '교생실습'이라는 표현이 사용되었던 적이 있다. 그것은 실습의 주체인 교생의 입장을 강조한 말이다. 그런데 교생의 주된 역할은 역시 교직실무를 익히는 데 있다고 보면, '교직실습'이라는 말이 보다 적절하다고 생각된다.

별도로 규정하지 않은 채 단지 인과적 기능으로 규정하는 전(前)이론적 방식은 결국 그 개념 자체를 무용지물로 만들고 만다. 기능주의적 논법 안에서는 교육과 교육 아닌 것의 차이가 전혀 구별될 수 없기 때문이다.

우리는 현행제도 하에서 '교육실습'이 무엇을 의미하는지 그 목적과 내용, 그리고 성격에 대해 차례로 살펴보았다. 그 결과, 우리가 통상 '교육실습'이라고 부르는 교직과목 프로그램에서 교육에 대한 타당한 내용의 실습이 이루어진다는 증거를 찾는 일이 개념상 어려움에 직면해 있음을 확인할 수 있다. 그 이유는 교사 양성과정의 일환으로 실시하는 '교육실습'에서 교사를 배출하는 데 기울이는 노력이 부족해서가 아니라, 그런 노력을 기울이는 방향이 올바른지에 대한 타당한 근거가 부족한 데에서 찾을 수 있다. 말하자면, '교육실습'이 잘 되고 못 되고를 따지기 이전에 도대체 교육실습이란 무엇인가 하는 개념적 문제가 아직 근본적으로 해결되지 않고 있기 때문이다. 이는 〈교육실습〉이라는 실무적 성격의 과목을 개설하여 교육의 질을 개선한다는 명분을 내세우고 있지만, 실제로는 그 교육을 엉뚱한 것으로 왜곡하고 은폐시키는 현행 교사 양성과정의 고질적인 개념 혼동과 실증주의적 경향을 반영한다. 이에 대한 성찰이 절실하다.

3. 교육실습의 새로운 패러다임 모색

앞 절에서 우리는 학교제도에 적응하는 준비과정의 하나로 실시되는 '교육실습'을 '학교(현장)실습' 또는 '교직실습'으로 재규정하였다. 그것은 개념의 애매성에서 빚어지는 불투명성과 혼란을 제거하고 개념의 실상에 맞는 보다 적절한 용어를 사용함으로써 사고의 진전을 도모하기 위함이었다. '교육실습'이라는 용어에 함축된 '교육'의 의미가 개념적 실체성이 결여된 논리적 허구에 지나지 않는다는 점도 지적하였다. 이처럼 개념상의 혼란을 극복하고 용어를 대치한 것은 교사 양성과정의 일부로 존속해 온 '교육실습'이라는 용어의 의미를 맥락적으로 해체하는 과정에 해당한다. 비판적 논의는 기존의 개념적 혼동과 왜곡으로 인해 은폐되어 있던 개념과 용어를 그 본래의 의미에 맞게 재건하는 데 도움을 준다는 점에서도 중요한 의미를 지닌다.

개념을 해체하는 비판적 논의와 개념을 재건하는 건설적 논의는 작업의 성격이 상당히 다르다. 하나는 허물고, 하나는 짓는 일이다. 그러나 그 둘이 긴밀한 연관관계를 맺는 점은 부인할 수 없다.

이 절에서는 교육실습의 의미를 그것에 유관한 이론적인 맥락에서 파악하는 데 주력한다. 앞서 밝힌 것처럼 이 작업에는 교육의 맥락을 총체적으로 포착하는 이론적인 거점이 반드시 필요하다. 그런 작업가설의 역할을 교육본위론에 의존한다고 했다. 교육본위론에서 교육실습이라는 용어를 사용한 적은 없다. 그러나 맥락상으로 본다면 메타교육이 그것과 유관한 것으로 생각되고, 또한 메타교육의 맥락에 비추어 봄으로써 교육실습이라는 용어에 비로소 이론적인 의미를 보다 정교하게 부여할 수 있을 것으로 판단된다.

1) 학교현장 실습과 교육실습의 구분

교육실습의 의미가 무엇인가를 규정하기 위한 작업의 일환으로, 먼저 그것을 종전에 '교육실습'이라 부르던 학교현장 실습과 대비하여 살펴보고자 한다. 이것은 교육본위론에 의거하여 파악하려는 교육실습의 의미가 제도적인 개념과 어떻게 다른지 그 차이를 비교해 보기 위한 것이다. [그림 4–1]을 보자.

[그림 4–1] 학교현장 실습의 다면적 구성요소

[그림 4-1]에서 볼 수 있는 것처럼, 학교현장 실습의 영역은 정치, 경제, 사회, 문화 등 다방면에 걸쳐 있다. 학교현장에 포함된 각 하위 영역에 대한 실습에서는 해당 분야의 역할수행에 필요한 고유한 의미의 실무능력과 기술의 습득이 강조된다. 이때 교육실습은 통합된 전체로서의 학교현장 실습을 구성하는 하나의 하위 분야를 이룬다. 교육실습을 통해서 교육에 관한 특유의 실무와 실기에 관한 습득이 이루어진다.

[그림 4-1]에서 말하는 교육은 통속적 의미의 학교태(schooling)와 존재적으로 구별되는 자율적인 실체로서 그려진다. 교육의 고유한 가치와 속성을 실현하는 데에는 그것이 요구하는 기술적인 자질, 인간적인 자질, 개념적인 자질이 필요하다. 그 각각의 자질을 인간적 가능성의 신장과 확대라는 차원에서 습득하고 공유하는 유별난 과정이 바로 교육이며, 교육실습에서는 그러한 교육의 과정 자체를 교육하는 것을 핵심 과제로 삼는다고 말할 수 있다.

우리는 앞서 교사 양성과정의 하나로서 이루어지는 기존의 '교육실습'이 과연 교육에 관한 실습인가 하는 질문을 제기한 바 있다(2절). 그 질문에는 교육에 관한 상충된 두 가지의 다른 개념이 하나의 용어로 표기됨으로써 동음이의어(synonym)로 인한 혼동이 유발될 우려가 있었다. 이 때문에 전자의 '교육실습'을 그것이 표방하는 제도적 맥락에 맞게 '학교현장 실습' 혹은 직업교육의 맥락에서 '교직실습'으로 재규정하였고, 후자의 교육에 대해서는 전자와는 전적으로 상이한 이론적 맥락에서 그 의미를 다시 파악할 필요가 있음을 강조하였다. 이제 위에서 제시한 그림을 통해 이러한 개념과 용어 사이의 차이가 좀 더 선명한 모습으로 대비를 이루면서 드러나게 되었다. 우리는 양자의 맥락적인 차이에 대한 비교와 대조를 통해 교육을 바라보는 '통상적인 사고방식'과 '비통상적인 사고방식'의 질적인 차이가 얼마나 크고 심각한 것인지를 확인하는 기회를 얻게 된 셈이다.[9]

---

9) 이것은 '통상적인 담론(normal discourse)'과 '비통상적인 담론(abnormal discourse)'을 구별하는 로티(R. Rorty)의 구분을 원용한 것이다(Rorty, 1989).

2) 교육실습의 이론적 규정: 메타교육으로서의 교육실습

교육본위론에 의하면, 메타교육은 '교육에 대한 교육'을 표방한다. 메타교육은 교육 자체를 소재로 삼아 시범하고 실습하는 과정이라는 점에서 교육실습이라는 용어의 의미를 이론적인 차원에서 규정하는 데 필요한 논거를 제공하는 것으로 생각된다.

먼저, 메타교육의 맥락에 비추어 교육실습의 의미를 규정함에 있어서 종전의 '교육실습'에 관한 관행적 사고가 전혀 도움이 안 된다는 점을 분명히 해둘 필요가 있다. 그런 기존의 상식과 기능론적 사고방식을 불식하지 않는 한, 메타교육의 이론적 맥락에 진입하는 것 자체가 불가능하기 때문이다. 따라서 교육실습을 메타교육의 맥락에서 규정하기 이전에 먼저 교육이란 무엇인가에 대한 철저한 이론적 청산과 헌신이 요구된다는 점에 유의해야 한다.

여기서 최소한 두 가지의 중요한 원칙이 강조된다. 하나는 '상식과의 거리 두기'이고, 다른 하나는 '타 학문과의 거리 두기'이다. 상식을 대표하는 것은 제도적인 개념이다. 학교를 '교육하는 곳'으로 보는 통념을 거부해야 한다. 교직실습과 교육실습의 개념 구분 자체가 그냥 관념상으로 주어지는 것이 아니라 '상식과의 거리 두기'라는 원칙을 지킨 인식의 소득임을 명시할 필요가 있다. 교육을 규정할 때 다른 학문의 개념을 빌리는 것은 이론적인 종속을 자초한다. 흔히 교육을 여타 학문의 개념으로 설명하는데, 그것은 교육에 다른 학문의 개념을 덧씌움으로써 교육의 고유성을 철저히 무시하는 학문적 외도에 해당한다. 교육은 제도적 개념과 타 학문의 개념에 의존하지 않는 독자적인 이론 형성을 통해서 파악되어야 한다. 이 일은 Goodman(1978)의 표현대로 하면, '세계창조'에 해당하는 작업이다.

메타교육은 교육을 소재로 하는 교육의 영역이다. 이론상 그 하위 유형을 몇 가지로 나누어 볼 수 있다(장상호, 1991). 이론적인 맥락이 결여된 제도적 의미의 '교육실습'에서는 그런 하위 영역에 대한 체계적인 고찰을 기대하기가 어려웠다. 고작해야 교생실습을 논하는 정도였고, 가끔 '학습하는 방법의 학습'에 대한 산발적인 논의가 추가되었다(Novak & Gowin, 1984; Simpson, 1968; Smith, 1961,

1990; Wright, 1982). 거기서 논의되는 활동의 의미는 이론적인 규정과는 너무도 거리가 먼 통념 수준의 개념을 나열하는 수준에 머물러 있다.

이론적인 견지에서 메타교육에는 교육을 시범하고 실습하는 활동이 구분되는데, 전자는 하화의 내재율, 후자는 상구의 내재율에 따르는 것으로 파악된다. 이때 하화와 상구의 소재는 교육이며, 메타교육은 교육이라는 게임의 고유한 규칙을 시범하거나 실습하는 것이다.

메타교육으로서 교육실습의 목적은 교육의 내재적인 가치의 추구에 있다. 교육의 가치는 '교육을 더 잘하기 위한 교육'이 아니라 '교육하는 것을 더 즐기기 위한 교육'에 종사할 때 드러나며 체험된다. 전자는 지금 하는 교육보다 더 우수한 혹은 월등한 수준의 교육을 상정하고 그것을 추구하는 공덕교육(功德教育)에 해당하지만, 후자는 그러한 결과가 주는 가치를 제외한 과정적 활동에 심취하는 것에서 보람과 행복을 구하는 내재교육(內在教育)을 구한다.

한 가지 덧붙일 것이 있다. 메타교육으로서 교육실습은 직업교육적 기능의 일환으로 추구되는 기술적 합리주의의 한계를 탈피해야 한다는 점이다. 오늘날 교육은 직업적으로 분화된 사회에서 그 전문직종의 하나, 혹은 하위제도 가운데 하나 정도로 여겨진다. 사회제도로서의 '교육'에는 전문적인 종사자들이 있어서 그들에 의해서 이 분야가 운영되는 것으로 여긴다.[10] 그러나 이런 사고방식은 제도적인 타성에 종속된 사회적 고정관념의 하나일 뿐이다. 교육은 우리의 삶을 구성하는 한 인자로서 그 나름의 자율성을 지닌 것으로 바라보아야 한다. 삶의 공간 어디에서나 전개되는 교육에는 전문가가 따로 없다. 교육은 직업이기 이전에 삶의 한 영역이기 때문에, 누구나 교육에 참여하여 그것을 향유할 수 있다. 다만, 교육에 참여하기 위해서는 교육이 요구하는 특유의 규율에 복속해야 한다. 그 원칙이 지켜지는 한 교육은 누구에게나 개방되어 있다. 이 점에서 교육은 삶의 보편적인 양상 가운데 하나로 파악된다.

---

10) 필자는 라디오에서 이런 통념에 젖은 한 보험회사의 광고를 듣고, 내심 경악한 적이 있다. "교육가족들을 위해 특별히 만든 에듀카 보험입니다. …… 교육가족 여러분, 참 좋으시겠어요." 이 보험상품에 가입할 수 있는 조건으로 내세운 '교육가족'의 범위는 제도적 통념과 정확히 일치한다.

4. 교육실습의 활성화를 위한 과제

앞 절의 논의에서 교육실습의 개념을 보편적인 의미의 교육에 비추어 새롭게 규정하였다. 그렇게 함으로써 이제까지 개념의 사각지대로 방치되어 왔던 다양한 생활공간에서 활발하게 전개되어 온 다양한 교육실습의 모습이 우리의 시야에 새롭게 드러나게 되었다. 그 가운데 가정, 직장, 학원, 박물관, 가상공간 등에서 실제로 이루어지는 교육실습이 포함된다. 이 중에서 특별히 우리의 주목을 끌게 될 새로운 교육실습 공간의 하나는 바로 대학이다. 종래 대학은 교사 지망생들을 초·중등학교에 위탁하는 방식으로 학교현장 실습을 실시해 왔다. 교사 양성의 직무를 단지 실습 프로그램을 발주하는 역할에 그친 것이 이제까지 대학사회의 한 관행이었던 셈이다. 이제 새로운 의미의 교육실습 패러다임에서는 대학 안에서의 교육실습이 중요한 실습 영역의 하나로 부각될 전망이다. 그 구체적인 실습내용에 대한 대학 구성원들의 관심과 참여가 요청된다.

1) 대학 내의 교육실습 기능 강화

대학에서 교사 양성과정에 근무하는 교수들의 고루한 자세는 가끔 타성에 젖은 관행을 합리화한다. 직업교육이라는 이름하에 실질적인 직무와는 거의 무관한 학문의 추상적인 내용들이 전수된다. 대학의 전문 직업교육 전반이 그렇듯이, 그것은 교사 양성기관에서도 하나의 그릇된 전통으로 내려오고 있다. 대학교수들은 강의내용과 동떨어진 방식으로 학생들을 가르친다. 교수모형이나 교수방법을 소개하면서 그것을 현장에서 응용하도록 요구하면서 정작 자신의 강의에는 적용하지 않는다. 학생들은 교수들의 강의가 현장에서 요구하는 것과 겉돈다는 사실을 알면서도 불이익을 염려해서 묵인하거나 외면해 버린다. 그 불건전한 관행 때문에 교사 양성과정은 학생들 사이에서 악명이 자자하고 기피 대상으로 낙인찍힌 지 오래다. 교사 양성기관의 실태를 면밀히 관찰한 이들은 "도대체 가르칠 수 없는 교수들이 교사들을 가르치도록 가르치고 있다(Clifford &

Guthrie, 1988, p. 14)."고 질타한다.

교사교육은 대학의 전문 직업교육의 하나로서 새롭게 거듭나야 할 시점에 이르렀다. 종전의 그릇된 전통과 관행을 청산하는 일이 시급하다. 무엇보다 '학자 양성과정'과 '실천가 양성과정'의 차이를 식별하는 일이 중요하다. 뿌리조차 허술한 응용학문의 허울 아래 대상세계의 고유한 특질을 외면하는 혼동을 깊이 반성해야 한다. 대학에서 가르치는 학문적 지식이 현장에서 바로 적용될 수 있다는 안이한 기대를 재고하고, 그런 실증주의적 전통의 허구성을 직시하는 노력이 필요하다. 이런 반성 위에서 직무실습을 중시하는 새로운 직업교육 풍토를 건설하고, 그 토대 위에서 교사교육의 진로를 모색할 필요가 있다.

이런 시각에서 대학이 감당해야 할 교사 양성기능은 적어도 다음 세 가지 점을 염두에 둘 필요가 있다.

첫째, 직무실습의 강화이다. 대학의 강의실에서 교수의 시범과 학생의 실습이 제자리를 찾아야 한다. 이 두 영역의 개념적 분리와 협동적 상호작용의 가능성을 타진하고 실험하는 노력을 증대시켜야 한다. 근자에 자주 거론되는 멘토링(mentoring)과 컨설팅(consulting)도 이런 각도에서 이론적 맥락과 실천적 관계 양상을 좀 더 정교하게 다듬어 나갈 필요가 있다. 멘토(mentor)와 멘티(mentee), 컨설턴트(consultant)와 컨설턴티(consultantee)의 역할 구분과 상호작용의 규칙에 대한 이해가 선행되어야 하고, 그것을 체계적으로 적용하기 위한 노력이 요구된다. 직무실습을 강화해야 할 현장은 대학의 강의실과 실험실이다. 교수 스스로 강의를 지속적으로 반성하면서 그에 대한 개선의 방도를 모색하는 끊임없는 반성과 노력이 요구된다. 교사교육의 실천가로서 그들의 실천에는 쉰(D. A. Schön)이 강조했던 반성적 실천(reflective practicum)의 개념이 보다 철저하게 접목될 필요가 있다(Schön, 1983, 1988a, 1988b). 그래야만 단지 이론적 지식을 소개하는 차원을 넘어 몸소 터득한 실천적 지식을 시범하는 대학 본래의 직업교육기능이 되살아날 수 있다. 교사 양성과정에서 이 문제를 솔선하여 다룸으로써 학문실습이 직무실습을 대신하는 잘못된 대학의 전통이 바로 세워지는 변화가 일어날 수 있다.

둘째, 대학에서 이론이 갖는 고유한 영역을 구축하고 그 의의를 살려나가는 길이다. 학문적 지식의 탐구는 교사 양성기능에 직접적으로 기여하는 것은 아니지만, 대상세계의 특질에 부합하는 이론적 개념체제를 구축함으로써 응용의 뿌리를 확보하는 것이 되기 때문에 중요한 의의를 가진다. 이는 특별히 응용학의 전통을 고수해 온 교육학계의 타성과 질곡을 청산하는 문제와 직결된다. 교육을 바라보는 고유한 안목의 형성을 지연시켜 온 교육학계의 학문풍토는 그 학문으로서의 입지를 위협하는 수준을 넘어 만인의 지탄의 대상이 되기에 이르렀다. 교육을 개선한다는 그들의 명분은 이론적인 탐구의 자멸과 실제적 응용의 부도로 인해 서서히 그 종언을 고하고 있다. 학문의 재건이라는 과제의 수행이 이 분야에 더없이 절실한 과제로 부상했지만, 그것을 자임하는 사람이 드물다. 교육학의 정상화가 가져올 혜택은 교사 양성과 결코 무관하지 않다. 분과학문으로서 교육학의 지식은 교사에게 필요한 개념적인 자질을 강화하는 영양소가 됨으로써 그들의 역할수행에 고유한 몫을 담당할 것으로 기대된다.

셋째, 교육실습의 평가와 사후 보강의 문제를 고려해야 한다. 대학 내에서 자체적으로 이루어지는 교육실습 프로그램에 대한 평가의 중요성을 빼놓을 수 없다. 이때 평가는 어떻게 할 것인지, 그 기준을 어떻게 설정하고 적용할 것인지, 평가 결과는 어떻게 활용한 것인지가 매우 중요해진다. 잘된 교육실습과 그렇지 못한 교육실습이 무엇인지는 결국 판단의 기준이 무엇인지가 명확히 정해져야 식별이 가능하다. 평가 결과를 놓고 '컨설팅'할 때에도 타당한 기준과 원칙이 마련되어야 그 본래의 취지가 살아난다. 그런가 하면, 실습참여자 간에 실습 결과에 대한 평가가 다를 때도 있다. 이때는 상충하는 의견을 조정하고 해소해야 하는 문제가 대두된다. 만약에 그것이 교육실습에 관련된 문제의 이해 수준 또는 실천 수준의 차이라면, 별도의 특별한 과정을 통해서만 조정이 가능할 것이다. 엄밀하게 말해서, 그것은 평가기준의 차이에서 비롯되는 문제이기 때문에 의견의 차이를 가져온 해당 문제 영역을 소재로 하는 또 한 차례의 메타교육이 필요하다.

2) 위탁실습학교의 교육실습 기능 강화

새로운 교육실습 패러다임에서는 기존에 초·중등학교에서 이루어져 온 '교육실습'을 '학교현장 실습'이라는 보다 정확한 명칭으로 변경함으로써 이론적 의미의 교육실습과 확연하게 구별 짓게 된다. 그리하여 대학이 초·중등학교에 위탁하는 학교현장 실습에서는 교육실습을 위시한 다양한 영역의 실습이 동시다발적으로 이루어진다.

교육실습은 행정실습, 사회실습, 문화실습과 다르며, 이러한 교육실습의 독립영역을 확립하려면 영역 간 차이를 식별하는 이론적 안목의 구축이 중요하다. 그중에 어떤 것이 앞서고 뒤서야 할지 우선순위를 정하는 문제도 발생할 수 있다. 이때 그 우선권을 놓고 분야끼리 각축을 벌이는 상황이 예상되지만, 여기에 반드시 교육 분야가 앞선다는 보장은 없다. 이런 사실은 전통적으로 학교를 '교육의 전당'으로 규정해 온 상식적 태도가 얼마나 실상과 거리가 먼 것인지를 일깨워 준다.

그렇다면 이처럼 다양한 가치와 목적이 혼재하는 학교에서 교육의 가치실현을 위한 교육실습이 활성화되기 위해서 어떤 조건이 필요한가? 그리고 이를 위해 학교 안팎의 제반 여건들을 어떻게 조정해야 하는가? 이 문제를 본격적으로 다루는 것은 이 장의 제한된 범위를 넘어서지만, 가능한 범위 내에서 잠정적인 견해를 밝힌다면, 대략 다음 세 가지 정도를 언급할 수 있다.

첫째, 교육과 교육 아닌 것 간의 경계 혹은 그들 사이의 차이를 명료하게 구분해야 한다. 교육과 교육 아닌 것의 차이는 부분적인 것이 아니라 총체적인 맥락의 차이이기 때문에, 그것을 단지 몇 마디의 정의라든가 부분적인 비교만으로 가능하다고 보아서는 안 된다(장상호, 2001, 2005a, pp. 280-308).

둘째, 교육을 본위로 하는 실습의 고유한 목적, 원리, 기준, 규칙, 활동, 태도 등을 구명하는 작업이 필요하다. 여기에 내재적 가치와 외재적 가치의 구분이 긴요하다. 교육실습은 대외적으로 다른 분야의 실습과 구별되지만, 그것의 고유성은 결국 교육이 요구하는 고유의 게임규칙인 교육의 내재율에 순응할 때 비로소 드러난다. 교육실습을 통해 여타의 가치가 실현되는 효과를 얼마든지 기대할 수 있지만, 그것은 교육 자체의 가치실현이 선행하지 않고서는 불가능하다. 그런 점에서 다른 목적이나 가치에 우선하여 교육을 앞세우는 교육본위의 선택이 요청된다.

셋째, 교육이 학교현장 실습을 구성하는 영역의 하나인 한, 그 원활한 전개에는 다른 영역의 협조와 지원이 불가피하다. 우리의 삶은 다원적이다. 그중 하나가 다른 것 위에 군림하는 방식은 전체 삶의 조화와 균형에 위해를 준다. 이 점에서 교육은 다른 것의 지원을 위해 봉사하는 동시에, 다른 분야의 협력을 통해서 자체의 발전을 추구해야 한다. 교육실습 역시 예외가 될 수 없다. 학교현장 속에서 이루어지는 교육실습은 다원적인 삶의 유지를 위해 일정 부분 상호공존과 상생발전의 해법을 모색해야 한다. 물론 그러한 공존의 지혜가 무엇인지는 우리에게 탐구해야 할 문제의 하나로 남아 있는 것도 사실이다.

학교현장 안에서 교육실습이 그 나름의 고유한 가치를 실현하는 데에는 이처럼 까다로운 조건이 따른다. 그 사실을 충분히 고려하면서 교육실습의 고유한 목적과 진로를 추구할 필요가 있다. 교육실습을 활성화하려면 교육의 자율성을 토대로 그 정상적인 진로에 기여하는 실습이 이루어지도록 해야 한다. 앞에서 강조했다시피, 교육은 결코 고립무원의 상황에서 정상적으로 발전할 수 없기 때문이다. 그런 의미에서 〈표 4-1〉을 통해 학교현장에서 이루어지는 다원적인 실습 상황을 다시 한번 되새겨보자. 〈표 4-1〉은 학교현장 실습이 전반적으로 어떤 영역에 걸쳐 어떤 내용을 다루는지를 한눈에 볼 수 있도록 정리한 것이다.

〈표 4-1〉 학교현장 실습의 영역별 실습 내용

실습 영역 / 실습 요소	정치	경제	사회	문화	예술	도덕	종교	교육	기타
기술적 자질									
인간적 자질									
개념적 자질									

〈표 4-1〉에서 볼 수 있듯이, 학교현장은 우리의 삶을 구성하는 정치, 경제, 사회, 문화 등 다양한 분야들이 그 나름의 상대적 자율성을 토대로 경계를 이루고 있다. 학교현장의 전문가로서 교사에게는 각 분야의 실습을 통해서 학교현장에 필요한 실무적인 능력과 기술을 습득할 것이 기대된다. 그 요구에 따라 각 분야마다 각기 다른 개념적인 자질, 인간적인 자질, 기술적인 자질의 연마가 필요하다. 〈표 4-1〉에서 보면, 한 사람의 유능한 실천가가 되기 위해 교사가 습득해야 할 내용은 그 종류 면에서 엄청나다. 여기에다 각 영역별로 수준의 문제[11]까지 고려하면, [그림 4-2]와 같이 학교현장 실습을 바라보는 더욱 확대된 3차원적 모형을 그려 볼 수 있다.

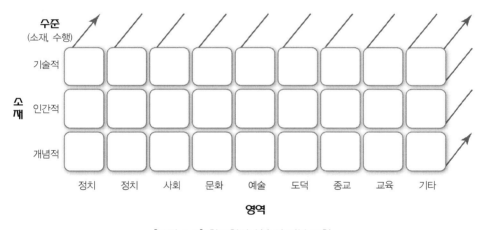

[그림 4-2] 학교현장 실습의 기본 모형

이상에서 제시한 표와 그림은 학교현장 실습을 다각적으로 바라보는 기본적인 안목을 제공한다. 표와 그림을 통해 살펴본 교육실습의 기능 강화와 관련하여 세 가지 점을 언급하고자 한다.

첫째, 위탁실습학교의 교육실습에서는 다른 분야의 실습과 마찬가지로 그 실

---

11) 수준의 문제는 다시 그 영역에 따라 '소재 수준'과 '수행 수준'으로 구별하여 논의할 수 있다. 이 구분은 대략 소재와 교육의 구분에 상응하는데, 뒤에 가서 다시 논의한다.

천에 필요한 세 가지 능력요소를 두루 연마하도록 할 필요가 있다. 그중 하나가 개념적인 자질인데, 주로 교육에 관한 학문적인 이해를 통해서 이루어진다고 할 수 있다.[12] 교사는 자신의 직무수행을 위해 교육에 관한 지식과 이해를 체계적인 실습을 통해 습득해야 한다. 이 부분은 앞서 언급한 바와 같이 대학이 좀 더 본격적인 책임을 지고 전문적으로 지도할 부분이라고 생각된다. 그렇지만 초·중등학교 현장의 교육실습에서도 개념적인 요소에 관한 실습이 이루어질 수 있다. 교육에 관한 혜안을 지닌 현장교사의 탁견은 대학의 학문과는 또 다른 측면에서 개념적인 자질을 강화하는 의미 있는 실습을 가능케 하기 때문이다.

둘째, 교육에 관한 인간적인 자질과 기술적인 자질에 대한 실습을 어떻게 강화할 수 있는가 하는 문제이다. 이는 대학과 위탁실습학교 중 어느 한쪽에서 전담할 문제는 아니다. 양측 모두가 공동으로 책임과 역할을 분담하고 긴밀한 협조를 통해 상호보완적인 방식으로 수행해 나가야 할 것으로 생각된다. 앞서 지적한 바와 같이, 이에 대한 대학사회의 관심이 소홀했던 만큼 보다 많은 개선의 노력을 기울일 측은 대학임에 분명하다. 그렇지만 위탁실습학교의 경우에도 이 부분에 대한 개선이 불필요하다고 보기는 어렵다. 종전의 '교육실습'이 거의 학교현장의 제도와 관행에 치우친 형식적 실습에 그쳤던 사실을 감안하면, 그 실습의 내용과 방법이 교육의 고유한 가치실현과 유관한 것이 되도록 재구성하려는 노력이 새삼스럽게 요청되기 때문이다. 이에 관한 개선을 위해서는 적어도 자율적인 삶의 양상으로서 교육이 지닌 특유의 내재율이 무엇이며, 그것에 부합하는 인간적인 조건과 기술적인 요건이 무엇인가에 관한 성찰이 요구된다. 이는 학교 태를 교육으로 보아 왔던 종전의 인식구도에서 탈피하는 이해의 근본적인 변화를 의미한다. '교육의 재발견'으로 부를 수 있는 이러한 인식의 전환을 통해 그에 연관된 인간적 자질과 기술적 측면이 새롭게 재발견될 수 있을 것으로 기대된다. 이것은 결국 학교현장에서 교육과 교육 아닌 것을 구분하고 그 교육이 요구

---

12) 학문은 대상세계의 이해를 추구하는 체계적이고 강력한 방법이지만, 그것만이 유일한 통로는 아니다(장상호, 1997a, pp. 293-294). 신화, 상식, 교조, 이데올로기, 실천적 예지는 학문과는 또 다른 이해방식과 신념체계를 제공한다.

하는 인간적 면모와 기술적인 요건에 비추어 자신의 실천을 끊임없이 반성하는 실습지도교사에게 달린 문제다. 그들의 진지한 반성과 개선의 노력은 교육실습을 위한 풍요로운 원천을 제공할 것으로 기대된다.

셋째, 교육실습의 수준에 관한 문제다. 여기서 '소재의 수준'과 '수행의 수준'을 구별해서 생각할 수 있다. 우선 '교육실습의 소재'라는 제한된 의미에서 교육의 수준 차이를 상정해 볼 수 있다. 이것은 다른 말로 '교육의 품위'라고 부르기도 하는데(장상호, 1991, 2009a), 교육을 높은 수준에서 할 줄 아는 사람과 그렇지 못한 사람 사이에 식별이 가능함을 전제하는 개념이다. 그것을 다시 요소의 측면에서 교육에 관한 개념적인 이해의 수준, 인간적인 정서나 태도의 수준, 기술적인 방법이나 기능의 수준으로 구분해서 생각할 수도 있다. 각각의 문제를 소재로 하는 교육실습이 가능할 것이고, 그 결과 학교현장에서 이루어지는 교육실천의 수준을 높이는 효과를 가져올 수도 있다. 소재의 수준과는 달리, 교육수행 자체의 수준을 살펴볼 수도 있다. 이때 주안점은 그 결과보다 과정에서 찾아진다. 농사짓는 일과 수확한 곡물의 차이처럼, 어떤 결과의 가치보다 그것을 가져오는 근원적인 메커니즘에 더욱 큰 의미를 부여할 수 있다. 어느 것에 중점을 두느냐는 자유이지만, 그 선택에 따라서 삶의 중심이 이동한다. 교육실습의 경우에도 무엇을 본위로 하느냐에 따라 그 실습의 성격이 전혀 달라진다. 그것은 비단 수준에 국한된 문제만이 아니라 교육실습 전반의 방향과 관계된 선택의 문제이기 때문이다.

5. 요약 및 논의

이상의 논의를 통해 교육실습이라는 주제를 그 개념의 적절성이라는 관점에서 살펴보았다. 먼저 그 배경을 이루는 대학 내 직업교육 풍토에 대한 비판을 통해 전반적인 문제점을 지적하였다. 실천가로서의 교사에게 실무와는 동떨어진 내용을 전달하는 현행 교사 양성과정은 그것이 태동하는 과정에서부터 응용학문의 취지에 현저하게 어긋나는 학문 중심의 전통을 고착화시켜 왔다. 특히, 교육실습마저 하급학교에 위탁하는 관행에 따라 실무교육의 책임을 외면하는 사태는 더 이상 방치해서는 안 될 지경에 이르렀다. 그렇지만 이에 대한 반성의 징후는 별로 찾아보기가 어렵다. 이러한 무책임과 안이함은 교사에게 필요한 직무실습의 유일한 기회인 '교육실습'을 단지 명분상의 실습으로 전락시킴으로써 그 실질적인 내용마저 왜곡하는 파행을 초래하고 있다. 사실적인 면에서 정확히 '학교현장 실습'에 해당하는 '교육실습'은 그 자체가 이미 교육을 실습하는 것과는 너무도 거리가 멀어져 버렸다. 그럼에도 불구하고, 그것은 여전히 용어상의 기득권을 차지함으로써 우리의 인식에 혼란과 갈등을 초래하고 있다.

이러한 부당한 용어의 남발과 의미상의 혼동을 막기 위해서는 그 용어와 개념의 해체와 재건이 불가피하다. 이 장에서는 최근에 사용되기 시작한 '학교현장 실습'이라는 용어가 현재의 '교육실습'을 대체하는 적절한 예가 된다고 보고, 그런 시각에서 현행 '학교현장 실습'의 구체적인 내용과 성격을 소상히 살펴보았다. 아울러, '학교현장 실습'의 한 축을 이루는 교육실습의 내용과 특징을 교육본위론의 시각에서 이론적으로 고찰해 보았다. 이로써 교육실습은 종전에 제도적인 맥락에서 파악되던 한계를 벗어나 언제 어디서나 전개될 수 있는 교육 형태인 메타교육의 이론적 맥락에 비추어 파악할 수 있게 되었다.

마무리 절에서는 보편적인 의미에서 새롭게 개념화된 교육실습이 단지 위탁실습학교에 국한된 것이 아니라 삶의 어느 공간에서나 재발견되고 번창할 가능성을 가지고 있음을 확인하고자 하였다. 이 장에서는 그런 의미의 실질적인 교육실습이 일차로 대학을 비롯한 각급 학교에서 활성화되어야 한다고 보고, 그 적용 가능성의 확인을 위한 논의를 부기하였다.

이상과 같이 제도적 맥락의 '교육실습'을 개념적으로 해체하고 재건한다는 취지에서 그 이론적인 맥락에서 새롭게 규정하고자 한 이 장의 논의가 비록 타당한 것이라고 해도, 이러한 시도가 기존의 언어생활에 변화를 가져오기까지에는 상당한 시간이 필요할 것으로 판단된다. 의사소통은 단지 말과 단어를 주고받는 것만으로 불충분하다. 생각의 변화는 부분적인 것이 아니라 그 사고방식의 총체적 변화가 요구된다. 거기에는 적어도 이 장에서 말하는 교육실습 같은 과정이 별도로 필요하기 때문이다.

이런 제약을 고려할 때, '교육실습'이라는 용어는 당분간 우리의 언어생활에서 여전히 존속할 것이 분명하고, 그때마다 그 용어의 부적절한 용법을 교정하기 위해 까다로운 조건을 요구하는 일이 불가피할 것이다. 어쩌면 그 번거로운 노력이 언젠가는 '교육실습'이라는 제도적 파생어의 폐기를 통해 보상받을 날을 맞이할지도 모른다.

이런 형편에서 메타교육이라는 건실한 이론적 개념이 그것을 대체하는 용어로 이미 창안되어 있음은 퍽 다행한 일이다. 물론 그 개념을 더욱 발전시켜야 할 과제는 우리에게 여전히 남아 있다. 혹자는 토대가 부실한 개념과 용어를 해체하고 그 자리를 보다 적절한 개념과 용어로 대치하는 것이 학문의 사명이고 또 그 발전의 증좌라고 한다. 특별히 우리 언어생활에서 커다란 부분을 차지하는 교육 영역에는 이런 종류의 개념적인 진척이 착실하게 진행되어야 할 수많은 과제가 산적해 있다. 이를 위해 또한 그 용어와 개념을 해체하고 재건하는 반성적 실천이 앞으로 더욱 많이 수행되지 않으면 안 된다.

제5장 교과교육의 재인식

1. 문제의 제기

이 장은 '교과와 교육의 관계'를 검토해 보는 데 주된 목적을 둔다. 그렇게 함으로써 '교과교육학'이라는 탐구 분야의 정체성을 타진하고 그 이론적 기반을 다지기 위한 예비적 시도를 겸한다.

교과교육학 분야는 이제까지 교과의 내용을 정련하기 위한 내용적 논의와 그것을 전달하기 위한 방법적 논의의 양대 축으로 나뉘어 양자의 관계를 종합적으로 이론화하는 데까지 나아가지 못하고 있다. 내용과 방법 중 어느 쪽이 교과교육학의 성격을 특징 짓는 데 보다 핵심적인 것인가 하는 문제로 논란이 지속되고 있는가 하면, 그 둘의 관계를 전체적으로 조망하는 데 필요한 관점이 확립되지 못하고 있다. 혹자는 내용으로서의 교과와 방법으로서의 교육이 물리적인 결합이 아니라 화학적인 결합을 이루어야 한다는 식으로 양자를 관련지으려는 아이디어를 제시하기도 하지만(김병성 외, 1994), 그 비유적인 의미는 여전히 불투명하다. 따라서 현 시점에서 교과교육학의 성격을 밝혀 주는 하나의 대안이 요청되고 있다.

교과교육학은 교육본위론의 관점(장상호, 1991)에서 보면 교육학의 하위 논의 영역 가운데 하나인 '교육소재론'과 관련된다. 교육소재론은 교육을 중심에 두고 그 소재가 되는 수도계[1]의 가치와 기능 그리고 활용방식 등을 논의하는 영역이라 할 수 있다. 반면에 교과교육학은 소재인 교과를 보다 중요시한다는 점에서 볼 때 '소재교육론'이라 이름 붙일 수 있을 것이다. 교과교육학(혹은 소재교육론)과 교육소재론을 동일한 것으로 보지 않는 이유는 그 본위(本位)가 다르기 때문이다. 본위가 다르다는 것은 논의를 전개하는 의도와 목적뿐 아니라 논의된 결과를 평가하는 기준 또한 다르다는 뜻을 지닌다.

이러한 본위의 차이가 있기는 하지만, 교과를 교육소재론의 시각에서 파악하는 관점은 '경험의 전달'이라는 공통된 현상을 다룬다는 점에서, 그러한 내용의 전달에 관련된 일반적인 문제들을 구명하고자 하는 교과교육학의 문제의식과 탐구과제를 명료화하는 데 적지 않은 시사를 줄 수 있을 것으로 기대된다. 다만, 교육소재론이라는 탐구 분야 역시 아직은 출범 단계에 있는 만큼 그러한 시사는 어디까지나 제한적일 수밖에 없을 것이다. 어떤 의미에서 보면, 교과교육학을 문제 삼는 이 장의 논의에는 암암리에 교육소재론 자체의 성격을 좀 더 분명하게 파악하고자 하는 숨은 의도가 함께 깔려 있다고 할 수 있다. 그리하여 이제까지 주로 교과의 가치를 중심으로 편향되게 이루어져 온 교과교육학의 논의 방식을 교육본위의 시각에서 재검토함으로써 교육소재론은 물론 교과교육학의 새로운 지평을 열어가려는 것이 이 장에서 취하는 접근방법인 셈이다.

이하에서는 교과교육학에 관하여 이제까지 전개되어 온 연구 작업들을 반성적인 견지에서 검토해 보고자 한다. 먼저, 기존의 논의에서 다루어진 문제를 중심으로 그 기본 가정을 몇 가지 항목으로 나누어 살펴보고, 다시 이를 비판적으로 이해하는 방식으로 전체적인 논의를 전개해 나가겠다. 이 장에서 다룰 주요 문

---

1) 수도계는 인간이 자신의 가능성을 시험하여 좀 더 높은 수준의 체험을 획득하고자 노력하는 것과 관련된 세계이다(장상호, 1991, p. 8). 교육은 이러한 수도계의 각 단계를 아래에서 위로, 위에서 아래로 연결하려는 열의와 분투의 과정으로 파악된다. 주체가 자신의 새로운 가능성에 도전하여 아래에서 위로 그것을 실현하는 과정을 상구라 하고, 상위의 주체가 하위의 상대에게 자신과 동격이 되도록 길을 열어 주는 과정을 하화라고 한다. 수도계는 교육계의 힘을 빌려 기존 위계구조를 보존·유지하는 동시에 그 위계구조의 최상위 단계를 확장시키는 것으로 볼 수 있다. 이 과정은 또한 교육계가 수도계의 사다리를 이용하여 그 특유의 연결운동을 활성화시키는 것이기도 하다. '소재'라는 용어는 교육계의 입장에서 수도계가 교육의 재료 혹은 교육의 활동거리가 된다는 점을 나타낸 것이다.

제는 대략 '교과교육이란 무엇인가' 하는 문제를 보는 기본 시각, 특히 '교과와 교육의 관계'를 파악하는 기본 가정이 무엇인가 하는 것과, 교과교육학에서 다루어야 할 문제 영역 가운데 이제까지 크게 주목받지 못한 부면을 재조명하는 데 집중된다.

이 장에서는 기존 연구들에서 찾아볼 수 있는 미흡한 점을 지적하고 그 논의 방식 자체를 재검토하는 데에도 상당한 노력을 기울이지만, 동시에 기존의 연구 흐름을 토대로 교과교육학의 학문적 가능성과 구조를 제시하는 데까지 이르는 것을 목표로 하고 있다. 이를 위해 이 장에서는 교과교육학의 대안적 가능성을 탐색하기 위한 분석틀을 마련하고, 그러한 분석틀을 기초로 한 연구결과를 제시하는 데 주력할 것이다.

2. 기존 교과교육학의 개념 구조 및 기본 가정

1) 기존 교과교육학의 개념 구조

교과교육학 분야에서 이제까지 이루어져 온 학문적 구조에 대한 논의를 살펴보면 그 구조화 방식은 거의 한 가지로 통일되어 있는 것을 볼 수 있다. 즉, 기존 교과교육학의 학문적 구조는 그 탐구대상인 교과교육 활동의 절차를 체계화하고, 그를 둘러싼 인접학문들과의 관련 양상을 밝히는 것으로 집약된다. 이것은 거꾸로 교과교육에 관계된 제반 학문과의 관련을 토대로 그것들이 교과교육의 실천에 어떤 식으로 관여하는지를 구체적으로 보여 주기 위한 것이라고 말할 수도 있다. 물론 여기서 교과교육학의 초점은 일차적으로 교과교육의 목표, 내용, 방법은 무엇이며, 그들은 교과교육이라는 전체 맥락 안에서 서로 어떤 관계를 맺고 있느냐를 설명하는 합리적인 개념체제를 창출하는 데 집중된다. 교과교육학의 주된 과제는 교과를 잘 가르치는 데 필요한 내적·외적 조건을 명료화하고 그 이론적 기반을 마련하는 데 있다는 것이다. 이런 방식으로 교과교육학의 학문적 구조를 제시하는 것은 교과교육의 실천을 겨냥한 폭넓은 이해에 필요한 논의 영역들을 개념화하는 일과 크게 다르지 않다.

기존 교과교육학의 관점에서 볼 때, 교과교육학은 교과를 대표하는 학문들과 교육학을 토대로 하여 그들로부터 이론적 지원을 받는 학제간 연구의 형태로 인식된다. 여기서 교과를 대표하는 학문과 교육학은 각각 기초학문과 응용학문으로서 교과교육학을 성립시키는 기반을 제공하는 것으로 설명된다. 더불어 교과교육의 이해와 실천에 도움을 줄 수 있는 제반 학문들이 관련 학문으로서 참여한다. 그리하여 교과교육학은 기초학문으로서의 교과내용의 바탕을 이루는 학문과 응용학문인 교육학을 기초로 성립하는 실천지향적인 응용학문이면서, 동시에 그러한 응용과 관계된 인접 학문들의 이론적 지원을 받는 종합학문으로 간주된다.

그런데 가만히 보면 교과교육의 절차화를 핵심으로 하는 교과교육학의 구조는 이제까지 주로 교육학의 한 하위 영역인 커리큘럼 분야에서 주무적으로 해 오던 이론적 작업과 중첩된다. 커리큘럼 분야에서는 대체로 '무엇을 어떻게 가르칠 것인가' 하는 문제를 중심으로 그러한 교과내용을 가르치는 이유에 이르기까지, 교과교육의 목표, 내용, 방법에 관한 체계적인 지식을 수립함으로써 그 실천을 처방하고 개선하려는 데 관심을 두어 왔기 때문이다. 따라서 탐구대상 면에서 마땅히 서로 다른 것을 다루어야 함에도 불구하고 비슷하거나 동일한 문제를 논의한다면 영역 구분상 혼란을 가져오게 된다. 그러나 현 단계에서는 학자들 간에 '교과교육학의 개념 구조'에 포함되는 요소와 '교과 커리큘럼의 체계'를 구성하는 요소를 거의 구분하지 않고 양자를 혼용하는 경향을 보여 주고 있다. 한 예로, 교과 목표론 – 교과내용론 – 교과 교재론 – 교과 교수론 – 교과 평가론으로 구성된 일련의 체계를 '교과교육학의 구조'로 부르기도 하고(정태범, 1985), '교과 커리큘럼의 체계'라고 명명하기도 한다(김병성 외, 1994). 이러한 교과교육학과 커리큘럼 구조의 개념적 중복은 Tyler(1949) 이래 커리큘럼 분야의 지배적 모형으로 굳어져 온 목표 중심의 개념화 방식에 비추어 교과교육학을 구조화하고자 한 데에서 연유한다. 결과적으로, 현행 교과교육학의 구조는 교과 커리큘럼의 형식체계가 그대로 전이(轉移)된 형태를 지니고 있다는 점에서 두드러진 특징을 보여 주고 있다.

이상에서 살펴본 바와 같이 교과교육학의 구조화 방식이 지닌 특성은 다음과 같이 두 가지로 요약할 수 있다. 하나는 교과내용의 토대를 이루는 학문과 교육학 간의 제휴를 기초로 인접학문들의 도움을 받는 종합적 응용학문의 형태로 구조화되어 왔다는 것이고, 다른 하나는 커리큘럼 구성요소 간의 관계를 개념화하는 방식과 대동소이한 형태를 취하고 있다는 점에서 커리큘럼 구조화 방식과 크게 구분되지 않는다는 점이다.

2) 기존 교과교육학 논의의 기본 가정

앞에서 살펴본 기존 교과교육학의 이론화방식은 교과교육 및 교과교육을 탐구하는 학문의 성격에 관하여 다음과 같은 세 가지 전제를 상정하고 있다. 교과교육학의 가능성을 확립하고자 하는 이 장의 목적상 그 구체적인 내용은 물론, 그에 대한 타당성 내지 적절성에 대한 검토가 필요해 보인다. 기존의 연구에서 가정하는 바를 개략적으로 제시하면 다음과 같다.

첫째, 교과교육학의 탐구대상인 교과교육은 교과와 교육이 만나서 이루어지는 중간 영역이라는 가정이다. 여기서 교과와 교육의 만남은 물리적 결합이 아니라 일종의 화학적 결합에 비유된다. 이 말은 교과와 교육이 서로의 고유한 성질을 잃지 않으면서 교과교육이라는 하나의 통합체 안에서 상호 보족적으로 긴밀하게 협응한다는 뜻으로 해석된다. 여기서 한 가지 주의할 점은 교과와 교육이 사실적인 맥락에서 별개의 실체로 분리될 수 있는 것이 아니라는 점이다. 교과와 교육은 항시 교과교육 안에서 결합된 형태로 존재한다. 교과라는 말 자체는 교육의 맥락 안에서 다루어지는 경험이라는 뜻이고, 또한 어떤 형태로든 교육은 항상 어떤 교과내용을 전제로 하고 있다. 즉, 교과와 교육은 개념적인 구분에 의하여 그 고유성을 파악할 수 있을 뿐, 원래부터 따로따로 존재하던 것을 한데 모아 놓은 것이 아니라는 뜻이다. 따라서 교과교육이 교과와 교육의 만남이라는 말은 의미상 교과교육 상황으로부터 거꾸로 교과와 교육을 각각 개념적으로 분리해 낸 다음, 그 둘을 다시 개념적으로 결합시킨 상태를 표현한 것으로 해석해야 한다.

둘째, 교과는 교과교육의 내용이고, 교육은 교과교육의 방법이라는 가정이다. 교과교육에서 교과는 지식이나 기술 등 가치 있는 경험의 체계를 의미하고, 교육은 그러한 내용체계의 의미를 파악하기 위한 일련의 방법적 원리와 활동이라는 것이다. 교과교육학이라는 학문의 성격을 교과내용을 제외한 교육방법만을 다루는 것이라고 보는 경향은 사실상 이와 같은 가정에 바탕을 두고 있다. 교과가 내용이고 교육이 방법이라고 보는 것은 교과의 가치가 교육의 가치에 우선한다는 뜻이다. 그리고 교과가 교과교육에서 다루는 내용이라는 말에는 교과가 교육의 과정을 통하여 구현해야 할 목적이 된다는 의미도 담고 있다. 그리하여 교육활동은 교과의 가치를 실현하기 위한 수단적 가치를 가지는 것으로 이해된다. 교육을 방법이라고 할 때 그 방법은 교과의 가치를 실현하는 방법이라는 뜻이다. 물론 교육의 목적이라는 말을 이보다 더 넓게 파악하는 경우도 있지만, 그것도 결국은 교과의 내용을 가르치고 배우는 일에서 파생되는 것이라고 보면, 교과교육의 방법으로서의 교육의 목적은 일차적으로 교과의 가치실현에 있는 것으로 파악할 수 있게 된다. 따라서 교과가 교육에 우선한다고 보는 관점에서는 교과교육의 본질을 교육이 아니라 교과의 성격과 가치에서 찾게 된다.

셋째, 교과교육학의 성격을 기초학문과 응용학문의 결합으로 보는 것이다. 교과교육학의 기초학문은 각 교과로 대표되는 교과내용학이고, 응용학문은 그러한 교과내용을 가르치는 지식과 기술을 제공하는 교육학을 가리킨다. 여기서 볼 수 있듯이, 교과교육학은 하나의 단일한 학문이 아니라 교과교육에 관련된 여러 학문들—기초학문, 교육학, 기타 인접학문—이 함께 관여하는 일종의 종합학문으로 파악되고 있다. 그리고 교과교육학은 그것이 산출하는 지식이 결국은 교과교육이라는 실천영역에 도움을 주고자 하는 것이라는 점에서 실천지향적인 학문으로 규정된다. 이처럼 교과교육학은 기초학문과 응용학문의 결합, 학제적인 접근에 의한 종합학문, 그리고 교과교육을 개선하기 위한 실천지향적 학문이라는 세 가지 특징을 지닌 것으로 이해된다.

기존 교과교육학에서 상정하는 이상의 세 가지 기본 가정은 그 자체가 교과교육학을 규정하는 하나의 입장을 나타내고 있지만, 교과교육학의 성격을 개념화하는 유일하고 궁극적인 방식이라고 하기는 어렵다. 교과교육학은 어떠한 학문이며 그것이 탐구하는 대상의 속성을 무엇으로 규정해야 하는가 하는 데에는 다양한 관점과 접근방식이 있을 수 있다. 더욱이 기존의 교과교육학에서 상정하고 있는 기본 가정을 가만히 검토해 보면, 교과교육의 고유한 속성을 올바로 반영하고 있는가 하는 의문을 품게 된다.

가령, 교과교육은 교과와 교육이 만나서 이루어지는 중간 영역이라고 하는 첫째 가정을 검토해 보자. 여기서 교과와 교육의 만남이 물리적 결합이 아니라 일종의 화학적 결합을 가리킨다고 하면, 교과와 교육을 별개의 실체로 보고 따로따로 그 성격이나 구성방식을 다루는 것은 어떤 의미에서 탈맥락적인 것이라고 하지 않을 수 없다. 그럼에도 불구하고, 기존 교과교육학에서는 교과는 교과교육의 내용이고 교육은 교과교육의 방법이라고 가정함으로써(위의 둘째 가정), 마치 교과를 교육과 분리시켜 별도로 논의할 수 있는 것처럼 다루고 있다. 실제로 이제까지의 교과교육학 연구에서는 교과내용의 가치에 초점을 맞춤으로써 교과의 가치를 실현하는 방법이 교과와는 따로 존재할 수 있는 것처럼 내용과 방법을 분리하는 접근방식을 견지해 왔다.

그러나 교과와 교육은 그 각각을 개념적으로 구분하는 것은 가능할망정, 양자를 별개의 실체인 양 독립적으로 다루는 것은 곤란한 문제를 야기한다. 이 말은 교과와 교육이 지닌 고유한 속성을 각각 구명하는 것이 이론적으로 불가능하다는 말은 아니다. 교과는 교과대로 해당 경험세계를 반영하는 한 그것이 대표하는 경험세계와의 관련을 고려하면서 그 속성을 이해할 수 있다. 또한 교육의 경우에도 그것이 지닌 고유한 측면에 주목하면서 나름의 질서와 원리를 탐구하는 것은 충분히 있을 수 있다. 다만 교과와 교육은 그 둘을 요소로 하여 성립하는 교과교육의 전체적인 맥락 안에서 논의되어야 하며, 그러한 맥락적 바탕을 떠나서는 제대로 그 성격을 파악하기가 어려워진다. 따라서 교과에 관한 논의를 위해서는 적어도 교육의 속성을 함께 고려해야 하며, 교육에 관한 논의 또한 교과의 성격을 동시에 고려하면서 이루어져야 한다. 기존의 교과교육학이 지닌 커다란 난점의 하나는 바로 이러한 교과와 교육의 관계를 고려하지 않은 채 양자를 별개로 논의했다는 데에서 찾을 수 있다.

기존 교과교육학의 성격을 규정한 셋째 가정도 문제의 소지를 지니고 있다. 우선 거기에서는 교과교육학을 기초학문과 응용학문의 결합으로 보고 있는데, 이때 기초와 응용이라는 것은 결국 교과와 교육을 별개로 연구하는 학문들의 혼합을 의미하고 있다. 물론 교과교육학이 그러한 단순한 산술적인 결합 이상이 되어야 한다는 언급이 있기는 하지만(김병성 외, 1994), 실제로 교과교육학의 하위 영역으로 제시되고 있는 학문들을 보면 다양한 관련학문의 나열에 그칠 뿐, 그들 상호 간의 관계나 결합양상을 구체적으로 보여 주지는 못하고 있다.

이 점에서 교과교육학의 성격을 종합학문이라고 규정하는 것은 문제가 된다. 교과의 배경을 이루는 기초학문과 응용학문인 교육학, 그리고 다양한 인접학문을 종합한다고 할 때, 그 통합의 구심점이 무엇인지는 그다지 분명하지 않기 때문이다. 또한, 다양한 학문들의 통합에서 응용학문으로서의 교육학이 어떠한 위치를 차지하는지도 뚜렷하지 않다. 기존 교육학의 구성방식 자체는 다양한 인접학문들을 종합한 학제적 연구의 성격을 띠고 있는데, 이제 다시 교과교육학의 성립을 위해 교육학을 재응용해야 한다고 한다면 그러한 응용의 근거를 교육학이라는 학문의 범주 안에서 찾기는 어렵게 된다. 그렇다면 교육학은 교과교육학에 관여하는 인접학문들과는 다른 차원의 참여방식을 별도로 강구하지 않으면 안 되며, 이 점이 교과교육학의 구성요소로서의 교육학의 위상과 관련된 숙제로 남게 된다.

3) 기존 교과교육학 논의에 대한 비판

앞 절에서 살펴본 바와 같이, 기존의 교과교육학 연구들에서는 교육을 통하여 가르치고 배우는 내용 자체에 대한 이해보다는 그것을 지도하는 방법과 절차를 마련하는 데 더 노력을 기울여 왔던 것이 사실이다. 교과교육에서 다루어지는 내용은 해당 학문이나 경험세계의 고유한 영역에 속한 것이기 때문에 교과교육학에서 다룰 일차적인 과제와는 거리가 먼 것이라고 보았다. 대신 교과교육학의 입장은 교과를 가르치는 방법으로서 교수활동에 관한 제반 절차와 프로그램을 처방하는 데 주력하는 쪽으로 기울었다. 이러한 특징을 지닌 교과교육학에서는 자연 교육을 교수법을 중심으로 하는 좁은 영역에 국한시켰으며, 그에 따라 교육의 존재의의는 교과의 중요성을 드러내고 전달하는 수단적 활동이라는 점에서 찾을 수밖에 없는 것으로 보았다. 아닌 게 아니라, 어떤 형태의 교육이든지 거기에는 가르치고 배우는 경험내용이 있기 마련이며, 내용을 제외한 교육은 공허하게 보이고 불가능한 일로 생각되기도 한다. 교육이 무엇인가를 파악하려면 교육에서 다루어지는 내용이 어떤 성격의 가치와 특징을 지닌 것인지를 파악하는 일이 선결되어야 한다는 입장은 이 점에서 설득력을 지니게 된다.

그러나 교육을 내용으로서의 교과에 부속된 방법적 수단으로 간주하는 이러한 관점은 교과교육학의 전반적인 특징을 이해하는 방식으로서는 분명 한쪽으로 치우친 접근방식을 보여 주고 있다. 왜냐하면 교과교육학의 탐구대상인 교과교육에는, 그 성격을 어떤 식으로 규정하든지 간에, 내용으로서의 교과와 함께, 내용의 전달·습득에 관련된 교육이라는 행위가 관여하고 있기 때문이다. 단적으로 말하여, 교육은 교사와 학생 사이에서 교과를 매개하는 교량적(혹은 방법적)인 역할을 하는 것이 일견 당연해 보이지만, 이것은 어디까지나 교과내용을 우선시하는 관점에서 비롯된 사고방식이다. 교과교육 상황에서는 교과도 고려해야 하고 교육도 고려해야 한다. 왜냐하면 교과교육 상황에서는 어느 경우에나 교과내용의 선정·조직·구성·전개 자체가 늘 교육의 논리에 맞도록 통제와 변형을 거치면서 이루어진다고 보아야 하기 때문이다. 바꾸어 말해서, 교육은 교과의 가치를 전달하는 방법이기 이전에 어떤 것이 교과가 될 수 있으며 교과가 되기 위해서는 어떤 조건을 갖추어야 하는지를 결정하는 한 가지 중요한 요인이 된다.

하나의 예를 들어 생각해 보자. 천문학의 경우, 천동설은 지동설에 비해 시대적으로나 진리가치 면에서 낙후된 것으로 오늘날 그것을 정설로 받아들이는 사람은 거의 없다. 그렇지만 지나간 시대의 지식도 그것을 받아들일 만한 지적 수준에 있는 사람에게는 그 정신적인 성장을 계도하는 계기와 자양분이 될 수 있다. 이 때문에 천동설을 모르는 사람한테는 지동설보다 천동설을 먼저 다루는 것이 훨씬 의미 있고 가치 있는 경험을 선사할 가능성이 있다. 더욱이 천동설을 먼저 습득하지 않고는 지동설의 의미를 확연히 알기 어렵다는 점에서 보면 천동설은 더욱더 교과의 순서 면에서 가치를 갖게 된다. 이 점은 학문의 기준으로 볼 때에는 지동설이 더욱 옳은 것임에도 불구하고, 교육의 논리에 맞추는 과정에서 그 가치를 판단하는 기준 자체가 변경된다는 것을 보여 주는 좋은 예이다. 교과교육에서 배우는 사람의 단계에 맞게 교과내용의 수준이나 진행속도의 완급을 조절하는 일은 절대적으로 필요하며, 이러한 내용상의 조정은 교과내용 자체의 기준이나 논리가 아니라 교육적인 원리와 규칙에 바탕을 두면서 이루어지게 된다. 이처럼 교과교육 상황에서 교과는 그 자체로 가치를 지니는 것이 아니라 그것을 대하는 사람과의 관련에 의해서만 비로소 그 가치가 발생한다(Dewey, 1963). 이렇게 볼 때, 교육의 맥락을 충분히 고려하지 않은 채 교과내용의 가치에만 치우쳐 교육을 단지 방법적인 것으로 다루는 기존의 교과교육학은 결코 온전한 것이라고 하기 어렵다. 이 점은 교과교육학 연구에 있어 지금까지 주로 교육방법의 개발에 초점을 맞추어 오던 경향을 전면적으로 재고할 것을 요청하는 근거가 된다.

　다른 한편으로, 기존의 교과교육학 연구에서는 또한 교과의 내용적 구성 측면에는 비교적 많은 관심을 기울여 온 반면에, 그러한 내용의 형성·발전과 관련된 역사적·사회적·철학적 측면 등에 대해서는 상대적으로 매우 소홀히 취급해 왔다는 점도 문제가 된다. 이것은 교과내용 자체에 관한 영역은 아니지만 교과를 교육하는 문제에 있어서는 어느 정도 필요한 부분이다. 적어도 교과의 내용을 숙지하거나 교과를 가르치고 배우는 측면에 관련된 깊이 있는 이해와 능력을 구비하는 것과는 별도로, 교과내용을 둘러싸고 있는 다방면의 영역에 관한 이해를 가진 교사가 있다면 그렇지 못한 교사에 비해 교과교육을 성공적으로 영위하는 데 적지 않게 유리한 입장에 있다고 보아야 할 것이다. 자신이 가르치는 교과가 어떤 맥락과 배경에서 배태되어 나온 것이며 그러한 교과내용이 배우는 학생들에게 어떤 측면에서 중요성을 가지는지에 관하여 상식 이상으로 폭넓고 심도 있게 이해하는 교사는 그렇지 못한 교사에 비하여 해당 교과를 보다 여실하게, 그리고 보다 의미 있게 가르칠 수 있으리라는 것은 의심의 여지가 없다. 이런 점에서 교과교육학의 논의 영역에서 그동안 간과되어 왔거나 충분히 다루어지지 못한 교과의 배경에 관련된 이해의 영역을 추가적으로 포함시킬 것이 요청된다.

교과교육에 관한 한, 교과와 교육의 관련 및 교과의 배경에 관한 이해가 필요하다는 이상의 논의를 받아들일 경우, 교과교육학의 논의 범위는 종전에 비해 상당한 정도로 확장되지 않을 수 없다. 여기에는 적어도 범주적으로 구분되는 세 가지 하위 영역을 포함시킬 수 있을 것이다.

그 하나는 교과의 내용 자체에 관한 영역이고, 또 하나는 교과에 관한 설명적 이해의 부분이며, 나머지 하나는 교과와 관련을 맺는 교육적인 이해에 해당하는 영역이다. 첫째 영역은 이미 기존의 교과교육학에서도 인지되었던 이른바 교과내용에 관한 것으로서, 이를 '내용적 논의 영역'이라고 할 수 있을 것이다. 둘째 부분은 앞서 언급했듯이, 교과를 폭넓게 이해하고자 할 때 수렴해야 할 다양한 이해의 맥락들을 포괄한다. 이것은 교과에 관한 '설명적 논의 영역'이라고 부를 수 있다. 셋째 영역은 교과를 가르치고 배우는 원리와 활동의 성격을 보다 폭넓게 이해함으로써 교과교육의 차원을 심화하는 데 도움을 줄 수 있는 영역으로서, '교육적 논의 영역'으로 명명한다. (첫째 부분과 둘째 부분은 교과내용에 대한 이해를 중심으로 한다는 점에서 하나로 묶을 수도 있을 것이다. 여기서는 이 둘을 구분하지 않았던 종래의 관점과 구별 짓기 위해 별개의 것으로 언급한다. 그렇지만 다음 절에서 교과교육학의 구조를 논의하는 부분에 가서는 이들을 한 영역으로 통합하여 제시할 것이다.)

여기서는 이들 세 가지 영역 가운데 주로 둘째 영역과 셋째 영역의 성격에 초점을 맞추어 기존 교과교육학 연구를 비판적으로 논의하고자 한다. 왜냐하면 '내용적 논의 영역'은 교과교육학의 학문적 성격을 탐색하는 문제와 관련을 맺고 있으나, 이 장에서 좀 더 힘을 기울여 논의할 부분은 교과의 일차적인 내용 자체에 있기보다 그러한 교과의 의미를 교육 혹은 그 밖의 설명적 차원과 관련짓는 데 있기 때문이다.

(1) 교과에 관한 배경적 이해의 결여

대체적으로 말해서, 종래의 교과교육에서는 교육원리에 관한 부분을 제외한 교과내용 그 자체를 이해할 때, 내용적 명제들을 중심으로 교과의 내용을 이해하려는 수준에 머무르는 것이 보통이었다. 그러나 교과를 폭넓게 이해하고자 할 때 수렴해야 할 다양한 이해의 맥락들—역사적 · 철학적 · 사회과학적 맥락 등—이 있으며, 종래의 교과교육학에서는 이 부분을 간과하였던 것이 사실이다 (이돈희, 1994). 물론 내용적 명제 수준의 이해가 없이는 그것에 관한 역사적 · 철학적 · 사회과학적 설명이라는 것이 가능하지 않다. 그런 점에서 교과에 관한 설명적 이해는 교과내용 자체를 이해하는 일차원적인 수준의 이해에 의존한다. 다만, 이러한 설명적 이해를 교과 자체를 이해하는 수준과 구별하여 이차원적인 이해라고 부를 때 그것은 교과에 대한 이해의 범위가 그와 같은 방식으로 구분된다는 것을 보이기 위한 것이다. 설명적 이해가 어떤 것인지는 다음 인용문에 잘 드러나 있다.

국어교과를 예로 들어 보자. 국어교과의 내용으로 담겨지는 문학적 작품, 문법적 체계, 사용된 어휘, 표현의 기술 등에 관한 어학적 · 문학적 분석은 그 자체의 내적 구조와 특징을 이해하는 데 불가결한 것이며, 그것만으로도 국어교과의 사회적 · 문화적 · 예술적 의미를 이해하는 데 결정적으로 중요한 것이다. 그러나 우리는 교과의 내용적 명제들의 이해, 즉 교과의 일차원적 이해만으로는 교과의 본질과 가치와 특징을 포괄적으로 이해하기에 부족하며, 교과의 정당화를 위한 가치를 체계적으로 인식하게 하기가 어렵다. 그것만으로는 국어교과의 내용을 우리의 삶 전체에 관련시켜 이해하고 그것의 교육적 가치와 의미를 인식하려는 노력으로는 극히 제한된 것일 뿐이다. 우리가 사용하는 '국어'(혹은 특정의 외국어)

짐을 수레의 구조에 알맞게 적당히 나누고 포장해야 한다. 이 말은 교과교육에서 교과와 교육의 관계는 상호 조율적이라는 것을 의미한다. 교과교육에 있어서 임의의 경험내용은 교육의 내적 원리에 의해 수정되거나 변형이 가해진다. 그렇게 함으로써 그것이 지닌 의미체계는 보다 뚜렷한 방향을 지향할 수 있게 된다. (교과라는 말 자체가 이미 교육의 원리를 십분 고려한다는 뜻을 나태내고 있다.) 또한, 교육은 항상 어떤 경험이 지닌 특성을 면밀하게 고려함으로써 그 소재의 가치에 공헌하며, 그로부터 교육 자체의 기능성과 존재 의의를 공고히 다진다. 이처럼 교과교육 상황에서는 교과와 교육이 각각의 특성을 해치지 않는 범위 내에서 상호 긴장된 관련을 맺고 있다. 따라서 교과와 교육 중 어느 한쪽의 가치만을 일방적으로 내세우기보다는 양자가 서로의 발전에 호혜적으로 기여하는 가치 공립적 관계임을 인식하는 것이 교과교육에 있어서 중요한 논점으로 부각된다.

이상에서 살펴본 바와 같이, 교육을 교과와 대등한 가치 영역으로 보고 그 고유한 측면에 대한 논의를 별도의 영역으로 설정하는 것은 종래의 교과교육학 연구에서는 거의 시도되지 않은 부분이다. 아닌 게 아니라, '교과교육'은 '교과를 목적으로 하는 교육'이라는 뜻으로 받아들여질 뿐, '교과를 가지고 하는 교육'[3]이라는 식으로는 해석되지 않는다. 교육 자체의 독자적인 고유성에 대해서는 거의 주목하지 않는 것이다. 왜냐하면 교육이라고 할 때 그것은 항상 '방법'이라는 굴레를 쓰고 있는 대상으로 인식되기 때문이다. 그리하여 일단 '방법'으로 인식되고 나면, 교육의 남은 과제는 주어진 역할에 충실히 임하는 것일 뿐, '교육은 무엇인가' 하는 질문은 암암리에 거추장스러운 것으로 외면당하고 만다. 이 사태는 적어도 논의의 형평성에 어긋난다. 논리적으로 보더라도 교육이 방법적인 역할을 하기 위해서는 최소한 그 실체를 개념적으로 파악할 수 있다는 것이 전제되어야 함에도 불구하고, 교육을 교육답게 밝히려는 노력은 거의 시도되지 않았던

---

3) '교과를 가지고 하는 교육'에서는 교과의 다양한 경험을 익히고 안내하는 데 필요한 것으로서 활용한다는 것을 강조한다. 이는 어떤 소재를 가지고 예술을 하느냐 하는 문제와 비슷하다. 음악이나 미술, 무용, 연극, 건축에서 소재는 그 활동을 전개하는 데 필요한 하나의 조건으로 간주된다. 예술활동이 목적일 때 소재는 수단이라는 것이다. 마찬가지로, 교육활동이 목적이면 교과는 그 소재로서 교육을 실현시키기 위한 수단이 된다.

것은 납득하기 어렵기 때문이다.

그러나 교육은 교과교육 전반에 걸쳐 그 질서와 준칙을 관장하는 중요한 요인으로서 교과의 성격과 형태에 커다란 영향을 미친다. 게다가, 교육의 영역을 교과의 내용체계와 구별된 것으로 보지 않으면, 학자와 교사의 차이를 분간해 내는 기준 자체도 대단히 모호해지고 만다. 결국 교육의 속성을 제대로 이해하지 않고서는 교과와 교육의 관계로 이루어지는 교과교육의 성격과 과제를 파악하는 것이 상당히 어렵게 된다. 따라서 새삼스러운 일이기는 하나, 교육을 교육다운 것으로 이해하려는 노력이 심각하게 요청된다. 그것은 교과교육학의 성립을 위해서 필요하다는 것 이상으로, 교육학의 고유한 주제이기도 하지만, 이 장의 주제인 교과교육학의 학문성과 관련하여 보더라도 그 비중이 작지 않다는 점만은 분명하다.

3. 대안적 이론화 방안의 모색

1) 대안적 접근의 기본 틀

이 절에서 제시하려는 교과교육학의 대안적 구조는 앞서 기존 교과교육학을 비판적으로 이해하는 과정에서 이미 상당 부분 그 방향이 드러나 있다. 다만 교과에 대한 이해의 범위와 관련하여 논의하였던 설명적 이해의 측면은 성격상 교과에 부속된 영역으로 간주하여 교과 영역에 통합하는 방식을 택한다. 그 이유는 앞서 잠시 언급하였듯이, 교과를 구심점으로 한다는 점에서 본질상 동일한 관심의 연장선상에 있다고 보기 때문이다. 그리하여 여기서 제시하는 교과교육학의 구조는 크게 교과와 교육이라는 두 부분을 요소로 하여 구성된다. [그림 5-1]은 이러한 교과교육학의 대안적 구조를 예시한 것이다.

[그림 5-1] 교과교육학의 대안적 구조

이것은 외형적인 면에서 교과를 내용으로, 교육을 방법으로 파악한 종전의 입장과 별 차이가 없다. 그렇지만 좀 더 세부적으로 파고 들어가면, 교과내용과 교육의 의미는 물론, 양자의 관계에서 차지하는 각각의 비중과 관련 양상은 이전과는 근본적으로 달라진다.

일반적으로 기존의 교과교육학에서는 교과내용과 그것을 전달하는 교육 부분을 엄밀히 구별하여 다룬 것으로 알려져 있다. 그런데 보다 엄격히 말하자면 그 논의에서는 교과의 '내용 자체'를 다루기보다는 내용을 다루는 '절차'에 치중하였고, 또한 '행위의 원리로서의 교육'을 밝히는 것이 아니라 '방법으로서의 교육'을 처방하려는 데에 더 큰 관심을 두었다. 따라서 겉으로 보기에 비슷한 용어를 사용한다고 해서 동일한 의미를 나타내는 것이 결코 아니라는 점에 주목해야 한다.

이 절에서 말하는 교과교육학의 구조는 교과와 교육을 상호 대등한 영역으로 보는 관점에 기초하여 제시된 것이다. 교과와 교육은 각각 별도의 가치체계를 가지고, 그 구성방식과 전개 논리가 다른 참여방식을 요구하며, 평가의 준거가 다른 자율적인 영역으로 간주된다. 물론 이것은 종전과 같이 교육은 교과를 전달하기 위한 방법이라고 보는 소극적인 관점을 극력 지양하고 있다. 이러한 대안적 구조의 타당성은 이하의 논의에서 점차 분명하게 드러나리라고 본다.

또 한편으로, 위에서 제시한 교과교육학의 구조는 이들 두 영역을 교과교육학의 구성요소로서 나열하는 것 이상의 작업을 요구한다. 교과교육학의 구조를 해명하는 문제는 그 구성요소가 무엇인가를 말하는 것에 그쳐서는 안 되고 도리어 그들 간의 상호관계를 밝혀 주어야 하기 때문이다. 이 절에서는 그 관련 양상을 보다 상세히 밝혀 나가는 과정에서 교과교육학의 새로운 구조의 의미가 좀 더 구체화될 수 있을 것으로 기대한다.

2) 대안적 구조의 의미

교과교육학의 구조는 그것과 상응하는 교과교육 현상의 구성요소를 최소한으로 포착하고 그들 소인(素因) 간의 관계를 기술함으로써 드러난다. 교과교육에 관련된 제반 요인들과 그 영향관계에 대한 일체의 기술과 설명은 여기서 부차적인 것으로 취급된다. 가령, 교과의 형성과 발달에 관한 역사적 고찰이라든가, 교과의 가치에 대한 철학적 성찰, 교과가 갖는 사회적 의의 등은 그 자체로는 의미가 있는 것이지만, 교과교육학의 탐구 영역 안에 포함시켜야 할 본질적인 논의의 대상으로 보기에는 적합치 않다. 또한 교과교육으로부터 파생되는 결과의 효용성에 관련된 논의도 교과교육학의 기본 논의 범주를 벗어난다. 외재적 목적을 위한 교과교육의 기능적 측면을 논의 영역의 일부로 포섭하면 교과교육학의 학문적 정체성 자체가 불투명해지기 때문이다. 따라서 교과교육학의 구조를 탐색한다고 할 때, 그것은 교과교육의 개별적 양상과 일반적 특징을 포괄하되, 특별히 개별 교과와 교육, 그리고 교과 일반과 교육 간의 내적 관련을 기술하는 것을 핵심으로 한다. 교과교육학의 구조는 이 점에서 교과교육 현상의 이면에 해당하는 교과와 교육 간의 공립적 관계 양상, 즉 교과와 교육의 상호 유기적 관련을 드러내는 개념적 지도를 구성하는 것으로 마무리된다.

앞에서도 언급한 바와 같이, 교과교육의 맥락에서 보면 교과는 교육의 힘을 이용하여 그 고유한 가치의 실현을 증대시켜 나가지만, 또 한편으로는 교육의 소재로서 교육활동이 가능하기 위한 필요조건의 하나가 된다. 그러므로 교과가 교육의 목적적 가치라는 등식은 성립하지 않는다. 오히려 교과는 그 가치의 전달과 쇄신을 위해 교육에 의존하지 않을 수 없다. 따라서 교과에 대한 교육의 봉사적 기능에 못지않게, 교육을 위한 교과의 활용가치를 강조할 수 있다. 이런 각도에서 교과와 교육은 각각 그 나름의 자율적 토대에 기초하여 상호 간의 협조와 공존을 추구하는 의존적 관계를 맺는다고 볼 수 있다.

그런데 교육은 속성상 교과내용의 어느 일정한 수준에서만 가능한 것이 아니라 임의의 단계에서 이루어질 수 있다. 그 과정은 언제나 현재의 단계에서 출발하여 다음 단계에 이르는 시작과 끝의 반복이다. 교육은 본질적으로 고정된 목적이나 가치를 부정하고 끊임없이 초월을 지향하는 변증법적 과정을 추구한다. 완전성 혹은 절대성을 거부하는 교육의 이러한 특징은 교과의 의미와 가치에 대해서도 새로운 성찰을 요구한다. 교과의 성격은 교육의 맥락과의 접합에 의해 재해석될 여지를 지니며, 교사의 교수행위 또한 그러한 교과의 변용을 새로운 방식으로 고려하지 않으면 안 된다. 이러한 교과와 교육의 상호 관련 양상은 교과교육학의 구조가 의미하는 바에 접근하기 위해 적어도 다음 두 가지 주제에 대한 논의가 필요함을 시사한다. 그 하나는 고정된 목적을 부정하는 상대주의적 입장에서 교과의 가치를 재음미하는 것이고, 다른 하나는 그러한 상대주의적 요소가 교과교육의 과정에서 어떻게 고려하고 활용될 수 있는가 하는 것이다. 이하에서는 이 두 가지 문제를 집중적으로 조명한 뒤에, 앞에서 제시한 교과교육학의 구조에 따르는 하위 탐구주제를 몇 가지 영역으로 나누어 예시해 보고자 한다.

(1) 교과의 의미와 가치에 대한 재음미

교과교육과 관련하여 '교과란 무엇인가' 하는 문제는 사실 해묵은 문제라고 볼 수 있다. 그럼에도 불구하고, 이 장에서 다시금 이 문제를 거론하는 이유는 교과의 본질적인 성격을 재조명할 필요가 있다는 판단에서이다. 여기서 주목하고자 하는 측면은 교과의 횡적 평등성과 종적 차등성에 관한 것이다.

이 문제를 다루기 전에 먼저 교과가 무엇인가 하는 문제와 관련하여 두 가지 측면을 잠시 생각해 보기로 하자. 하나는 교과의 내용적 범주에 관한 것이고, 다른 하나는 교과의 형식적 종류에 관한 것이다.

교과를 넓은 의미에서 규정하자면, '가르치고 배우는 모든 경험내용'이라고 할 수 있을 것이다. 종래 교과내용을 지식으로만 국한시키는 경향이 있어 왔는데,

이런 주장에는 다소 무리가 있어 보인다. 음악, 미술, 체육 등의 교과에서는 지식뿐 아니라 비지적 영역의 내용을 더욱 중요하게 다루고 있으며, 심지어 국어, 영어, 수학, 사회, 과학 등의 교과에서조차 지적인 내용에 못지않게 정의적 측면이나 심체적(心體的) 영역에 속한 내용들을 의미 있게 다루고 있기 때문이다. 이 때문에 교육내용의 범위를 지식으로 한정시키기보다는 경험이라는 좀 더 포괄적인 범주로 파악하는 것이 타당할 것으로 본다.

다음으로, 교과의 범주에 속하는 경험 영역의 종류에 관한 문제가 있다. 제도적인 상황에 국한시킨다면 교과의 종류는 유한하리라고 생각되지만, 좀 더 개방적인 입장에서 본다면 가르치고 배울 수 있는 경험체계로서의 교과의 외연은 무한대로 확장된다. 인류가 이제까지 개척한 경험의 종류는 엄청나게 많을 것이라고 본다면, 가르치고 배울 수 있는 것은 원칙적으로 끝이 없다. 단적으로, 현 단계에서 학문의 영역만을 살펴보더라도 그 종류와 수준은 계속적으로 확장되고 있다. 여기에 예술, 기술, 무예, 취미 등을 보태면 그 수는 더욱 늘어날 것이다.

이제 이런 정도의 예비적인 논의를 가지고 교과의 본격적인 문제로 진입해 보자.

먼저 교과 간의 수평적 관계에 대해서 생각해 보기로 한다. 일상적으로 흔히 쓰는 표현 가운데 '주요 교과'라는 말이 있는데, 그것은 특정 교과가 다른 교과에 비해 더 필요한 것이라는 의미도 있지만, 아예 가치 측면에서 더 우월한 것이라는 뜻을 담기도 한다. 여기서 문제가 되는 것은 후자의 경우이다. 특정 교과에 대한 가치선호는 대개 상황적 요구에 따른 자의적인 판단의 결과일 때가 많다. 누구에게나 소중한 교과, 즉 그 가치가 보편적인 교과라는 것은 있을 수 없다는 것이다. 역사적으로나 사회적으로 중요하게 취급된 교과는 대체로 말하여 특정 개인이나 집단이 그 가치를 두드러지게 인정한 것일 뿐, 그 중요성을 뒷받침하는 객관적 근거를 가지는 것은 아니기 때문이다. 역사적으로 교과의 가치서열이 사회문화적 상황이나 철학적 배경에 따라 달라져 왔다는 점이 이를 잘 대변한다. 이렇게 보면 교과들 간에는 수평적인 측면에서 그 가치가 평등하다고 말할 수 있다. 국어는 국어이기 때문에 가치 있고 수학은 수학이기 때문에 가치 있는 것일 뿐, 그들 간에 가치의 우열은 원칙상 따질 수 없는 문제이다. 이 점은 가치의 상대성 문제와 상통하는 것으로서, 일찍이 오우크쇼트(M. Oakeshott)가 『경험과 그 양상들』(1933)이라는 저술에서 잘 논증한 바 있다.

다음으로 살펴볼 것은, 교과의 수직적 차등성의 문제다. 학문을 배경으로 하는 교과(과학, 수학 등)이거나 심미적 활동의 결과를 바탕으로 한 교과(음악, 미술 등)이거나 생활의 필요에 의해서 만들어진 교과(기술, 실과 등)이거나 간에, 하나의 교과 안에는 그 수준 면에서 볼 때 좀 더 상위의 내용과 좀 더 하위의 내용으로 구분할 수 있는 위계가 있다. 가령 물리학의 경우, 고전물리학의 내용은 상대성 이론보다 하위의 것이고, 상대성 이론은 소립자 이론보다 하위의 것이다. 물론 소립자 이론보다 더 발전된 물리학 체계가 나올 가능성도 항상 열려 있다. 이처럼 물리학의 위계는 그 순서가 역사적인 발전의 순서와 일치한다는 점에서 지식의 진보를 전형적으로 보여 준다. 말하자면 물리학과 같은 학문은 당대의 지식체계가 지닌 한계를 지양하고 좀 더 정교로운 설명체제를 창출하는 방향으로 나아간 역사를 지니고 있는 것이다. 이런 관점에서 지금의 물리학 체계는 학문적으로는 가장 월등한 것이지만, 다음 단계의 지식체계를 태동시키기 위해서는 부정되어야 할 어떤 것으로 해석할 수 있다.

이 점을 일반화하여 나타내면, 교과의 내용은 어떤 수준의 것이든지 종적인 측면에서 상대적인 진리성을 지닌다고 말할 수 있다. 만일 우리가 개별학문의 역사를 면밀하게 고찰한다면, 그 발전의 종축에 배열된 진화상의 여하한 단계의 지식에 관해서도 이러한 종적 수준의 상대성을 지적할 수 있을 것이다. 천동설은 한때 유럽 사람에게 절대불변의 진리였으나, 지동설의 등장으로 그 위세가 일거에 소멸했다. 고대로부터 발달한 점성술도 일단의 사람들에게 금과옥조의 진리로 여겨지다가 과학에 기반을 둔 천문학에 의해 근거 없는 허위로 드러났다(Boorstin, 1983). 이런 사실을 근거로 할 때, 임의의 지식은 그것을 어떤 수준에서 바라보느냐에 따라 진리처럼 보일 수도 있고 진리가 아닌 것처럼 보일 수도 있다. 그것보다 하위 수준에서 보면 진리처럼 보이고, 그것보다 상위 수준에서 보면 거짓에 불과한 것이 된다. 그러므로 진리란 보통 생각하는 것처럼 고정된 어떤 실체라기보다 경험 구조의 수준이 변화하는 과정에서 파악되는 어떤 가치

실현의 방향을 가리키는 것이 아닌가 생각된다.

이상에서 살펴본 바에 의하면, 교과는 가치 측면에서 횡적으로는 평등하고 종적으로는 차등하다. 저마다 고유한 가치를 가진다는 점에서 개별교과들의 우열을 가릴 객관적인 기준은 존재하지 않는다. 그러나 하나의 교과 안에서는 상하의 우열이 존재한다. 개별교과의 배경을 이루는 경험 영역 안에는 끊임없이 보다 나은 수준으로 향상하려는 과정에서 확인된 발전의 수직적 단계들이 존재하는 것이다. 교과가 지닌 이러한 근본적인 속성은 교과를 교육하는 상황에서 어떤 형태로든 반드시 고려해야 할 문제로 대두하게 된다. 그중에서도 특히 문제가 되는 것은 교과내용의 수직적 차등성이다. 교육에서 말하는 변화의 핵심은 수준에 관계된 것이기 때문이다.

(2) 교과와 교육의 관련 양상

교과와 교육 사이의 관련을 따지는 문제는 교과내용의 다층성을 교육적으로 어떻게 고려하고 접근할 것인가 하는 형태로 제기된다.

적어도 교과내용이라는 것이 단일 형태로 포섭되지 않고 상당한 정도로 수직적인 위계를 이루는 다층성을 띤다고 하면, 그 가운데 어느 수준의 것이 그 교과를 가장 잘 대표하는 지식체계인가를 묻는 것은 어리석은 질문이다. 최종적인 상태의 지식은 알 수 없는 것이고, 진리는 몇몇 전문가의 합의나 다수결로 온전히 대신할 수 없기 때문이다. 현존의 지식은 비록 현재로서는 최선의 것이지만 실상은 그것도 진리를 적당히 모사한 유사품에 지나지 않는다. 다소 긍정적으로 평가하더라도, 현재의 지식체계는 이제까지 인류가 개발한 지식체계 가운데 비교적 우수한 '가설'로 볼 수 있을 뿐이다.

따라서 지식을 가르치는 교사라면 배우는 학생들에게 늘 '이것은 그럴듯한 거짓말이야.'라는 단서를 붙여서 가르쳐야 한다. (이것은 교사가 반드시 그것을 말로 일러주어야 한다는 뜻은 아니다.) 이 일을 잘 하느냐 못 하느냐에 의해 훌륭한 교사인가 아닌가가 가려진다고도 말할 수 있다. 물론 교사가 학생으로 하여금 그 말의 참뜻을 깨닫도록 하려면 일단은 자기가 가르치는 지식이 진짜로 보이도록 제시해야 할 것이다. 그러나 현명한 교사라면 거기에 머물러서는 안 된다. 교사는 학생들이 지금은 진짜로 보이는 일단의 지식체계를 부정하는 지점까지 안내하지 않으면 안 되기 때문이다. 이처럼 모든 지식(혹은 이 말을 모든 교과내용이라고 해도 무방하다.)이 불완전한 상황이기 때문에 교사는 지식에 대한 패러독스적 매개 역할을 담당해야 한다. 교사의 임무는 결국 모든 지식이 상대적이라는 사실에서 출발하여 거기에서 끝나야 한다. 그리고 이 일을 하는 과정에서 교사는 지식의 내용에 우열이 있다는 사실에 입각하여 학생들을 현 단계보다 좀 더 개선된 수준으로 향상하도록 돕는 임무를 지닌다. 이처럼 종국적으로 부정될 지식을 현 단계에서는 그럴듯하게 제시하는 이중적 역할이야말로 교사의 패러독스적 위치와 지적 정직성을 나타내는 하나의 지표가 된다.

'모든 지식은 불완전하다.'는 관점은 '옳은 것만을 가르쳐야 한다.'는 신념을 지니고 있는 교사에게는 한없이 불편한 생각이고 도대체 가르칠 것이 없게 만들지 모른다. 그들은 정답이 없다면 가르칠 수 없다고 생각한다. 그러나 똑같은 상황에서지만, 가르침을 통해 전할 수 있는 지식(혹은 내용)은 '조금은 덜 불완전한 지식', 즉 '오류가 상대적으로 개선된 지식'이라는 생각을 가진 교사가 취할 수 있는 태도는 이와 전혀 다르다. 그는 가르치고 배울 수 있는 내용은 절대적으로 고정된 것이 아니라고 보기 때문에 지식 자체에 강조점을 두기보다는 그것을 배우는 학생의 수준에 보다 초점을 맞추려고 하게 된다. 다른 말로 하면, 교사는 학생의 수준을 현재보다 한 단계 이상 높게 끌어올리는 일을 하는 것이다. 따라서 교사는 이미 오류로 판명 나 버린 케케묵은 과거의 지식도 그것을 대하는 학생의 수준이 그보다 낮은 단계에 있다면 얼마든지 배울 가치가 있는 것으로 본다. 말하자면 교육은 어느 단계의 지식을 다루느냐보다는 어느 단계이든 상관없이 지금보다 한 단계 위의 것을 추구하고 습득하는 과정에서 그 고유한 가치가 발생한다. 따라서 초보 수준의 지식을 가지고 하든, 당대의 최고 수준의 지식을 대상으로 하든, 학문적인 수준은 크게 차이가 있지만, 교육적인 면에서는 그 애로와 가치가 동등하다고 볼 수 있다. 초보 단계에는 초보 단계에서 겪는 난관과 보람이 있고, 고급 단계에는 고급 단계에 해당하는 애로와 희열이 있다. 아마 어려움으로 말하면 저급 수준을 가르치는 것이 훨씬 어려울지도 모른다. 어려움이 크다면 보람도 그에 비례할 것이다. 그렇기 때문에 지식내용의 학문적 높이와는 관계없이 그것을 접하는 사람의 상태를 출발점으로 삼아야 한다는 것은 예나 지금이나 변함없는 교육의 철칙이다. 항간에 회자되는 '눈높이 교육'과 듀이가 강조한 바 있는 '아동의 흥미 존중'이라는 아이디어도 이 점과 일치하는 것으로 보인다.

이상에서 살펴본 교과와 교육의 관련을 통해 볼 때, 교과교육은 교과의 내용을 절대적 진리로 가르치는 사태를 경계하고 교과내용의 상대성을 강조하는 교육으로 나아가야 한다는 것을 강력히 시사한다. 교과의 가치는 고정된 것이 아니라 유동적인 것이므로, 어떤 특정의 교과내용을 일방적으로 전달하는 것이 교과교육의 목적이라는 관점은 상당한 정도로 그 근거를 상실하게 되었다. 이런 각도에서 교과교육은 이제 기초에서부터 흔들리는 학문의 기준(진)이나 도덕적 기준(선), 예술적 기준(미)과 전혀 성격이 다른 새로운 기준을 가진 활동에 주목한다. 즉, 교과교육은 교과가 나타내는 가치를 습득하기 위한 활동에 못지않게, 그러한 교과의 가치를 상대적인 것으로 보고 각 수준의 내용에 내포된 오류의 개선을 촉진하는 활동, 즉 교육활동의 가치 추구에 관심을 기울인다. 이런 점에서 교과교육은 새로운 국면으로 전환하는 문제에 직면해 있다고 하겠다.

이와 관련하여 교과교육에서 추구해야 할 핵심적인 문제로 다음과 같은 것을 지적할 수 있다. 그것은 객관적 진리관에 의거한 폐쇄적 교수-학습의 지양과 대안적 교육의 가능성 탐색, 종적 수준에 따른 교과내용의 계열화로서의 교과 구성 혹은 조직의 문제, 경험체계의 재구성으로서 성장 경험에 대한 이해, 그리고 그러한 변증법적 성장을 가능케 하는 교사와 학생의 촉진적 활동 등으로 집약된다. 교과교육학의 위상은 바로 이와 같은 문제를 어떻게 다루어 나가느냐에 의해 그 학문적 좌표가 설정될 수 있으리라고 판단된다.

(3) 교과교육학의 탐구주제(예시)

교과교육학의 탐구대상으로서 교과교육에는 경험으로서의 교과내용의 종

일반적인 수준에서 교육활동의 원리를 찾아내는 일과 각 소재의 특수한 활동 형태를 확인하려는 노력을 병행할 것이 요구된다.

각과 교육학은 이상의 두 가지 과제를 수행하는 과정에서 한편으로는 교과교육학의 분과학문으로서의 위치를 확인할 수 있고, 다른 한편으로는 교과교육학의 일반적 원리를 검증하는 평가적 역할을 수행하게 된다.

이 장의 서두에서 교육소재론과 소재교육론은 서로 강조하는 바는 다르지만, 얼핏 보면 탐구하고자 하는 대상이 상호 중첩된다는 점에서 모종의 관련을 맺을 것으로 언급한 바 있다. 이제 이 장에서 논의한 바를 통하여 그 관련을 정리해 보고자 한다.

교육소재론의 시각에서 본다면, 교과는 교육을 위한 도구이자 수단이다. 교과의 가치를 앞세우는 것이 아니라 교육의 가치를 앞세워 교육의 가치 실현에 적합한 교과의 기능과 구성은 어떤 것인지를 밝히는 것이 교육소재론의 관심 대상이다. 반면, 소재교육론에서는 교과의 중요성을 위해 교육의 힘을 어떻게 이용하느냐 하는 것이 논의의 주된 목적이 된다. 이 경우에는 교육의 생리와 속성을 잘 이해하여 그 기능을 십분 활용하는 것이 필요하다. 따라서 소재의 가치실현을 위주로 하는 경우에도 교육의 자율적 특징을 고려하여 적절한 활용방식을 찾는 것이 중요하게 된다.

이렇게 볼 때, 교육소재론이나 소재교육론은 모두 교육과 교과에 대한 기본적인 이해의 바탕 위에서 성립하는 것이라고 할 수 있다. 양자는 다만 그 가운데 어느 것을 본위로 삼느냐에서 차이가 날 뿐이다. 그리하여 교육의 생리에 맞는 교과의 형태를 소재의 관점에서 논의하는 것(교육소재론)과 교과의 특성을 살리는 데 적합한 수단으로서 교육의 형태를 찾는 것(소재교육론)은 동일한 것은 아니지만, 교과교육을 서로 다른 측면에서 조명해 줌으로써 교과교육의 전체 맥락을 보다 풍부하게 해 준다고 할 수 있다. 다시 말해서, 교과를 본위로 하는 입장과 교육을 본위로 하는 입장에서 각각 차별적으로 교과교육의 의미를 입체화시켜 기술·설명함으로써 교과교육의 논의 범위를 확장하는 데 각각 기여할 수 있을 것이다.

　물론, 이러한 공헌은 양자가 그 나름의 자율적 경계를 유지하기 위한 상호 배타적인 관심에 기초하면서 특유의 문제의식을 날카롭게 할 때에만 가능하다. 이를테면, 교과의 중요성을 앞세울 때는 교육을 소극적으로 취급할 수밖에 없고, 거꾸로 교육을 전면에 내세울 때는 교과의 비중이 상대적으로 축소되게 된다. 하나를 전경으로 삼을 때 다른 것은 배경으로 후퇴하고, 다시 그 반대의 경우가 성립하는 것이다. 그렇지만 교육소재론에서 논하는 소재로서의 교과는 그 본래의 특성을 잃어버리는 것이 아니라 다만 교육의 논리에 부차적으로 이용되는 것일 뿐이고, 마찬가지로 소재교육론에서 다루는 교육은 그것이 지닌 속성을 무시하거나 훼파하는 것이 아니라 교육의 교육다운 생리를 역이용하려는 시도로 해석해야 한다. 따라서 교육소재론과 소재교육론은 양립 불가한 부정적 관계가 아니라 상대편의 전제와 특징을 잘 이해함으로써 도리어 신선한 자극과 반응을 주고받을 수 있는 학문적 동반관계에 있다.

　요컨대, 교육소재론과 소재교육론은 일차적으로는 상호 배타적인 관심을 토대로 하여 성립하지만, 동시에 서로 그 관심과 기본 입장을 역으로 적용할 수 있다. 이런 점에서 양자는 긴장과 조화를 병행하는 상호보완성을 특징으로 하는 관계를 맺고 있다.

　이 장에서는 교과교육학이 전반적으로 지나치게 교과 위주의 관점에서 전개되어 온 경향을 비판하고, 그 대안으로서 교육을 위주로 하는 입장의 가능성을 가미함으로써 교과교육학 논의의 전체적인 균형과 조화를 모색하고자 하였다. 이러한 시도는 기존 연구의 흐름에 성찰의 계기를 마련하는 데 기여할 것으로 판단된다. 그러나 이러한 입장은 교육 내지 교과교육을 보는 하나의 관점에 불과하므로, 마찬가지로 성찰의 대상이 됨은 물론이다. 따라서 이 장에서 제시한 입장을 상세화하는 후속연구도 필요하지만, 그와는 별도의 비판적인 검토가 또한 요청된다고 하겠다.

제2부 수업과 교수방법의 이해

제6장 가르치는 방법¹⁾

1. 서론: 교수방법의 문제

오늘날 학교를 중심으로 하는 장면은 가르침을 수단시하는 경향이 농후하다. 대표적으로 가르침은 배움을 위한 일이고, 가르침과 배움은 모두 특정 교과내용을 이해하고 습득하기 위한 보조수단이라는 획일적 사고틀이 지배적이다. 이것은 대학의 경우도 마찬가지이다. 대부분의 교수들은 가르침을 단지 전공지식을 학생들에게 전달하는 수업기술 정도로 이해할 뿐, 가르침 자체가 무슨 심오한 내용과 형식을 지닌 일이라고는 생각하지 않는다. 그래서 교수가 되기 위한 첫째가는 조건으로 전공학과에 관한 깊은 조예를 무엇보다 중시한다.

그러나 교수는 연구만 하는 것이 아니고 자신의 연구내용을 학생들에게 소개하는 일, 즉 강의도 한다. 연구는 심오한 학문의 이론과 기술을 탐구하는 능력이 요구되는 반면, 강의는 그러한 연구능력과는 전혀 다른 능력을 별도로 필요로 한다. 강의에 임하는 교수는 기존의 교과내용이 학생들에게 의미 있는 것으로 받아들여질 수 있도록 학생들의 발달수준과 이해능력에 적합하게 내용을 재구성하고 그 수준을 재조정하는 노력을 기울여야 한다. 새로운 연구 성과를 집약하여 제시하는 교과내용일 경우에도 교수는 학생들의 관심과 흥미에 맞게 '번

---

1) 이 장에서 '가르침'은 일상적 의미를 넘어 이론적인 뜻을 지향하고 있다. 그런 의도에서 본다면 지금이라도 '하화교육'으로 고쳐 써야 마땅하다. 이 장을 작성할 당시, 용어와 개념의 차이에 민감하지 못하였던 필자의 모자람을 상기하기 위해 원문의 표기를 그대로 두고자 한다.

역, 제시'하는 특별한 능력과 기술을 통해 그것을 소개하게 된다. 수업의 질은 교과와 학생을 중매하는 이러한 특별한 기술(know-how)에 얼마만큼 정통해 있느냐에 달려 있다고 볼 때, 가르치는 일에 종사하는 모든 이들은 그것을 교수로서의 성패를 좌우하는 하나의 도전이자 숙제로 받아들이지 않으면 안 된다.

　교수는 적어도 두 가지 종류의 전문성을 지녀야 할 것으로 보인다. 하나는 그가 전공으로 선택한 해당 학문 분야의 전문성이고, 다른 하나는 이를 배우는 이들에게 안내하는 일의 전문성이다. 전자를 학문적 전문성이라고 하면, 후자는 교육적 전문성이라고 부를 수 있다.[2] 이론적으로는 이 가운데 한 가지에만 정통할 수 있지만 실제적으로는 양자를 어느 정도 겸비할 수밖에 없다. 물론 연구에 더 탁월한 재능을 발휘하는 교수와 강의에 더 훌륭한 적성을 보이는 교수가 있기는 하다.[3] 그러나 이때에도 한쪽에는 탁월한 반면 다른 쪽에는 그렇지 못하다면 교수가 갖추어야 할 조건에 잘 부합한다고 말하기는 어려울 것이다. 연구에만 전념하는 교수라 할지라도 연구결과를 다른 사람들에게 설득하기 위해서는 가르침에 필요한 최소한의 능력을 갖추고 있어야 하며, 또 아무리 강의를 빼어나게 잘하는 교수라 할지라도 그 강의가 일정한 호소력을 유지하기 위해서는 전공내용 혹은 강의기법 자체에 관한 지속적인 연구가 뒷받침되어야 하기 때문이다. 이런 점에서 볼 때 교수의 조건으로 전공실력을 보다 우선시하는 경향은 어디까지나 연구능력에 대한 상대적인 강조에서 비롯된 것일 뿐, 가르치는 능력 자체가 교수의 요건으로서 덜 중요하기 때문이 결코 아니다.

　대체로 말하여, 이때까지 가르침에 종사해 온 이들은 자신이 어떤 수준의 교육 전문성을 지녔는지에 대해서 불확실한 판단을 보여 왔다. 뿐만 아니라 어떻게 하면 더 잘 가르칠 수 있는지에 대해서도 그다지 명확한 지식을 갖고 있지 못한 편이다. 사람들은 자신의 체험을 묵지적(默知的) 차원에서 감지할 뿐, 그것을 개

---

2) 학문적 전문성은 교과 전문성으로도 부를 수 있다. 교과 전문성에 대한 보다 자세한 논의는 졸고(1996), 교과 교육학 논의의 반성적 이해와 대안적 접근, pp. 76-80을 참조하기 바란다.
3) 오늘날 대학가에서 연구교수와 강의교수를 구분하고, 연구와 강의 사이의 분업을 시도하는 것은 양자의 차이 를 제도적으로 활용한 예다.

념화하고 지식의 형태로 포착하는 일에는 충분한 주의를 기울이지 않는다. 그러기에 우리는 말할 수 있는 것보다 훨씬 많은 것을 알고 있다(Polanyi, 1958). 이것은 가르침의 경우에도 마찬가지이다. 실제로 가르침이 행해지는 수준에 비해 우리의 인식이 미처 그것을 뒤따르지 못하고 있다는 사실은 그리 놀라운 일이 아니다. 그런데 문제는 사람들이 간혹 몇 가지 단편적 사실이나 주관적 견해에 의지하여 가르침의 성격과 의의를 단정하고 심지어는 그 본래적 의미를 축소하거나 왜곡시키는 잘못을 범한다는 데 있다. 한 예로, 가르침의 탁월성을 학동(學童)들의 성취도로 환원시키는 경우를 들 수 있다. 이 생각에 의하면, 가르친다는 것은 결국 배움을 위한 일이고, 배우는 일은 종국적으로 학업성취도에 의해 평가될 수 있다는 것이다. 그러나 학업성취도는 경우에 따라서는 암기나 모방, 심지어 요행수에 의해서 달라질 수 있고, 또 반드시 가르치는 사람의 도움을 힘입어야만 가능한 것도 아니다. 독학에 의해서도 얼마든지 훌륭한 성적을 낼 수 있기 때문이다. 따라서 일련의 경험적 평가에서 나온 결과만을 가지고 가르침의 의의와 가치를 판단하는 것은 지나친 논리의 비약이라고 볼 수 있다. 그렇다면 잘 가르치고 못 가르치고를 평가하는 기준은 가르치는 일 바깥에서 구할 것이 아니라, 오히려 가르침의 고유한 목적과 활동에 맞는 내적 준거를 설정하는 것이 바람직할지 모른다.

가르침에 대한 평가가 배움의 결과에 의해 내려지는 사태는 상당 부분 가르침에 따라다니는 '방법'이라는 말이 주는 그릇된 연상에서 비롯된다. 대체로 말하여, 사람들은 '방법은 곧 수단'이라는 등식을 가지고 있으며, 방법의 존재 가치는 그것이 관계를 맺는 목적에 비추어서 평가될 수 있다는 관점을 견지한다. 그리하여 가르침을 방법으로 간주하는 한에서는 그것이 수단으로 기여하는 목적의 달성 여부에 의하여 평가를 내리는 것이 지극히 자연스럽게 받아들여진다.

그러나 가르침이 기능적으로 어떤 문제사태의 해결이나 목표를 달성하기 위한 방법 혹은 수단이 된다고 해서 그 자체의 내적 질서와 구조를 지니지 않는 것은 결코 아니다. 가르침은 가르침 아닌 것과 구별되는 고유한 속성을 지닌 인간사로서 그 자체의 속성을 유지하는 가운데 다른 인간사에 부차적으로 공헌한다.

엄격히 말하자면, 이때 가르침의 활동은 다른 것을 위한 효과적 기능성으로 평가되기에 앞서 가르침이 지닌 고유의 내적 목적을 달성하기 위한 활동, 즉 '가르치기 위한 방법'이다. 여기서는 학동을 미지의 낯선 세계로 초대하고 안내하는 길잡이 역할에 얼마나 충실하느냐 자체가 가르침의 목적이 될 수 있다. 길잡이에게는 대체로 길에 어두운 사람을 유도하는 데 필요한 순수한 활동원리와 법칙이 있어 그것을 잘 따를 때 길잡이 본연의 임무를 다할 수 있다. 마찬가지로, 순수한 의미에서의 가르침은 그것을 잘하고 못하고가 전적으로 그 고유의 구조와 질서를 얼마나 충실하게 따르느냐에 달려 있으며, 그것에서 초래되는 부수적 결과와는 직접적인 관계가 없다고 말할 수 있다. 문제는 결국 가르치는 일이 과연 어떠한 내적 구조와 자율적 원리를 지니고 있는가 하는 것이다.

이 장은 오늘날 가르침을 단지 배움을 위한 것, 혹은 학업성취를 목적으로 하는 어떤 일로 규정하는 도구적 시각을 비판하는 입장에서 출발하여, 가르침의 고유한 동기, 태도, 활동, 가치에 비추어 그 원리를 이해하고자 하는 시도의 하나이다. 교육의 자율성을 전제하는 이런 입장 자체는 매우 특이한 것이다. 이는 가르침을 여타의 분야들과 상호 관련을 맺으면서 공립하는 교육의 한 부분으로 이해하되, 특히 그 자체가 또 하나의 독특한 교육의 하위 구조로서 독자적 원리를 갖추고 있음에 주목하는 것이다. 이 장에서는 이런 입장에서 다양한 교과내용 가운데 특별히 지식교육의 경우를 예로 삼아 가르침의 원리에 접근해 보려 한다. 교육은 반드시 지식만을 가지고 이루어지는 일은 아니지만, 통상적으로 우리에게 친숙한 '교육의 소재(素材)'라는 이유에서 유용한 방편의 역할을 할 수 있다고 판단된다. 그렇다면 이 장에서 살펴보게 될 가르침의 원리는 단지 지식으로 대표되는 학문에만 그칠 것이 아니라, 예술, 도덕, 기예, 체육 등 각종의 교육 소재에도 같은 방식으로 적용해 볼 수 있을 것으로 기대된다.

것을 한순간에 바로잡으려고 시도하는 것은 무모한 일이다. 물론 그것은 부분적으로 바로잡는 것으로 대치될 일도 아니다. 흔히 학생은 셋을 알고 교수는 다섯을 안다는 식으로 양자의 차이를 양적인 것으로 오해하기 쉽다. 만일 그렇다면 가르침은 고작 해야 학생에게 결핍된 정보나 사실을 보충해 주는 것으로서 충분할 것이다.

스승과 제자의 수준 차이는 부분과 부분의 차이가 아니라 전체 대 전체의 차이다. 가령, 바둑에서 三·3의 의미는 급수에 따라 그 뜻이 전혀 다르다. 7급이 보는 것과 4급이 보는 차원이 다르다. 만유인력 법칙을 아는 사람과 상대성 이론을 아는 사람의 차이도 그런 것이다. 일상적인 개념으로 사용되는 '현상'과 Kant의 '현상'과 Husserl의 '현상'은 모두 같은 것이 아니다. 그것은 부분의 차이가 아니라 세상을 조감하는 총체적인 안목의 차이다. 따라서 스승과 제자 간에 일정한 수준의 차이가 있다고 할 때, 그것은 단지 A와 A^+의 차이가 아니라 A와 B, 좀 더 정확히 말해 2차원과 3차원의 차이라고 할 만한 것이다.

이런 정황에서 차원이 낮은 것을 진리로 신봉하는 제자의 의식구조에 균열을 조장하는 작업에 임하는 것이 가르침의 순서이다. 제자가 의심할 바 없이 당연한 것으로 전제하는 신념이나 논리적 가정을 들추어 낸 다음, 그것에 충격을 가하고 혼란을 조장해야 한다. 당연한 것을 이상하게, 익숙한 것을 낯설게, 옳은 것을 알쏭달쏭하게, 아름답던 것을 혐오스럽게 바라보는 관점의 전위를 부추겨야 한다. 이 단계에서 제자의 저항과 반발을 사기 쉽다. 이제까지 멀쩡하던 일상이 하루아침에 잿빛 현실로 화하는 혼동과 불안이 뒤따르기 때문이다. 그러나 변화는 고정된 질서를 흔드는 일에서 시작되는 법이다.

신념의 개종에는 기존의 것을 파괴하는 아픔이 따른다. 그러나 스승은 그것을 어리석음을 모르는 가운데 빚어지는 일시적인 현상으로 여겨야 한다. 차선의 대안을 마련할 수 있을 때까지 교수는 기존의 상식을 파괴하는 악역을 연출해야만 한다. 그것은 스승이 지녀야 할 미덕의 하나다. 학생들은 이런 외부로부터의 질책과 편달이 없는 한 스스로 '우물 안 개구리' 신세를 면하기는 무척 어렵다.

기존의 것은 단단한 껍질 속에서 보호를 받는다. 현 수준의 구조는 어찌되었든 최소한 과거의 어떤 시절보다 현명하다. 이에 따라 그것을 수호하고 향유하려는 자아의 집착도 매우 강하다. 따라서 지금의 평형을 깨고 불평형 상태에 빠지게 하려면 외부와의 만남을 통한 갈등 요소의 투입이 매우 긴요하다(장상호, 1987, pp. 61-64). 스승은 여기서 제자들의 상식을 파괴하는 도전적인 질문, 평소 생각지 못한 변칙적 사례, 괴상하고 신비한 수수께끼 같은 암시 등을 던져 그들이 스스로의 신념을 뒤집어 볼 수 있는 적절한 기회를 주어야 한다. 잔잔한 호수에 던져진 돌과도 같이, 스승의 날카로운 정문일침(頂門一鍼)에 제자들은 경악과 혼돈에 빠지게 된다. 그렇게 함으로써 제자들은 다시금 더 나은 진리를 향한 끝없는 탐구의 윤회에 내몰리게 된다. 이것이 논박의 원리, 혹은 논박을 통한 해체의 원리이다.

논박의 원리와 관련하여 특별히 기념할 역사적 인물로서 우리는 희랍의 철인 소크라테스를 기억한다. 그는 잘 알려진 대로 지혜를 추구하는 방법의 하나로 대화법을 구사하였다. 소크라테스가 보기에 사람들은 불확실한 지식을 가지고 있으면서도 마치 그것이 확실한 것인 양 착각에 빠진다. 이것은 그 사람의 영혼에 이익이 되기는커녕 매우 해로운 사태이다. 따라서 사람들에게 그 점을 깨우쳐 주어 참된 지혜를 추구하게 만들어야 하며, 이 일에 헌신하는 것이야말로 신이 자신에게 부여한 소명이라고 확신하였다. 소크라테스가 보기에 참된 지혜는 오직 신만이 가지고 있으며 인간은 그것을 결코 소유할 수 없다. 인간이 가질 수 있는 최고의 지혜는 지혜를 소유하는 것이 아니라 그것을 끊임없이 사랑하는 것이다.[8] 이것이 그가 말하는 '무지의 지혜'이다. (여기서 2절에서 인용했던 Lessing의 말은 소크라테스에게서 영향 받았음을 알 수 있다.) 그리하여 소크라테스는 스스로 지혜롭다고 자처하는 아테네인들을 몸소 찾아가 그들에게 무지를 알려 줄 성찰의 계기를 마련한다. 소크라테스 앞에서 사람들은 대개 처음에는 자신이 아는 것을 가르쳐 주고자 하고 소크라테스도 몸을 낮추어 교묘하게 질문을 던지는 등 일단은 배우는 자세를 취한다. 그러나 질문과 대답이 오고 가는 사이에 사람들

---

8) 오늘날 우리가 철학(philosophy)이라는 말로 알고 있는 희랍어는 원래 philos(사랑)와 sophia(지혜)의 합성어이다. 원어적인 의미에 충실하려면 그 번역은 '애지(愛智)'라고 옮기는 것이 더 타당할 것이다.

은 차츰 잘 알고 있다고 생각한 문제에 관해서 뜻밖에도 잘 모른다는 사실을 스스로 발견하게 된다. 이 놀라운 발견은 소크라테스가 그들이 지닌 지식의 근저를 예리하게 파고드는 방식으로 그 모순과 허점을 논파하는 질문을 제기하는 데 주력하였기 때문이다.

소크라테스는 사람들에게 무지를 자각시키는 일을 가르침의 핵심으로 삼았다. 이에 따라 그는 언제나 '나는 아무것도 모른다.'고 하였고, 대화의 상대자에게도 아는 것을 자기의 말로 다시 해 보라고 요구하였다(이홍우, 1982, pp. 186-187). '무지의 지혜'를 가르치는 스승으로서 '무지의 지혜'에 투철하다는 것은, 그것이 위장인지 아닌지와는 무관하게, 가르침에 임하는 자가 반드시 지녀야 할 한 가지 조건을 강하게 암시하고 있다. 그것은 배우는 사람에게 자신이 아는 특정한 수준의 지식을 주려고 해서는 안 된다는 것이다. 스승이 어느 경지에 도달해 있든 간에 그것은 진리가 아닌 '진리의 모사품(模寫品)'에 불과하다고 보기 때문이다. 가르치는 사람은 다만 지혜를 향한 '무한한 열정의 소유자'로서 제자들을 같은 구도(求道)의 길로 인도해야 하며, 이 일에 충실함으로써 스승으로서의 사명을 다하게 된다는 것이 일관된 그의 입장이다. 가르침에 있어서 이러한 소크라테스의 입장은 언뜻 보기에 교과내용을 전달하는 것이 가르침이라고 하는 일반의 상식과 정면으로 배치된다. 그러나 바로 이 점에 논박을 가르침의 핵심 요건으로 삼고 있는 그의 주장이 가장 선명하게 드러난다. 소크라테스가 보기에, 논박은 배우는 자가 스스로 모르고 있다는 것을 확인하도록 함으로써 배우는 일을 도저히 그만둘 수 없게 하는 의미를 지니고 있었다. 즉, 표면상으로는 상대를 여지없이 무지에 빠뜨리는 스승의 부정적인 행위이지만, 그것은 제자로 하여금 지혜 추구에 가장 철저히 헌신하도록 만드는 긍정적인 의도를 이면에 담고 있다는 것이다. 물론 이 일은 또한 아무것도 확실하지 않은 상태를 견뎌 내야 하는 불안과 방황을 제자에게 감내하도록 하는 '냉혹성'(Kierkegaard, 1962, p. 12)을 스승의 미덕으로 요구하는 일임에 분명하다. 소크라테스는 이런 의미에서 참으로 '폭군적인 논리가'요, '논박의 화신'이었다고 평할 수 있을 것이다.

소크라테스에게서 볼 수 있는 논박의 원리는 동서양을 막론하고 가르치는 장면에서 상당히 널리 행해졌다. 여기서는 그중 몇 가지 예만 들어보기로 한다.

어느 유학자가 달마에게 찾아왔다.

저의 마음을 편케 해 주십시오.

좋아, 그러마. 너의 마음을 이리 가져 오너라.

하고 말했다. 유학자는,

그게 문제입니다. 찾을 수가 없습니다.

그러자 달마는 말했다.

너의 소원은 이루어졌다.

(*Coomaraswamy, Hinduism and Buddhism*, p. 74; Campbell, 1949/1989, p. 165

에서 재인용)

해탈은 어떻게 하는 것입니까?

누가 널 붙잡더냐?

아닙니다.

그렇다면 왜 해탈을 하려는 거냐?(박영규, 1996, p. 35)

물리 선생님이 수업 중에 학생들에게 물었다.

이 지구가 어째서 떨어지지 않고 공중에 떠 있는가?

그러자 그때까지 태연하게 앉아 있던 학생들이 돌연 비명을 지르기 시작했다.[9]

위의 에피소드는 가르치는 장면에서 볼 수 있는 논박의 예이다. 세 가지 경우 모두 배우는 위치에 있는 사람들이 당연하게 여기고 있는 논리적 가정 혹은 믿음의 근본을 일거에 무너뜨림으로써 그들을 당혹감 속에 빠뜨리는 상황을 연출하고 있다. 그러나 스승의 위치에 있는 사람은 단지 그러한 부정적인 역할만을 수행한 것은 아니다. 스승의 보다 고귀한 의도는 제자들의 의표를 찌르는 한 마

---

9) 이 세 번째 에피소드는 필자가 만들어 본 것이다.

디로 그들의 막혔던 사고의 혈맥을 뚫어 주는 데 있다. 이런 점이 바로 소크라테스의 예에서 살펴보았던 논박의 가장 두드러진 긍정적 기능이요, 결과라고 할 수 있을 것이다.

3) 역차(逆次)의 원리

가르치는 사람들은 대개 정답만을 가르쳐야 한다고 생각한다. 오답을 가르친다는 것을 있을 수도 없고 있어서도 안 된다는 것이다. 그러나 앞에서 우리는 '정답의 오답, 무오류의 오류'라는 실상에 직면해 있음을 지적하였다. 진리를 가르친다고 생각하는 것은 하나의 착각이요, 허상이라는 것이다. 우리가 가르칠 수 있는 것은 다만 현재의 내가 아는 최선의 것, 가장 앞선 가설일 뿐이라는 점을 인정해야 한다고 하였다.

그런데 가르치는 사람이 반드시 알아야 할 또 하나의 사실이 있다. 비록 자신은 최선의 답을 가르친다고 하지만 이상하게도 학생들이 그것을 깨닫지 못한다는 사실이다. 그러나 실상 이것은 전혀 이상한 일이 아니다. 교수와 학생 사이에 상당한 수준 차가 있다면 교수가 아무리 자기 수준에서 답을 열심히 일러주어도 학생들이 알지 못하는 것은 당연한 결과이다. 미숙한 수준에 있는 학생들에게 교수의 학문적 경지가 너무 높으면 마치 '소 닭 보듯' 할 수밖에 어쩔 도리가 없다. 가르치고 배우는 상황에서는 이처럼 올바른 것을 주어도 받지 못하는 답답한 사태가 항상 발생한다. 선진과 후진 사이에는 대개 수준 면에서 한 단계 이상의 격차가 가로막고 있다. 바둑에서도 3급은 초단의 수를 헤아릴 수 없고 빤히 눈앞에서 볼 수 있게 해 주어도 알아보지 못한다. '보아도 보지 못하고 들어도 듣지 못하는 것'이다(성서, 마태복음 13장 14절). 그러나 불행하게도 가르치는 입장에 있는 사람들 가운데는 이 점을 미처 인식하지 못하여 무리를 범하는 수가 많다. 그들은 알고 있는 지식을 적당한 매체를 이용해 나타내 주기만 하면 상대방이 그것을 금방 알아볼 수 있을 것으로 기대한다. 그러나 답을 준다고 해서 모르는 사람이 그 답을 알게 되는 것은 결코 아니다. 마치 갓난아이에게 스테이크를 주기만 하면 그가 필요로 하는 영양분을 섭취하게 되리라는 주장처럼 그것은 그 릇된 가정이다(Dewey, 1963). 아무리 좋은 음식도 그것을 먹을 수 있는 소화기 관이 발달되지 않은 사람에게는 '그림의 떡'에 불과한 것처럼 아무리 옳은 것도 그것을 받아들일 만큼 성숙되지 않은 사람에게는 무의미한 것에 불과할 뿐이다.

그럼에도 불구하고 많은 교수들이 강의시간에 융단폭격하듯 첨단의 지식과 이 론을 쏟아붓는 사태가 흔하게 일어난다. 교수 편에서 학생들에게 유익한 지식을 풍부히 제공하려는 심정은 일견 당연하다. 그러나 미처 받을 준비가 안 되어 있 는 자들에게 베푸는 지식의 성찬은 낭비가 되기 쉽다. 한술 더 떠 그것을 억지로 먹임으로써 낭비를 줄일 수 있다고 생각한다면 그것은 결국 '주입'의 해로움을 초래하고 만다. 이렇게 본다면 교수들의 '무상원조'는 축복이기보다는 차라리 재 앙이 될 가능성이 높다.

최신의 지식을 소개하는 것이 자기의 임무라고 믿는 교수는 흔히 이런 잘못을 범하기 쉽다. 만약 한 세기 이전의 지식체계를 가진 학생들이 있다면 최첨단의 이론을 소개하는 교수 앞에서 그저 '눈뜬 장님'에 불과하다는 점을 알아야 한다. 간혹 가르치면서 '왜 이런 것도 모르냐?'는 말로 제자들을 다그치기가 쉽지만, 미 처 그것을 이해할 바탕이 마련되어 있지 않은 학생들로서는 어쩔 도리가 없다. 답답한 것은 선생만이 아니다. 학생들 편에서는 모르는 것도 억울한데 꾸지람까 지 받아야 하므로 울분이 쌓일 수밖에 없을 것이다. 교수가 가르치는 학생들 가 운데에는 실로 이런 학생들이 적지 않음을 간파해야 한다.

여기서 가르침에 임하는 사람들에게 줄 수 있는 한 가지 지침을 제시해 볼 수 있다. 그것은 '내가 아는 것을 가르치지 말고, 대신 학생이 모르는 것을 가르친 다.'는 평범한 진리이다. 전자는 학생의 관심과 흥미를 고려하지 않은 일방적인 영향력 행사임에 비하여, 후자는 학생들과의 교감을 중시하는 양방적인 활동의 원리를 따른다는 점에서 엄청난 차이가 있다. 이때 중요한 것은 학생의 관심과 수준을 교육이 시작되는 출발점으로 삼아야 한다는 것이다. 가령, '2인 3각 달리 기 경주'에서는 잘 뛰는 사람이 못 뛰는 사람의 속도에 맞추어야 한다. 잘 뛰는 사 람을 기준으로 했다가는 낭패를 면하기 어렵다. 이런 이치는 요즘 항간에 회자

되고 있는 '눈높이 교육'이라는 것과 비슷하며, 일찍이 '아동의 흥미 존중'이라는 교육원리를 주장한 듀이(J. Dewey)의 입장과도 맥이 닿는다(Dewey, 1916a/1987, 1963).

학생이 모르는 데 초점을 맞추어 가르쳐야 한다는 것은 가르치는 사람 편에서 볼 때 역순의 방향으로 가르침이 진행되어야 함을 의미한다. 교수는 자기에게서 가장 먼 쪽에서 시작하여 가까운 쪽으로 점차 수준을 높여 가면서 단계를 배열하는 방식을 따라야 한다. 이것은 강에 징검다리를 놓는 순서에 비유할 수 있다. 징검다리를 놓을 때는 건너는 사람이 한 발짝씩 뛸 수 있는 거리에 돌을 차례로 놓아 주어야 한다. 마찬가지로 가르치는 사람도 배우는 사람의 전진 방향에 맞는 순서로 가르침을 베풀어야 하는 것이다.

배우는 사람의 현 수준을 기점으로 가르침을 베풀어야 한다는 이치는 별로 새로운 것은 아니다. 그러나 많은 경우에 이 평범한 이치가 무시당하고 있다. 특히, 주어진 시간 내에 정해진 내용을 전달하기에 급급한 학교체제에서는 배우는 사람의 입장을 일일이 고려해 줄 여유가 없다. 할 수만 있다면 특수한 방법을 동원해서라도 가르칠 내용을 제한시간 내에 모두 다루어야 한다는 일종의 강박관념에 시달리는 곳이 학교다. 이 때문에 학교 안에는 교육의 이름은 있지만 진정한 배움의 즐거움도, 지혜가 담긴 가르침도 들어설 공간을 거의 찾아보기 어렵다. 이와 같은 경직된 커리큘럼 하에서는 교수와 학생 모두가 피해자로 남기 쉽다.

이 점을 고려할 때, 학교 커리큘럼에 포함되어야 할 교과내용의 문제를 다시 살펴볼 필요가 있다. 가령, 교과내용을 주로 학계에서 널리 인정된 정설 혹은 통설과 최신의 지식 위주로 구성하게 되면, 그러한 수준에 이르지 못한 학생들은 수업의 소외자가 되고 만다. 이런 사태를 개선하는 한 가지 방안은 다음과 같다. 이에 앞서 먼저 교사는 어떤 일을 하는 사람인지를 다시금 확인할 필요가 있을 것이다. 이 장의 논지에 따를 때 교사는 학생의 수준을 현재보다 한 단계 이상 높게 끌어올리는 일에 종사하는 사람이다. 이에 따라 교사는 이미 오류로 판명 나 버린 케케묵은 과거의 지식도 소중히 다루어야 한다. 그 이유는 학생의 수준이 어느 단계에 와 있느냐에 따라 비록 수준 낮은 교과내용일지라도 얼마든지 배울 가치가 생기는 것이기 때문이다(최성욱, 1996, p. 72). 초보 수준의 지식을 배우고 가르치는 일이나 당대의 최고 수준의 지식을 가르치고 배우는 일이나, 학문적인 수준은 차이가 있지만, 교육적인 면에서는 그 애로와 가치가 동등하다(장상호, 1991, p. 87). 초보 단계에는 초보 단계에서 가르치고 배우는 애로와 보람이 있고, 고급 단계에는 고급 단계에 해당하는 교육적인 애로와 희열이 있다. 아마 어려움으로 말하면 저급 수준을 가르치는 것이 훨씬 어려울지도 모른다. 어려움이 크다면 보람도 그에 비례할 것이다. 그렇기 때문에 교과내용의 학문적 높이와는 관계없이 그것을 배우는 사람의 상태를 가르침의 출발점으로 삼아야 한다는 것은 예나 지금이나 변함없는 교육의 철칙으로 자리하고 있다.

요컨대, 교육의 맥락에서는 어느 단계의 지식을 배우고 가르치느냐보다는 '지금-여기'에서 의미 있는 활동을 하는 것이 더욱 중요한 의미를 지닌다. 특히, 지고지선의 진리보다는 차선의 목표를 학생들에게 제시하는 것이 보다 알찬 교육의 보람을 약속한다. 유기체는 자신에게 알맞은 적당한 수준의 지적인 복잡성을 선호하기 때문이다(Deci & Ryan, 1985). 이런 관점에서 교과내용의 난이도 역시 다양한 수준의 학생들의 관심과 흥미를 수렴할 수 있는 방식으로 다채롭게 구성되고 선택 범위가 확대되는 것이 필요하다. 이런 변화와 관련하여, 역차의 원칙은 교육의 힘을 무기력한 지식의 소유자를 양산하는 데에 낭비하는 관행을 지양하고 배우는 쪽의 시선과 호응을 먼저 고려하는 가르침의 원리로서, 그 의의는 두고두고 음미할 가치가 있다고 생각된다.

4) 원조(援助)의 원리

가르침에서 제자의 수준에 맞는 차선의 과제를 단계적으로 접하도록 안내하는 일의 중요성은 아무리 강조해도 지나치지 않지만, 그것만으로는 결코 충분하다고 말할 수 없다. 차선의 목표는 제자에게 매력을 주지만 그가 변하지 않고는 결코 한 발짝도 들일 수 없는 일종의 성역이다. 따라서 제자를 차상품(次上品)과의 갈등에 빠뜨리고 뒤로 물러앉아 결과만을 기다리는 태도는 온전한 가르침을 행하는 스승의 자세가 아니다. 가르침의 주체에게는 제자의 분투적인 노력을 측면에서 지원한다는 원조자로서의 남은 역할과 과제가 있다.

변화의 가능성을 잉태하고 성장의 과정을 주도하는 일은 어디까지나 제자의 몫이다. 그러나 제자의 맞은편에서 배움을 독려하면서 접근하는 응원활동은 또한 스승만이 감당해야 할 부분이다. 스승은 제자보다 높은 수준의 체험에 이르렀지만 그것을 그냥 물건을 건네주듯이 공여(供與)할 방법은 없다. 설사 그 일이 가능하다고 하더라도 그 자체가 제자의 배움을 박탈하는 좋지 않은 결과를 가져온다. 제자의 배움을 대행할 수 없는 입장에서 스승이 할 수 있는 것은 단지 촉매로 작용하여 상대편의 활동과 에너지를 활성화시키는 것으로 제한된다. 이런 엄격한 윤리의 틀 안에서 스승은 자기 나름의 독특한 전략을 세우고 제자의 배움을 촉진하기 위한 일련의 활동을 벌여 나간다.

가르침은 제자의 체험 구조의 변화를 촉진하는 스승의 독자적인 변형활동을 필요로 한다. 스승은 자신이 거쳐 온 배움의 과정을 회고적으로 재생하고, 제자에게 그것을 반복하도록 격려하고 유도하는 활동으로 다시 전환시켜야 한다. 이를 위해서 그는 가끔 안으로는 현명하면서 밖으로는 내색을 감추는 잠행(潛行) 혹은 '허물 쓰기'를 수행한다. 그는 신기한 무엇을 감추고 있는 듯이 상대방의 호기심을 자극하고, 이미 알고 있는 답을 짐짓 모른 척하며, 제자가 무슨 대단할 발견이라도 한 듯이 흥분할 때 함께 맞장구를 쳐 주고, 뜻 모를 암시로 다가올 미래를 넌지시 예고한다. 마치 숨겨둔 보물찾기라도 하듯 제자로 하여금 잠시도 눈을 뗄 수 없게 만드는 갖가지 방법—도전, 시험, 예시, 시연과 시범, 비유, 예화, 시사, 고무, 달램, 격려, 질책, 비평, 교정 등—이 동원된다(장상호, 1991, p. 54). 스승은 대개 이런 방식의 조력활동을 통해 자기가 도달한 경지를 직접 전달하기보다는 그것을 얻는 과정에 제자를 동참시키는 길잡이의 역할을 수행하게 된다.

동양권에서는 예로부터 제자들의 수행을 돕는 스승의 원조적 역할이 다양한 형태로 강조되어 왔다. 법사(法師), 선사(禪師), 보살, 구루(guru) 등 다양한 명칭으로 불리는 스승들은 각자 종사하는 세계의 종류는 다르지만, 대개 비슷한 유형의 수단을 고안하여 제자들에게 도움을 주었다. 가령, 불가에는 흔히 화두(話

頭)니, 공안(公案)이니, 방편(方便)이니 하는 것을 통해 제자의 견성성불(見性成佛)을 촉진한다. 선가에는 '개에게도 불성이 있다', '부처는 똥막대기다', '왜 달을 보지 않고 손가락을 쳐다보나' 등 유명한 선문답(禪問答)이 전해져 온다. 도가의 가르침은 종종 '염색하지 않은 비단(素), 가공하지 않은 통나무(樸)의 상태로 되돌아가는 것'으로 표현되곤 한다(이홍우, 1988). 비슷한 예로 유가에도 '성선(性善)'이니 '성악(性惡)'이니 하는 것이 있다. 몇 가지를 조금 자세히 들어본다.

한 스님이 혜충의 명성을 듣고 찾아왔다.
비로자나불의 정체가 무엇입니까?
거기 물병이나 좀 갖다 주게나.
그가 물병을 건네주자, 혜충이 다시 말했다.
도로 갖다놓게나.
그는 혜충이 자기 질문을 듣지 못했다고 생각하고 다시 물었다.
비로자나불의 본체가 무엇입니까?
옛 부처는 뭐하러 찾누. (박영규, 1996, p. 79)

제자 하나가 심각한 얼굴로 조주에게 물었다.
스님, 개한테도 불성이 있습니까?
없어.
다음 날 또 다른 제자가 와서 똑같이 물었다.
개도 사람처럼 깨닫습니까?
있지.
제자가 의아한 듯이 다시 물었다.
그럼 개는 왜 사람이 되지 못했습니까?
그건 개한테 물어봐. (박영규, 1996, p. 152)

제자 하나가 경전을 읽고 있는데 도응이 다가가서 물었다.

[그림 7-1]에서 보듯이 수업에는 교육과 유관한 측면과 그렇지 못한 측면이 공존한다. 교육은 수업을 구성하는 하나의 측면에 불과할 뿐이다. 적어도 제도 상으로 전개되는 수업은 이런 복합적인 안목에서 바라보아야 그 실체가 무엇인지 올바로 파악될 수 있고, 그래야만 각 측면들 사이의 불필요한 혼동을 일으키지 않는다. 교육적인 수업이 있는 반면, 교육적이지 못한 수업이 있을 수 있다. 이런 분화된 시각에서 접근할 때, 수업을 교육적으로 평가한다거나 교육의 가치 실현을 위해 수업을 개선한다는 말이 비로소 성립할 수 있다.

5. 수업능력의 비판적 이해

1) 기능론적 정의

앞에서 수업은 단지 교육만이 아니라 여러 가지 측면의 요소들이 복합적으로 포함된다는 점을 강조하였다. 그 말이 옳다면, 수업을 하는 데에 있어서도 어떤 한 영역에 속하는 단일 능력만이 필요한 것이 아니라 여러 영역에 걸쳐 다양한 능력군(群)이 필요하다고 보아야 할 것이다. 이 점을 수업이 일어나는 공간인 학교의 상황에 비추어서 이해해 보자.

학교는 사회로부터 온갖 종류의 요구와 기대를 받는다. 놀랍게도, 학교에서는 이를 모두 '교육목표'라고 부른다(White, 1987; 이홍우, 1977). 이 '교육목표'들을 달성하기 위해 학교에서는 다양한 프로그램을 구안하고 실시한다. 수업은 그 가운데 중핵적인 위치를 차지한다. 수업에서 다루어지는 교과내용과 그 교과를 효과적으로 전달하기 위한 다양한 수단과 방법들은 학교의 다양한 목표달성과 연관된다. 이 '교육목표'들을 효과적으로 달성하는 능력이 바로 교사의 수업능력이다. 말하자면, 목표달성의 시각에서 교사에게 요구되는 수업능력은 그 의미가 내재적으로 규정되는 것이 아니고, 그 결과와의 인과적 혹은 기능적 관련성에 의해서 파악되고 규정된다. 이러한 개념 규정 방식을 '기능론적 정의(functional definition)'라고 부른다(장상호, 2005a, 2005b; 최성욱, 2005). 기능론적 정의 안에서 수업을 잘하고 못하고는 오직 목표의 달성에 미치는 효과성의 도식에 따라 판가름된다.

'교육목표'라는 이름으로 다양한 분야의 요구를 수용해야 하는 학교 상황에서 수업을 효과적으로 수행하는 데 필요한 능력은 한두 가지가 아니다. 사실 교사는 다양한 수업목표를 달성하기 위해 거의 만능(萬能)에 가까운 능력을 구비하도록 요구받는다. 교사에게 필요한 수업능력 중에는 지적 능력, 정의적 능력, 도덕적 품성, 소명의식은 물론, 수업경영능력과 학생통제 기술까지 여러 종류의 요소가 포함된다. 그것을 가장 종합적으로 분석하여 보여 주는 하나의 예로, 한국교원대학교에서 제안했던 '교실친화적 교사'의 '수업능력' 속에 포함된 여러 요소를 들 수 있다(최돈형 외, 2010; 허병기 외, 2009). 물론, 기능론적 도식에 의하면, 그것만이 수업능력의 전부는 아니다. 그 외연을 한정하지 않기 때문에 얼마든지 새로운 요소가 수업능력의 구성 목록에 추가될 수 있다. 그 가운데 '더 효과적인' 요소는 '더 중요한' 능력으로 인정된다.

여기서 우리가 다시 한번 주목할 점은 수업 그 자체는 오로지 교육만 일어나는 상황이 아니라는 점이다. 즉, '수업=교육'이라는 등식은 부정된다. '수업능력=교육능력'이라는 등식 또한 그 타당성을 인정하기 어렵다. 그것이 오류로 귀결될 수밖에 없는 근본 이유는 두 가지이다. 하나는 교육이 무엇인지에 대한 '자율적인 이론의 부재'이고, 다른 하나는 기능론적 접근에 내포된 '개념 규정의 무책임성'이다. 전자의 경우, 교육을 제도와 상식에 의거하여 파악함으로써 그 이론적 근거가 취약한 문제점이 드러난다. 후자의 경우, 대상의 실체에 대한 구명을 외면한 채 그것을 교묘한 논리로 위장하는 사고의 허점에서 벗어날 수 없기 때문이다.

2) 기능론적 정의의 문제점

위에서 잠시 언급했지만, 수업능력을 '교육목표'의 달성에 미치는 효과와 연관하여 학교의 목표달성에 도움이 되는 교사의 제반 능력을 총칭하는 것으로 설명하는 방식에는 아무런 문제가 없을까? 여기에는 수업능력을 개념적으로 규정하는 방식만 아니라 그것을 사실적으로 입증하는 데에 있어서도 상당한 문제점이 뒤따른다. 그것이 어떤 이유에서 수업능력을 이해하는 데 장해가 되는지 좀 더 자세히 살펴보자.

첫째, 수업능력을 원인과 결과 사이의 인과적 도식에 따라 규정하는 기능론적 정의는 수업능력의 의미를 올바로 파악하는 데 적지 않은 난점과 결함을 지니기 때문이다. 어떤 능력과 결과 사이에는 일대일의 단선적인 대응관계가 아니라 다중적인 인과관계(multiple causation)가 성립한다. 즉, 하나의 요인은 무수히 많은 결과를 초래하고, 그 결과는 해당 요인 이외에 수없이 많은 다른 요인들의 복합적 작용에 의해 나타난다. 이때 특정 목표를 수업의 결과로 설정하고 거기에 도움을 주는 교사의 능력요인을 수업능력으로 파악하는 논리는 일종의 동어반복(tautology)이기 때문에 수업능력의 의미를 타당하게 설명하기 어렵다. '수업능력이 무엇인가' 하고 물으면, '수업의 결과를 가져오는 능력'이라고 하고, '수업의 결과가 무엇이냐'고 물으면, '수업능력으로 인해 나타나는 결과'라고 말하는 순환논법(循環論法)은 의미 규정을 회피하는 기만적인 술책에 해당하기 때문이다. 게다가 '꿩 잡는 게 매'라는 식의 기능론적 개념 규정의 논리는 수업능력의 외연을 무한대로 확장함으로써 수업능력의 실체를 파악하려는 노력을 혼란에 빠뜨리거나 무력화하는 역설적인 결과를 가져온다. 기능론적 정의가 지닌 이러한 논리적 결함과 교란전술에 대해서는 각별한 주의가 요청된다.

둘째, 수업에 필요한 교사의 능력이 무엇인지를 밝히려면 그것과 결과 간의 인과관계를 성립시켜 주는 경험적 증거가 추가로 확보되어야 한다. 특정 능력요소가 특정 결과에 어떤 효과를 미치는지는 실증적인 자료를 통해서 입증되어야 한다는 말이다. 그 절차를 생략하고 임의의 추론이나 예단으로 단언하는 것은 엄밀하게 말하면 검증되지 않은 가설을 제시한 것에 지나지 않는다. 한 가지 덧붙일 것은, 교사의 수업능력이 모든 경우에 일정한 효과를 항상 발휘하는 것은 결코 아니라는 점이다. 특정 요인은 그 대상과의 상호작용 여하에 따라 상대적인 효과만을 갖기 때문이다. 예컨대, 갑에게는 효과가 있지만, 을에게는 역효과를 낼 수가 있다. 이런 점에서 특정 상황에서 경험적 효과가 입증된 수업능력이라 할지라도 그 효과를 절대시하는 것은 금물이며, 그 제한점에 대한 별도의 이해와 고려가 반드시 필요하다.

6. 관점의 전환

1) 수업상황의 해석학적 이해

수업능력의 의미와 요건을 '수업을 잘하는 데 필요한 능력'으로 규정하는 기능론적(機能論的) 접근은 여러 가지 문제를 지닌다고 하였다. 그 요점을 두 가지로 정리해 본다.

첫째, 어떤 결과에 미치는 요인은 하나만이 아니다. Y라는 결과에 영향을 주는 원인을 X라고 할 때, X에 해당하는 것은 사실상 무한대이다. 이에 따라 수업에서 의도하는 목표달성에 미치는 능력요인 또한 무한정 확대될 수밖에 없다. 따라서 수업능력을 기능론적으로 파악하는 것은 그 자체로 명백히 한계를 지닌다.

둘째, 수업능력 가운데 상대적으로 중요한 요인과 그렇지 않은 요인의 구별은 단지 억측이나 추정에 의해서가 아니라 관찰이나 실험을 통한 경험적 검증과정을 통해서만 판별될 수 있다. 그렇지만 대부분의 경우 이러한 기본 조건이 무시된 채 단지 가설적 주장만을 나열하는 경우가 많다.

이 절에서는 '수업을 잘하는 데 필요한 능력'이 무엇인지 알기 위해서, 그것을 해석학의 시각(예컨대, Gadamer의 해석학적 입장)에서 접근해 볼 것을 제안한다.

수업(그것이 일어나는 장소가 반드시 학교일 필요는 없다.)에서는 일종의 텍스트인 교재를 둘러싸고 교사와 학생 사이에 해석의 차이를 보이는 경우가 발생한다. 그 차이는 총체적인 이해 구조의 상이함에서 따라오는 질적인 차이라고 할 수 있다. 따라서 그 이해 구조의 차이를 발전적으로 해소하기 위해서는 학생의 개별적인 이해 상태를 총체적으로 혁신시키기 위한 노력이 불가피하게 요구된다. 여기서 교사의 해석은 또 하나의 텍스트로서, 학생과 상호작용하는 이해의 지평으로 다가온다. 말하자면, 수업이란 교사의 이해 구조와 학생의 이해 구조가 서로 총체적인 이질성을 띤 가운데 변증법적으로 상호작용함으로써 '지평의 융합'을 향해 나아가기 위해 노력하는 사태라는 것이다. 수업에 대한 이런 해석학적 접근을 취할 경우 흔히 생각하듯이 언술화된 명제와 같은 인지적 요소만을 다룬다고 볼 필요는 없다. 이해 구조의 충돌과 그 해소에는 이해 기반의 재구성이 필요하며, 여기에는 인지적 해석과 언어적 표현만이 아니라, 이해의 한계를 넘기 위한 비언어적 실천과 노력이 반드시 수반될 수밖에 없기 때문이다.

이해 구조의 총체적 재구성에 필요한 교사와 학생의 활동은 서로 다르다. 교사는 상대적으로 월등한 해석의 수준에서 학생을 바라보고 거기에 이르는 경험을 안내하는 조력자 역할을 하지만, 이때 학생도 단지 수동적인 자세로 임해서는 안 된다. 교사에게는 수동적인 학생을 능동적인 활동 주체로 변화시키는 일도 그가 맡은 과제의 하나라고 해야 할지 모른다. 오해가 난무하고 해석이 엇갈리는 상황에서 해석의 우열을 가리고 그 질서를 검증하기 위해 학생들을 수준 높은 해석의 단계로 이끌어 가는 교사의 수업능력이 무엇인지는 아직 충분히 밝혀지지 않았다. 그런 교사의 수업능력은 단지 교재에 적힌 지식을 언어적으로 전달하는 일을 수행하는 것과는 그 능력의 종류나 수준 면에서 차별화된 이해를 필요로 할 것으로 짐작된다.

앞에서 언급한 내용을 조금 더 상세하게 고찰해 보자. 이는 기존의 수업에 대한 이해의 폭을 넓히고, 나아가 수업에 대한 하나의 대안적 방향을 모색하는 데 필요하다.

통상 학교수업에서는 교과서를 '가르치고 배운다.' 그런데 엄격하게 말하면, 이 말은 올바른 표현이 아니다. 교과서에 대한 '교사의 해석'을 학생이 '재해석'하는 것이라고 말해야 한다. 그것이 수업에서 이루어지는 실상에 대한 보다 정확한 이해이다. 현대 해석학의 관점을 학교에 적용하면, 하나의 텍스트로서 교과서에 담긴 편찬자의 의도에 일치하는 것은 수업의 진정한 목표가 아니다. 교과서 집

필자의 손을 떠나는 순간, 그 텍스트는 자유로운 해석의 바다에 떠다니고, 그 의미는 누가 어떤 수준의 선입견, 즉 그 나름의 이해 구조를 가지고 그것을 바라보느냐에 따라 천차만별로 다르게 파악된다.

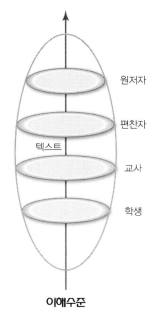

[그림 7-2] 텍스트를 둘러싼 다양한 해석의 공존

[그림 7-2]는 텍스트를 둘러싼 다양한 해석의 가능성을 보여 주기 위한 것이다. 거기에는 원저자, 편찬자, 교사, 학생이라는 다양한 해석의 수준이 공존하며, 그들은 각자 자신의 이해 구조에 의거해서 텍스트를 해석한다.[1]

여기서 텍스트의 의미가 고정된 것이라는 관념 자체가 부인된다. 또한, 해석주체의 이해 구조도 그 수준이 고정된 것이 아니고, 변화, 발전 혹은 퇴보할 수 있다. 이러한 시각에서 가다머(Gadamer, 1960/1982)는 텍스트의 의미지평과 해석

---

1) 이 그림에서 원저자, 편찬자, 교사, 학생의 수준을 수직으로 배열한 것은 그 사이에 해석의 수준차, 그리고 그로 인한 오해의 소지가 있을 수 있음을 강조하기 위한 것이다. 그 차이는 불변이거나 고정된 것이 결코 아니기 때문에, 그 우열 혹은 서열은 얼마든지 변할 수 있다.

주체의 이해 구조 간의 상호작용을 통한 해석학적 순환에 의해 '지평의 융합'이 이루어지는 것을 해석의 요체로 보고 있다.

해석학의 관점에서 볼 때, 수업은 텍스트에 대한 이질적인 해석체계 간의 변증법적 상호작용이 이루어지는 시공간으로 규정할 수 있다. 이를 '수업의 해석학적 상황'이라고 해 보자. 그 속에서 교사와 학생은 각기 자신과 다른 상대방의 이해 구조 혹은 해석체계를 어떻게 파악할 수 있는가? 다른 말로 교사는 학생을, 학생은 교사를 어떻게 '이해'하게 되는가? 이것은 수업을 통해 무엇을 '가르친다'거나 '배운다'는 말을 해석학의 용어를 사용하여 나타낸 것에 불과하다.

해석학의 관점에서 볼 때, 수업에서 교사가 특별히 유념해야 할 사항을 다음 몇 가지로 제시해 본다.

첫째, 수업 상황에서 텍스트의 해석을 둘러싼 교사와 학생의 우열관계 혹은 교사의 권위를 어떻게 이해할 것인가 하는 문제다. 흔히 교사는 학생에 비해 상대적으로 우월한 이해수준을 점하는 것으로 가정한다. 텍스트에 대한 교사의 개인적인 해석은 그에게 부여된 우월한 사회적 지위와 더불어 마치 처음부터 타당한 것으로 가정되는 것이다. 교사에게 부여된 권위는 그에게 수업을 이끌어 가는 책임을 지게 하는 사회적 역할의 분담이라는 차원에서 필요성을 인정할 수 있다. 그러나 그가 가진 권위의 모든 측면이 처음부터 당연하게 보장되는 것은 아니라는 데 주목해야 한다. 권위란, 어느 경우에나 그렇듯이, 한 편이 일방적으로 주장한다고 성립되는 것이 아니라 그것이 적용되는 대상의 동의와 인정을 획득해야만 비로소 정당한 힘을 발휘할 수 있다. 말하자면, 권위는 외부로부터의 물리적 강제나 강요에 의해서가 아니라 상대의 자발적인 복종에서부터 그 성립요건으로 한다. 이 점에 비추어, 텍스트 해석에서 교사가 가진 것으로 가정하는 우월성은 무조건적으로 받아들여야 할 것이 아니라 학생들에게 입증되어야 할 사항임을 알 수 있다. 여기에는 최소한 교사가 자신의 해석을 학생들이 납득할 수 있는 방식으로 충분히 소개하고, 그것이 자기 생각보다 옳음을 학생들로부터 인정받는 솔직하고 정당한 평가가 보장해야 가능한 일이다. 요컨대, 수업내용에 대한 교사의 권위는 제도적으로 정당화되는 것이 아니라, 교육의 과정을 통해 입증되어야 할 문제라는 것이다.

둘째, 교사와 학생이 텍스트의 의미를 파악하는 기준은 그들이 가진 현재의 선입견이다. 이때 그 선입견은 체계적인 이해 구조의 형태를 띠기 때문에, 교사는 수업을 통해 학생의 선입견을 해체하고 재구성하는 촉매적인 조력자로 작용해야 한다. 여기서 특별히 유의할 점은 교사와 학생 간의 이해수준의 차이는 단지 정답의 개수로 설명되는 양적인 차이가 아니라는 점이다. 그것은 해석의 질적 차이, 다른 말로 수준의 차이를 뜻하는 총체적인 이해방식의 차이라는 것이다. 사정이 이렇기 때문에, 만일에 교사가 학생에게 자신의 해석이 우월함을 입증하려면, 반드시 먼저 학생의 낮은 이해수준을 자신의 수준으로 상향시켜야만 한다. 그렇게 하지 않을 경우, 학생은 자기 멋대로 교사의 해석을 오해하고 말 것이기 때문이다. 그런데 이해수준이 크게 차이가 날수록, 학생의 오해는 더욱 심각하고 피하기 어렵게 된다. 그럴수록 교사나 학생은 조급한 이해를 바라는 마음을 억제할 필요가 있다. 대체로 수준의 차이가 클수록 그 차이를 좁히는 데에는 그 정도에 비례하는 시간과 노력이 든다.

셋째, 교사나 학생은 수업을 통해 교과서에 담긴 텍스트의 고정된 의미를 일방적으로 전달하고 받아들이는 것이 아니다. 그들은 각자 자신의 이해 구조에 근거하여 텍스트를 해석하며, 이러한 텍스트와의 '지평의 융합'을 통해 각자 그 나름의 의미를 생성하고 파악한다. 여기서 한 가지 강조할 점이 있다. 그것은 텍스트에 대한 교사의 해석은 그 자체가 또 하나의 텍스트로서 학생에게 던져진다는 사실이다. 학생들은 교사의 해석을 가감 없이 있는 그대로 수용하는 것이 결코 아니다. 교사가 교과서의 의미와 학생의 이해수준을 자기 나름의 관점에서 해석하고 파악하듯이, 학생들 또한 그 나름의 선입견을 가지고 교과서의 지평과 교사의 해석이 나타내는 이해의 지평과 상호작용한다. 말하자면, 학생은 단순히 수동적인 입장에서 대상의 의미를 받아들이는 것이 아니라, 스스로 의미를 재해석하고 창조하는 과정에 주체적으로 참여한다는 사실이다. 이러한 이해지평 간의 상호작용 과정을 통해 기존의 이해 구조에 질적인 변화가 발생하는 것을 일러 '지평의 융합'이라고 말한다. 학생의 입장에서 교과서와 교사의 해석에 대해 새로운 의미를 파악하게 되는 것은 변증법적인 지평의 융합에서 비롯되는 이해 수준이 격상되는 경우를 말한다.

2) 이해 구조의 재구성을 위한 수업원리[2]

이런 상황에서 상호 간의 이해 혹은 진정한 의사소통 단계로 나아가기 위한 수업의 원리 혹은 규칙이 무엇일까를 생각해 보자.

학생들은 저마다 개별적으로 상이한 이해 구조를 가지고 수업에 참여한다. 따라서 누구에게나 획일적인 수업목표를 제시하는 것은 당연히 지양해야 한다. 대신에 교사와 학생의 이해수준의 차이를 충분히 감안해서 수업의 목표를 적절한 타이밍에 적절한 방식으로 조정해 나가야 한다. 이것이 대단히 중요하다. 절대적인 답으로서 정답은 없지만, 더 나은 답은 있을 수 있다는 '종적 상대주의 (horizontal relativism)'의 관점이 여기에 의미 있게 적용된다(장상호, 1991, 1997a, pp. 376-377). 즉, 지식의 개선은 단계별로 진행되며, 그 상대적인 진전은 그것을 감식하는 인식수준의 고급화를 이룩함으로써 마지막 순간에 가서 성취된다는 것이다. 이 부분은 지식에 대한 개별자의 평가가 어떤 절대적이고 객관적인 기준에 의거하여 일률적인 방식으로 이루어질 수 없다는 것을 시사한다. 다시 말하면, 지식의 평가에서 핵심적인 명제는 인식의 주체인 우리 자신이 변하지 않고서는 지금의 것보다 상위수준의 고급 지식을 결코 이해하거나 점유할 수 없다는 것이다(장상호, 2000a). 이 점을 올바로 이해한다면, 목하 수업의 중점은 개별 학생이 지닌 현재의 이해 구조에 단지 무엇을 더하는 부분적인 변화가 아니라, 그 이해 구조 전체를 해체하고 재구성함으로써 그가 가진 인식의 기준 자체를 획기적으로 개선하는 특별한 조력활동을 전개하는 문제로 귀착된다는 데 동의할 수 있을 것이다.

이와 관련하여, 교사가 염두에 두어야 할 수업원리로서 적어도 두 가지 점을

---

2) 이하에서 언급하고 있는 수업의 원리는 장상호의 '교육본위론'에서 말하는 '교육의 내재율'을 함축적으로 제시한 것이다. 교육의 내재율에 관해서는 장상호(1991, 2000a, 2005a)를 참조하기 바란다.

고려할 필요가 있다. 그 하나는 '단계별 접근의 원리'다. 로마는 하루에 이루어진 것이 아니듯이, 고급의 지식이 한순간에 누구의 수준으로 이관될 수 없다. 이런 이유에서 지선의 목표보다는 차선의 목표가 수업에서 우선한다. 대체로 무리한 목표설정은 필연적인 좌절을 동반할 가능성이 높다. 반대로 이미 터득한 것을 목표로 삼는 것은 틀린 선택이다. 그것은 전적으로 무용과 낭비다. 따라서 어느 경우나 학생에게 가장 적절한 목표는 그에게 매력적인 도전의욕을 고취 혹은 발흥시킬 수 있는 차상(次上)의 목표다. 그것 또한 결코 쉬운 목표는 아니지만, 적어도 학생의 현 수준에서 주체적인 도전과 모험을 통한 내적 가능성의 실현을 증명하기에 가장 적합한 수준의 것이기 때문에 각별한 주목의 대상이 된다는 것이다. 새로운 도전에는 어느 경우나 현재의 수준을 의지적으로 이탈하지 않고서는 도저히 넘볼 수 없는 성역(聖域)이 가로놓이는 법이다. 자신의 한계를 넘어서는 최선 이상의 실험과 모험을 동반할 때 비로소 차상으로 진입하는 문이 열린다. 그 과정에서 해체의 고통과 재건의 희열이라는 양가감정이 교차한다. 이렇게 미지의 것을 향해 새로운 이해로 나아가는 도전은 언제나 두려움과 동경을 수반하지만, 그 과정에서 주체가 열정적인 몰입을 지속할 수 있다면 결과를 충분히 낙관할 수 있다. 이를 위해 학생 주변에서 적정거리의 목표를 설정하고 유지하는 조력자의 역할을 감당하는 사람이 바로 교사에게 맡겨진 임무의 하나인 셈이다.

　적정 수준의 목표 설정과 유지에 이어서, 교사가 고려해야 할 두 번째 사항은 학생을 자신의 이해수준까지 끌어올리는 재창조의 관문을 어떻게 통과할 것인가 하는 점이다. 이것은 전적으로 새로운 또 하나의 도전으로, '비언어적 실천의 원리'를 필요로 한다. 내가 아는 것과 다른 이를 알게 하는 것은 같은 종류의 일이 아니다. 흔히 상대방에게 내가 알고 있는 지식을 말로 하면 단박에 알아들을 것으로 생각하는데, 언어에는 그런 신비한 능력이 들어 있지 않다(Furth, 1966; Piaget & Inhelder, 1968/1973; 장상호, 1998). 높은 수준의 말을 알아듣기 위해서는 그 수준이 요구하는 높은 수준의 해석능력이 필히 요구된다. 현자의 말을 어리석은 자가 알아듣도록 하기 위해 교육이 필요하며, 교육의 과제는 바로 그 해석의 기반이 충실히 형성되도록 능동적 활동을 촉진해 주는 데 있다(장상호, 1998). 물론 교육에 때때로 언어의 활용이 필요한 것도 사실이다. 그렇지만 언어적 전달은 그 근본적인 한계 때문에 비언어적인 별도의 실습과정을 교육에서 절대로 생략할 수 없다(장상호, 2005a: 409-426). 실습을 통해서만 그 해석능력의 구비에 필요한 경험의 공백을 메워 나갈 수 있기 때문이다. 일찍이 듀이(Dewey, 1916a/1987)가 'learning by doing'을, 피아제(Piaget, 1923/1955)가 '주체의 능동적 활동'을 그토록 강조했던 이유가 바로 여기에 있다.

이를 위해 교사는 자기가 아는 지식을 단지 말로 정당화하는 데 그치지 말고, 학생의 이해수준을 향상시키는 데 필요한 활동이 무엇인지 거듭 궁리하고 처방해야 한다. 교사의 이런 촉매역할에는 가령, 답을 질문으로 전환시키는 것, 익숙한 것을 낯설게 치장하는 것, 본색을 감추고 내색을 살피는 것, 장애를 예고하고 대비시키는 것, 실수와 착오에 직면시키는 것 등 다양한 종류의 활동이 포함된다. 그 목적은 오직 이해수준의 차이를 실천적 활동의 진작 생산적으로 역이용하여 스스로의 가능성을 증명해 보이도록 자극하고 독려하는 데 있다. 이렇듯 답을 알지만 답을 감추는 교사의 지혜를 통해 학생은 스스로 답을 찾는 활동에 나서고 거기에 몰두할 가능성을 얻을 수 있다.

이상에서 수업의 원리를 매우 일반적인 수준에서 제시해 보았다. 그런데 앞에서 잠시 언급했듯이, 수업에서 중요한 것은 몇 개의 답을 더 아느냐보다 답을 찾는 과정 혹은 답을 정당화하는 방식이다.[3] 우리가 잘 아는 대로, "물고기를 주지 말고 물고기 잡는 법을 주라."는 격언은 그 점을 특별히 강조한다. 그 뜻을 그대로 살려, 답을 주지 말고 답을 찾는 활동을 주는 데 교육의 초점을 맞추는 것이 중요하다. 낱낱의 개별적인 답보다는 그것을 답으로 보는 이유나 증거 혹은 그것을 답으로 성립시키는 생각의 틀의 형성과 변화에 주목해야 한다. 이렇게 지식을 상호 연관된 요소들로 이루어진 전체 혹은 구조로 보는 관점에 설 때, 비로

---

3) 수업내용은 반드시 지식에만 국한되는 것은 아니다. 이 장에서 언급한 지식을 대상으로 삼는 수업의 경우에 적용되는 원리가 다른 경우에도 적용될 것인지는 그 자체가 흥미로운 주제이며, 그것은 별도의 논의를 필요로 하는 문제이다.

소 이해수준의 진보를 추구하는 수업의 위치를 의미 있게 논할 수 있다. 앞에서 이미 언급하였지만, 그 이해수준을 어떤 노력과 실천에 의해서 점차적으로 개선, 고양시켜 나갈 수 있는가 하는 것은 교육이라는 과업의 근본적인 숙제에 해당할 것이다. 이에 대한 우리의 지식은 아직 턱없이 부족한 것이 사실이다.

3) '질문공탁'의 활용을 위한 교사의 수업능력

학교에서는 수업시간에 교사가 학생들에게 가능한 한 많은 양의 정답을 제공하기를 요구한다. 단위시간에 얼마나 많은 양의 정답을 전달하느냐가 효율적인 수업의 기준이 된다. 또 하나, 그들에게 제공한 지식이 가능한 한 높은 수준의 것이기를 바라는 점도 추가된다. 수월성의 측면에서 학교는 얼마나 우수한 학생을 육성하고 배출하느냐로 수업의 질을 평가한다. 그러고서, 전달된 내용을 주어진 시간 내에 얼마나 정확하게 재생하는지를 평가의 기준으로 삼는다. 이러한 학교 상황에서의 '교육'은 결국 교과서에 담긴 한 무더기의 공인된 지식을 습득하고 재생하기 위한 반복된 연습, 그리고 그것에 기여하는 교사의 제반 활동에 다름 아니다. '교육'을 바라보는 이런 틀에 박힌 사고방식이 사실상 학교와 그 주변의 유사기관을 확고하게 지배하고 있다고 해도 과언은 아니다.

우리는 앞에서 학교수업을 이러한 틀에 박힌 정답의 연습과 획득이라는 관점을 탈피할 것을 주문했다. 그것은 목표달성을 꾀하는 성과주의의 망상에서 비롯하기 때문에, 그 속에는 자칫 수업을 기능론적 도식에 따라 한낱 성취의 도구로 전락시킬 위험성이 내포되어 있기 때문이다. 우리는 학교의 수업 상황을 해석학적 관점에서 다시 바라보면서, 텍스트를 둘러싼 다양한 해석의 가능성을 논했고, 이해수준의 변화를 매개하는 촉매활동으로서 교사가 따라야 할 수업원리를 살펴보았다. 비록 잠정적인 제안에 불과하지만, 이런 입장은 기존의 수업관과 조금은 차별화된 관점에서 학교수업을 바라볼 가능성을 여는 시도라는 점에서 나름의 의미를 지닐 것이다.

그런 관점의 연장선상에서 이제 마지막으로 한 가지 주제를 추가하는 것으로

그런데 '교과의 내용을 전달하는 것이 교육'이라는 사고방식이 과연 교육의 고유한 의미와 목적을 파악하는 적절한 방식인지는 의문이다. 왜냐하면 그것은 교육과 그 소재의 영역을 구분하지 않는 범주착오의 오류[3]를 범할 뿐 아니라, 교육의 실체에 대한 해명을 생략한 채 단지 그 기능적 과제만을 언급하는 기능주의 논법의 함정에 빠지기 때문이다.[4] '교과를 전달하는 것이 교육'이라는 말은 하나의 동어반복에 지나지 않는다. 거기에서 강조되는 것은 오직 교과의 전달이며, 교육은 그 결과에 의해 정당화되는 임의의 과정으로 남게 된다. 교육에 관한 별도의 규정이 없이 교과의 전달이라는 결과가 그 자리를 대신하므로 교육이라는 말은 굳이 쓸 필요조차 없다. 교육의 존재가 이처럼 잉여적인 위치로 전락하여 그 실체조차 파악할 수 없게 되는 것은 그에 관한 이론적 규정을 의도적으로 회피하는 기능주의의 교묘한 논리구조 때문이다. 교육이 교과를 위한 도구적 과정이라고 보는 사고틀 속에는 또한 교육을 무형의 실체로 소멸시키고 그 자리를 다른 것들이 침탈하도록 방조하는 책임유기의 소지마저 들어 있다. 기능주의의 논리상, 교과와 관련하여 원하는 결과를 얻기만 하면 그 어떤 과정도 '교육'이 될 수 있고, 또 어떤 것이 되어도 그만이기 때문이다. 그러나 모든 것이 교육이라면 교육은 사실상 아무것도 아닌 것이 되고 만다. 교육에 대한 자율적인 개념 규정을 외면한 탓에 이처럼 걷잡을 수 없는 사태가 초래된다. 이것은 그들이 의도한 바는 아니지만, 교과에 대한 관심을 지나치게 앞세운 탓에 빚어진 필연적인 결과라고 할 수 있다.

'교과의 내용을 전달하는 것이 교육'이라는 주장은 스스로 그 논리적 함정의 덫에 걸려 그것이 겨냥한 개념 규정의 목적에 위배되는 결과에 이르고 만다. 이런 자가당착의 사태는 앞에서 말한 것처럼 처음부터 교육을 그 자체로서 고유한 삶

---

3) 교재(혹은 교과)와 교육의 관계는 자동차와 짐의 관계에 비유된다(장상호, 2005a, pp. 569-576; 최성욱, 1996, pp. 62-66). 그 관계는 양자의 차이를 전제로 성립한다. 자동차가 무엇인지는 거기에 실은 짐이 무엇인지를 설명한다고 밝혀지지 않는다. 마찬가지로, 교육이 무엇인지는 그것이 매개하는 교재에 의해서 밝혀지지 않는다. 교육은 그것에 관한 별도의 이론적 규정을 통해서만 밝혀질 수 있다.

4) 기능주의 교육관에 대한 자세한 소개와 비판은 장상호(2005a, pp. 106-111, 2005b, pp. 22-30)와 최성욱(2005, pp. 88-97)을 참조하기 바란다.

의 자율적인 영역으로 설정하기를 저버린 데에서 비롯된 것이다. 교육을 교과와의 관련에서 파악하려고 한 것 자체가 문제였다. 그 사고방식 안에 그들이 미처 간파하지 못한 개념 규정의 변칙적 요소가 도사리고 있기 때문이다. 이를 간과한 채 '교과의 내용을 전달하는 것이 교육'이라는 일방적인 주장을 되풀이하지만, 그 정당성을 뒷받침해 줄 이론적 근거는 사실상 어디에도 없다. 오직 학교라고 하는 제도의 관행과 그것을 아무런 의심 없이 수용하는 일상적인 인식태도만이 그것을 지지할 뿐이다. 그러나 제도는 그 자체가 어떤 특수한 상황과 관련된 외적인 필요에 의해 출현하고 유지되는 것이기 때문에, 보편타당성을 추구하는 학문적 진리 주장의 근거가 될 수 없다. 이 난점을 외면하고 제도적 개념을 아무런 여과 없이 사용하는 것은 적어도 두 가지 점에서 심각한 문제를 초래한다. 하나는 일상의 개념을 학문적 논의에서 사용함으로써 그들의 학문적 정체성은 치명적인 손상을 입는다. 학문적 논의의 규범을 훼손한 이러한 전례가 자칫 자생적인 학문의 출현마저 부정하는 사태로 확대될까 우려된다(장상호, 2005a, p. 123). 다른 하나는 교육을 제도적 관행으로 대치함으로써 교육에 대한 정당한 해명을 체계적으로 방해하고 억압하는 악순환을 낳는다는 점이다. 교육에 관한 진리를 추구하고 수호해야 할 교육학이 도리어 그것을 저해하는 역기능을 하는 것은 그 자체가 불행한 아이러니가 아닐 수 없다(장상호, 2005a, p. 128).

안타깝게도 이에 대한 '교육학자들'의 자각이 너무도 지체되고 있다. 그들 중 상당수는 여전히 교과의 문제를 교육의 문제로 바라보는 범주착오의 오류와 기능주의의 논리에 매료되어 교육의 고유성을 스스로 부인하는 자가당착을 반복하고 있다.[5] 위에서 지적했듯이, 문제는 이들이 자신의 교육관에 내재한 오류와 함정을 미처 깨닫지 못한 가운데 그것을 재생산하는 오염의 원천이 된다는 사실이다. 이들의 연구과 자문 아래 학교 등지의 각종 공간에서 종전의 관행이 정당화되고 되풀이되고 있기 때문이다. 주목할 것은 그들의 어긋난 교재 위주의 기능주의 교육관 때문에 학교 안의 교육마저 지속적으로 사장되고 억압을 당한다

---

5) 장상호(2005a)는 그들 중 일부는 이런 문제점을 알면서도 일부러 그것을 은폐하거나 외면하는 행태를 보인다고 지적한다(pp. 121-122). 그런 현상유지의 침묵이 문제의 해법이 될 수 없음은 명백하다.

는 사실이다.

이 답답한 사태가 언제까지 계속될지 알 수 없다. 한 가지 분명한 사실은 '교재를 공부하는 것이 교육'이라는 통념은 그 내부의 개념적 허점을 결코 피해 갈 수 없다는 점이다. 특별히 학교제도에서 파생한 교과서 체제와 밀접한 상관관계를 맺고 그 실천방식을 정당화함으로써 교육의 원리에 근본적으로 역행한다는 점을 간과하기 어렵다. 이 사태는 교재를 신성시하여 그 내용의 습득을 '교육'으로 오인하게 만드는 그릇된 인식과 그것이 실제로 수행하는 역기능을 깊이 있게 분석함으로써 더욱 명료하게 드러날 것이다.

2. 교과서 중심 체제의 교육 억압 구조

앞에서 우리는 교재 위주 교육관이 안고 있는 개념적인 문제를 살펴보았다. 이 절에서는 그 연장선상에서 교과서 내용의 전달에 앞장서 온 학교체제의 제반 문제점을 파악해 보고자 한다. 우리는 이 문제를 절대적 인식론의 오류, 전문성의 결함, 교육 외적인 맥락의 침투, 형식화된 수업과 평가의 관행, 교육 주체의 소외, 교육의 내재성 파괴, 오도된 교육관의 주입과 재생산이라는 7개의 소주제로 나누어 검토해 보기로 한다. 여기서 논의되는 소주제들은 각기 분리된 것이 아니라 하나의 전체 체제 속에서 상호 밀접하게 연관되어 있다는 점에 유의할 필요가 있다.

1) 절대적 인식론의 오류

흔히 '교과서를 가르치고 배우는 것이 교육'이라는 말을 많이 한다. 그들은 교과서 내용에 거의 절대적인 인식의 지위를 부여하고, 그것을 추종하기에 급급한 양태를 보인다. 이러한 교과서 인식에는 적지 않은 문제가 있어 보인다. 교과서란 과연 무엇인가? 그것은 한 사회가 공인한 커리큘럼을 가시적인 형태로 나타낸 것이라고 말할 수 있다. 교과서 내용의 틀이라고 할 수 있는 커리큘럼은 국어, 수학, 과학 등으로 분류된 과목별로 학자들이 공유하는 일단의 지식이나 기술, 사회집단 내에서 바람직한 것으로 규정하는 태도 등을 축약된 형태로 요약하고, 이를 다시 단계별로 조직, 배열해 놓은 것을 가리킨다. 교과서에 실리는 내용은 흔히 기대하는 것처럼 첨단 수준의 학문적인 내용과는 거리가 멀다. 정설, 정석, 통설이라고 말하는 것들이 그 안에 가득하지만, 사실 학문적으로 논란의 소지가 있는 문제, 시비가 가려지지 않은 의문, 해결방법을 찾지 못한 난제 등은 배제되기 마련이다. 교과서에 실리는 내용은 당대의 지배적인 학문적 수준[6]이나 사회적 통념을 반영하기 때문에 항구적 진리로서의 절대성을 담보할 수 없고, 단지 그 상대적 우월성만을 인정할 수 있을 뿐이다. 물론 그 우월적 지위라는 것조차 대안적인 지식체제의 끊임없는 도전과 부정에 직면하여 교체를 반복한다는 점에서 한시적인 것에 불과할 따름이다(Kuhn, 1970). 요컨대, 교과서 중심의 사고가 가진 치명적인 약점은 그 내용이 어떠한 것이라고 하더라도 그 수준 자체는 최후의 것이 될 수 없다는 숙명적 사실을 잊고 있는 데 있다(장상호, 1997a, p. 18).

2) 전문성의 결함

교과서 집필진은 당대 최고 수준의 학자나 전문가가 아닌 경우가 많다. 창조적 과업과 씨름하는 일류급의 학자나 전문가라면, 매우 특별한 경우가 아닌 이상, 그처럼 한가한 일에 매달릴 여유가 없다. 이 때문에 교재 집필에 덤벼들 수 있는 시간적 여유, 그에 따른 사회적 · 경제적인 반사이익, 그리고 무엇보다도 해당 분야의 공인된 지식을 재정리하는 것으로 마무리하는 데 필요한 도구적 지식관을 지닌 인사들이 여기에 가담하게 된다. 더욱이 그들이 내놓은 교과서를 최종적으로 검토하는 참조집단은 학회나 해당 전문 분야의 인사들이 아니라 정부

---

6) 과학사를 통해 과학의 진화과정을 연구한 Kuhn(1970)은 이를 정상과학이라고 부른다. 정상과학은 한 시대의 학문적 패권을 장악한 학문의 양태를 말하는 것이다.

의 관료나 일반 대중이라는 사실이다. 그들은 몇 번의 공청회를 요식적인 형태로 마련하고, 자신들의 상식과 이데올로기에 부합하는 수준에서 교과서에 대한 검토를 마무리 짓는다(장상호, 1990, pp. 30-31). 이런 절차에 의해 교과서는 사실상 학문계와 비학문적인 전문세계의 실상과 동떨어진 것이 되고 만다.

3) 교육 외적인 맥락의 침투

교과서의 편집과 제작에 작용하는 기준은, 흔히 생각하듯이, 반드시 교육적인 것은 아니다. 상식과 통념에 일치하는 내용은 선호되고 체제위협적인 요소는 걸러진다. 이런 선택과 배제는 학교를 둘러싼 다양한 이해관계와 관련되며, 그것을 결정하는 것은 사회의 지배적인 권위와 권력구조이다(Eggleston, 1977; Young, 1971). 특별히 국가와 관련학회가 여기에 깊이 관여하며, 교과서는 그들의 감독과 검열을 통과해야만 승인된다. 이렇게 편성된 교과서 내용을 다년간 습득함으로써 거기에 반영된 사회의 규범과 행동양식에 익숙해지고, 그것을 정당화하는 사고방식까지 당연한 것으로 받아들이게 된다. 그것을 교육이라고 할 수 있는가? 교과서를 배우는 과정이 정치화, 경제화, 사회화, 문화화되는 쪽으로 흐르는 것이라면, 거기에 교육이라는 부분은 암암리에 배제되거나 간과된다고 보아야 한다. 그것을 어떤 방식으로 추구하거나 되살려 낼 수 있는가?

4) 형식화된 수업과 평가의 관행

교과서를 가장 중시하는 곳은 일반 공립학교, 즉 대학 이전 단계의 학교이다.[7] 그곳에서 교과서에 부여하는 권위는 대단하다. 그들은 교재에 담긴 내용을 당대 최고의 학자와 전문가들에 의해 제작된 것으로서, 무오의 진리로 절대화하거나 신성시하기까지 한다. 교재를 금과옥조의 보화로 여기는 태도는 수업방식에 그

---

7) 대학에는 교과서라는 것이 없다. 대학에서는 다수의 교재와 참고문헌이라는 개념이 사용된다. 대학의 경우와 비교할 때 교과서를 신봉하는 중등학교 수준의 인식이 지닌 문제점이 더 잘 드러난다.

대로 반영된다(서근원, 2003). 학교수업은 교재에 담긴 내용을 자구 하나 틀리지 않고 정확하게 습득하는 데에 목표를 둔다. 게다가 그 성취에 드는 시간을 단축하기 위해 치열한 경쟁을 조장하며, 그것을 성공의 지표로 삼기도 한다. 급하게 먹는 밥이 체하듯이, 미처 소화되지 않은 엄청난 분량의 공부에 학생들은 그저 질리고 만다. 그럼에도 학교는 다시 교과서의 내용을 얼마나 획득했는지를 알아보기 위해 시험이라는 것을 치른다. 학업성취도는 결국 교재내용을 얼마나 정확하게 재생했느냐를 점수화한 것이다. 물론 그 점수는 학생들을 서열화하고 배치하는 기준, 즉 사회경제적 지위를 결정하는 지표로 활용된다.

5) 교육 주체의 소외

학교에서는 학생들이 도달할 최종적인 반응을 행동형의 목표로 설정하고, 그것을 성취하기 위한 제반 방법을 과학적으로 처방하는 데 심혈을 기울인다(Mager, 1962; Tyler, 1949). 교과서는 바로 그런 목표 달성을 위한 효율적 수단의 하나로 간주된다. 교과서 내용을 습득하는 과정은 그 결과적 성취도를 재는 일률적인 평가의 도식에 의해 그 자치가 재단된다. 이 경우 학생의 현재 흥미와 관심은 물론 그들의 자발성까지 철저히 외면하는 결과를 가져올 수 있다. 외부로부터 부과된 내용에 학생들을 무조건 일치시키면 된다는 권위적인 방식은 당사자인 학생을 소외시킨다. 그것은 결코 그들의 이해 혹은 성장을 돕는 것이 될 수 없으며, 도리어 학생들을 교과서에 구속시키고 만다. 이렇게 다양성이 결여된 천편일률적인 교재내용에 일치하도록 강요함으로써 학생들을 수동적인 위치에 머물게 하는 것은, 설사 그 내용이 아무리 보배롭고 가치 있는 것이라고 하더라도, 교육의 가치실현과는 동떨어진 것이 될 수 있다. 신념과 사고의 일치는 일상생활에서 절실하게 요청될 때가 있다. 그렇지만 적어도 교육의 맥락에서는 당사자를 소외시키는 것만으로도 폭압이 될 수 있다. 게다가 그것은 관심의 종류와 수준의 다양성에서 비롯하는 다면적인 교섭과 성장의 기회를 차단하는 점에서도 엄청난 손실을 가져온다.

6) 교육의 내재성 파괴

학생들은 자신들이 공감하기 어렵고, 그렇다고 적당한 도전감을 주거나 실수를 개선할 여유와 기회를 주지도 않는 강압적인 수업방식에 항거하기 어렵다. 그들의 예고된 좌절과 절망은 시간과 노력의 엄청난 낭비를 초래한다. 교재내용을 습득하기 위해 학생들이 어쩔 수 없이 취하는 적응방식은 대개 극단의 단기속성주의, 요령주의, 눈치 보기, 그리고 적당한 타협과 절충이다. 학생들은 주어진 교재에 극도의 혐오감과 거부감을 형성한다. 교과서 내용의 일방적인 전달에 치중할 때, 그런 고정된 목표의 강요가 학생과 교사들을 극단의 성취지향주의와 결과주의로 내몰 위험이 있음은 충분히 예견할 수 있는 일이다(Dewey, 1916a/1987, 1963). 이 상황에서 현품을 출발점으로 그 체험 구조의 주체적인 변형을 점진적으로 추구하려는 교육적 시도는 거추장스럽거나 사치스러운 것으로 비치고, 그 고유한 가치마저 매도당할 가능성이 커진다. 그 결과는 오늘날 우리가 목도하는 바와 같다. 제도 안팎에서 교육을 빙자한 온갖 관행과 그것을 합리화하는 데 분주한 변칙적인 학문의 개입에 의해 교육의 내재성이 지속적으로 위협받고 있다. 그 폐단은 거기에 그치지 않고 교육을 통한 소재의 발전, 즉 교육적 진화에도 상해를 입힌다. 교과서 내용을 절대시함으로써 그것을 둘러싼 전달-피전달 관계를 권위-추종 관계로 고착화시키고, 이로써 교육적 반전의 소지를 원천적으로 봉쇄하는 결과를 수반하기 때문이다(최성욱, 2004). 요컨대, 교과서 중심의 교육관은 제도적 권위를 앞세운 고압제로 흐를 개연성이 높다. 그 결과, 강압적 분위기에 적응하기에 급급한 이들은 자신의 창의성을 고양하는 것과는 점점 더 멀어져 간다(장상호, 2004, p. 186).

7) 오도된 교육관의 주입과 재생산

그러나 무엇보다 큰 해악은 교재내용을 둘러싼 일률적인 부과와 습득을 오히려 정상적인 교육으로 잘못 인식하는, 이른바 빗나간 교육관을 갖게 된다는 데 있다(장상호, 1997a, pp. 185-187). 교재의 일방적 전달에 치우친 관행은 교재내용과 관련된 대상세계의 실상을 곡해하기도 하지만, 또한 교육을 그 자체의 수단으로 치부하는 기능주의적 교육관의 원천이 된다. 거기서 재생산된 개념적 도착은 다시 교육에 대한 개선의 여지를 봉쇄해 버리는 악순환을 반복하게 된다는 점에서 깊은 우려를 자아낸다.

3. 질문공탁의 의미와 그 성립 조건

앞에서 우리는 교과서를 정점으로 하는 학교사태와 그것을 지탱하는 인식체제의 문제점을 조목조목 살펴보았다. 그것이 비판의 대상이 되는 주된 이유는 교과서 내용을 진리로 오인하는 데다 그 일방적 전달에 치중함으로써 개인들을 교육의 주체가 아닌 객체로 전락시키고, 교육과 무관한 제도의 엉뚱한 관례를 교육으로 합리화하는 잘못에 있다. 질문공탁은 이런 교과서 신봉주의에서 벗어나 교육을 원래의 위치로 되돌려 놓기 위한 노력의 일환으로 도입되었다. 질문공탁에서는 교재가 아니라 교재에 대한 수강생의 반응에 주목한다. 그렇게 함으로써 그들의 이해 수준이 단계적인 변용을 거치도록 자극하고 유인하려는 데 목적이 있다. 말하자면, 교육의 소재는 교재가 아니라 교재내용에 대한 반응이며, 교재는 그 반응의 수준을 끌어올리기 위한 하나의 수단으로 이용할 뿐인 것이다. 이런 발상의 전환에는 종래 교과서를 신주 모시듯 해 오던 학교제도의 관례 구조를 해체하고 재건하려는 혁신의 의지가 담겨 있다.

기존에 통용되던 '교재' 개념에는 혁신이 필요하다. 그런 시도가 교육을 자율적인 삶의 한 양상으로 바라보는 새로운 교육관의 구성을 바탕으로 대학이라는 공간에서 시작된 것은 기념비적인 일로 평가된다(김지현, 2004; 장상호, 2002a). 질문공탁은 2002년도에 서울대학교 핵심교양과정의 하나인 '삶과 교육' 강좌에서 본격적으로 도입되었다.[8] 그것은 교재와 강의를 접하는 과정에서 생성된 개

---

8) 비공식적으로는 1990년대 초반 서울대학교 장상호 교수가 그에게 논문지도를 받던 대학원 학생들과의 정기적인 세미나에서 도입한 것이 최초이다.

인적인 질문을 전체에 공개함으로써 수강생들의 관심을 환기시키고, 동시에 그에 대한 해답을 각자 모색하는 활동을 진작하려는 취지에서 시작하였다. 그 이전까지는 대학의 강의라 해도 주로 교재에 수록된 내용을 전달하고 습득하는 데치중하였기 때문에, 수강생의 개별적인 관심과 이해는 상대적으로 소홀하게 다루어지는 편이었다. 질문공탁을 통해 질문에 함축된 수강생 개인의 선(先)이해에 초점이 맞추어지고, 그것을 교정하거나 개선하는 일이 수업에서 보다 중요한 과제로 설정된 것은 대학과 교육의 역사에 비추어 보더라도 획기적인 것이다.

앞서 얘기한 바와 같이, 질문공탁에서는 교재의 내용보다는 그것에 관해 수강생 각자가 지닌 질문에 초점을 맞춘다. 이를 통해 그 질문에 포함된 이해의 전제와 수준을 개별적으로 파악하고, 그것에 내포된 문제점을 발견하는 데 주력한다. 일단의 결함이 확인되면, 그것을 교정하기 위한 일련의 활동에 자발적으로 몰입하는 국면을 거친다. 이 과정에서 기존의 이해 구조를 해체하고 재구성하는 활동이 순조롭게 진행될 경우, 질문과 해답의 수준이 격상되는 변화를 경험할 수 있다. 그 변화는 양적인 것이 아니라 질적인 것 혹은 구조적인 것이기 때문에, 질문공탁이 노리는 것은 결국 각자가 지닌 이해 구조의 성숙에 있다고 말할 수 있다. 질문자가 지닌 판단기준이 변하여 이전과 새로운 수준으로 격상되는 과정은 단지 교재내용을 무턱대고 받아들이는 것과 비교하면 너무도 대조적인 변화라고 할 수 있고, 그 자체가 교육활동을 통한 변화의 핵심이 무엇인지를 보여 준다. 각자의 질문을 공개적으로 제기하고 그 해소과정을 개별적으로 혹은 공동으로 추구할 때 수강생 상호 간에 교육활동이 활발하게 이루어지는 것 역시 질문공탁을 통해 기대되는 성과 중의 하나이다. 이 장의 논의는 대학이라는 공간 안에서 새롭게 시도되고 있는 교육다운 실천적 노력에 관심을 가지고, 그 연장선상에서 질문공탁이 지닌 교육적 의의를 체계적으로 조명해 보기 위한 것이다.

그렇다면 교재 중심의 제도적 관행을 대치하는 본격적인 의미의 교육활동으로서 질문공탁의 전략을 도입하려면 어떤 점에 유의해야 하는가? 이와 관련하여 먼저 교육과 유관하다고 생각되는 질문의 유형을 몇 가지로 나누어 살펴볼 필요가 있다. 그 이유는 질문이라고 해서 그 모두가 교육적인 맥락에 따르는 것은 아니기 때문이며(양미경, 1992), 또한 질문공탁에서는 질문의 의미 자체보다는 그 것을 어떤 맥락에서 활용하느냐가 더욱 중요하기 때문이다.

(A) "이 부분이 무슨 뜻인지 모르겠습니다. 그 이유가 무엇인지 정말로 알고 싶습니다." (무지의 고백)

(B) "제가 보기에 이 부분은 이런 뜻 같은데, 제 생각이 맞습니까?" (이해의 확인 요청)

(C) "그것은 이렇게도 볼 수 있고, 저렇게도 볼 수 있는데, 과연 어느 것이 옳습니까?" (혼란의 표출)

이 세 유형의 질문들은 교재를 읽거나 강의를 듣는 상구자의 입장에서 흔히 제기되는 것들이다. 첫째 유형(A)은 현품의 한계, 즉 무지를 노출하는 것으로 보인다. 여기서 말하는 무지는 단순한 지적 공백 상태가 아니라 기존의 이해방식으로 파악되지 않는 어떤 곤란한 문제에 직면한 것을 말한다. 무지를 깨달은 것은 그렇지 못한 것보다 진일보한 상태라는 점을 인정해 주고 한 단계 높은 수준의 과제를 제시하는 것이 이 경우에 필요한 처방일 것이다.

둘째 유형(B)은 교재나 강의의 특정 부분을 자기 나름으로 해석하고 그것이 올바른 이해인지를 묻고 있다. 그 해석은 대개 현품의 연장선상에서 그 기준을 적용한 것일 경우가 많다. 따라서 이 경우에는 먼저 현품의 모순과 문제점을 스스로 발견할 수 있도록 갈등과 충격을 줄 필요가 있다. 그것이 성공한다면 (A)의 상태로 변할 가능성이 있다.

셋째 유형(C)은 다수의 그럴듯한 해석 사이에서 방향감을 상실하고 방황하는 경우이다. 이것은 현품에 대한 신뢰와 그보다 우월해 보이는 다른 해석을 놓고 갈피를 잡지 못하는 것이기 때문에 먼저 자신의 입장이 무엇인지 분명히 정리하게 하는 전략이 도움이 된다. 그런 뒤에 다시 (A) 혹은 (B) 유형의 질문이 나오기를 기다리는 것이 순서일 것이다. 이처럼 질문자의 내면 상태를 암시하는 언어적 단서는 그 이면의 품위를 추정하거나 예단하는 자료가 되고, 그것을 바탕으

로 다음 단계의 차상품으로 안내하는 하화교육을 전개해 나가는 데 소중한 참고
가 된다.

그러나 언어로 표현된 것이 반드시 그의 품위와 일치한다는 보장은 없다(장
상호, 1991, pp. 9–10; 장상호, 1997a, pp. 877–878; 장상호, 1998, pp. 77–82; 장상
호, 2000a, pp. 69–75, pp. 318–338, pp. 341–343; 장상호, 2005a, pp. 413–414). 이
때문에 언어와 그 이면의 체험 구조 사이의 관련을 확인하기 위해서는 다양하
고 지속적인 검증이 뒤따라야 한다(장상호, 2000a, pp. 57–64; Inhelder, Sinclair, &
Bovet, 1974/1974; Piaget, 1923/1955). 여기에는 장식적인 언어의 구사나 모방을
통한 기만적 의도와 효과만을 노리는 의도를 차단한다는 의미가 있다.

우리는 앞에서 질문공탁이 출현하게 된 배경을 살펴보았다. 그것은 교재 중심
의 경직된 관행을 유지해 온 학교제도에 교육 소재의 개념을 도입함으로써 제한
적인 범위에서나마 교육의 내재율을 구현하기 위한 전략적 시도의 하나로 이해
되었다. 혹자는 그것이 대학이라는 비교적 자유로운 공간에서는 가능할지 몰라
도 중등학교 이하에서는 가능하지 않다는 주장을 할지 모른다. 그러나 대학에서
가능한 것이 대학 아닌 곳에서는 불가능하다는 것은 모든 책임을 제도의 탓으로
돌리는 책임전가일 뿐이다. 대학이라고 해서 모든 여건이 자유로운 것도 아니다.
중요한 것은 여건이 아니라 여건을 적절하게 활용할 수 있는 발상의 전환에 있
다. 그런 점에서 질문공탁이 지닌 실천적 의의 역시 작지 않다고 해야 할 것이다.

이제 질문공탁의 취지에 공감하는 이들이 수행할 과제는 그 적용범위를 전 생
활공간으로 넓혀 나가는 것이다. 물론 여기에도 그 나름으로 순서가 있다. 당장
에 실천 가능한 방안을 수립하는 것도 중요하지만, 그 이전에 그것에 대한 깊은
이해가 선행되어야 한다는 것이다. 질문공탁이 무엇인지 그 목적과 필요를 올바
로 파악해야만 그 취지가 왜곡됨이 없이 바른 실천으로 이어질 수 있을 것이기
때문이다. 필자가 보기에는 교육과 그 소재의 관계를 올바로 파악하는 것이 질
문공탁의 취지를 이해하는 첩경이라고 생각한다.

오늘날 교과서에 절대적인 권위를 부여하는 사람이 많다는 것은 그다지 놀라
운 일이 아니다. 그들은 심지어 교과서 없이는 교육이 가능하지 않다고까지 생

각한다. 그러나 그들의 생각과는 달리, 교과서와 같은 언술화된 형태의 교재가 없다고 해서 교육이 중단되는 것은 결코 아니다. 교육의 내재율에 따르는 삶을 영위하려는 사람에게는 언제 어디서나 다양하고 풍부한 소재와의 만남이 기다린다. 기회는 찾는 자에게 오는 법이다. 그 소재는 우리 주변에서 흔히 접하는 의문, 억측, 의혹, 당혹, 고민, 번민, 불평, 비판, 반박, 반문, 주장, 의견, 충고, 조언, 제언, 결론, 예단, 예견 등에서도 만날 수 있다. 물론 일상적인 표현 속에는 여러 이질적인 요소들이 복합적으로 얽혀 있기 때문에, 그 자체가 곧바로 교육의 소재가 될 수 있는 것은 아니다. 그것을 교육의 맥락으로 끌어들여 본격적인 소재로 삼으려면, 몇 단계에 걸친 여과작업이 불가피하다.

평범한 일상의 생활 사태로부터 교육의 소재를 분류하고 추출하는 과정에는 다음과 같은 몇 가지 조건이 충족되어야 한다. 먼저 다양한 세계를 그들 각각의 고유성을 따라 식별해야 한다. 그 가운데 교육과 유관한 것과 무관한 것을 면밀하게 구분하는 것은 필수이다. 교육은 그것과 이웃하는 다양한 세계들과 보이지 않는 경합을 벌이면서 공존한다. 그 속에서 교육을 독립된 삶의 한 영역으로 식별하는 문제가 있고, 이는 그 내재성의 인식을 중심으로 해결되어야 한다. 교육의 내재성을 인정하느냐 하는 문제와 별도로 어떤 세계를 삶의 중심축에 놓느냐 하는 문제가 제기될 수 있다. 이는 이른바 본위화의 문제로서, 교육과 그 주변세계 간에 주도권의 장악을 둘러싸고 각축을 벌이는 것을 뜻한다(장상호, 1991, p. 93, 1994, pp. 313-317). 이 상황에서 교육이 지닌 고유한 가치를 우선시하는 일단의 사람들이 그 공통된 관심사에 대한 이견을 좁히기 위해 적극 노력하기로 합의한다면, 그들 중에 누가 선진이고 후진인지 그 우열을 가리기 위한 특별한 관계에 진입하게 된다. 이를 '교육적 관계'라고 부르는데, 그것은 교육의 내재성을 인정하고 그 내재율에 기꺼이 따르는 사람들 사이에서만 성립하는 매우 독특한 관계 양식의 하나이다(장상호, 1996; 최성욱, 2004).

좀 더 구체적으로 말하면, 교육적인 관계를 맺는 데에는 최소한 두 가지 조건이 요구된다. 하나는 수도계의 품위 면에서 한쪽은 선진이고 다른 쪽은 후진이어야 한다는 우열관계의 가정이고, 다른 하나는 선진과 후진이 각기 하화교육과 상구교육의 주체로서 책임을 다해야 한다는 협력관계의 약속이다. 선진과 후진을 구분하는 문제는 잠정적인 추측에서 시작해서 후험적으로 검증되는 과정을 거치게 된다. 따라서 교육적 관계가 성립하려면 누가 선진이고 후진인지에 대한 가설적인 추정이 필요한데, 그 통로의 하나가 되는 것이 바로 질문과 같은 품위의 언어적 표출이다. 이때 갑과 을이 선진과 후진으로 만나는 이체이품(異體異品) 상황에서 서로의 품위를 잠정적으로 식별하는 방법과 기준은 무엇인가? 그것은 갑이 해결한 문제를 을은 해결하지 못하거나 갑의 언행을 을이 오해한다면 그런 징표에 의해 갑이 을의 선진일 것이라는 가설을 성립시킬 수 있다는 것이다. 갑은 여기서부터 을을 잠정적인 후진으로 간주하고 그에게 자신의 품위를 재생하려고 노력하게 된다. 그러나 갑은 그의 품위를 당장 을에게 전달하거나 이양할 수 없다는 난관에 부닥친다. 그 이유는 갑의 품위에 도달하는 것은 을의 체험수준을 단계적으로 향상시키는 점진적인 과정을 통해서만 가능하기 때문이다. 또한 거기에는 언어적 소통 이상의 실천적 체험이 반드시 뒤따라야 한다. 이런 이유 때문에 갑은 을의 질문을 통해 먼저 그의 현품을 파악하고 그것보다 한 단계 높은 차상품을 각 단계마다 제시하여 그들의 교육적 관계를 유지시키는 하화활동을 전개해야만 한다. 이것이 후진의 현품과 적정거리에 놓인 차상품 사이의 미묘한 영역에서 갑과 을이 질문을 소재로 하여 상호작용을 전개하는 협동교육의 과정이다.

이상에서 설명한 것처럼 질문은 현품과 차상품 사이의 접경지대에서 그 충돌에 의해서 빚어지며, 이를 통해 현품의 위치를 파악하는 간접적인 단서가 된다. 질문은 질문자의 품위 자체는 아니다. 그것은 단지 체험 구조로서의 품위를 가리키는 하나의 지표일 뿐이다. 더욱이 앞에서 언급한 것처럼 질문과 품위 사이에는 필연적인 대응관계가 없기 때문에 그 해석은 결코 기계적으로나 일률적으로 이루어져서는 안 된다. 이 점에서 질문을 교육 소재로 삼는다는 말은 매우 제한적인 의미로 받아들일 필요가 있다. 다시 말해서, 질문은 그 자체가 교육의 직접적인 소재라기보다는 그 이면의 품위와의 관련성에 비추어 기능적으로 파악되어야 한다는 것이다. 무슨 말인가 하면, 질문은 그것에 담긴 의미가 중요한 것이 아니고, 질문자의 이해수준을 드러내는 표현수단으로서 일종의 창구 역할을 한다는 것이다. 교육 소재로서 질문의 가치는 이와 같이 그것의 의미론적 측면보다 화용론적 측면에 있다. 따라서 만약에 질문공탁과 같이 교육의 맥락에서 의도적으로 마련된 장치가 없다면, 품위를 파악하는 데 실로 적지 않은 애로를 겪게 될 것은 충분히 예상할 수 있다. 품위를 표현하는 통로가 결코 질문과 같은 언어적 형태에 한정되는 것은 아니지만, 그럼에도 불구하고 질문공탁과 같은 언어 위주의 활동은 현품과 차상품 사이의 체험공간을 교육의 소재로 설정하는 데 있어서 매우 풍부한 정보를 제공해 준다. 그 점에서 질문이 갖는 가치를 결코 소홀히 평가해서는 안 될 것이다.

4. 질문공탁의 대안적 특징

그렇다면 질문공탁은 어떤 점에서 기존의 '교재' 개념을 대치하는 하나의 혁신적인 대안이 될 수 있는가? 앞에서 간간이 언급했듯이, 질문공탁이 지향하는 새로운 의미의 교육 소재 개념은 단지 우리가 알고 있는 부분적인 변화가 아니라 교육을 바라보는 총체적인 관점의 전환을 요구한다. 이 절에서는 그것을 질문의 주체성, 질문의 체계성, 문제 발견의 가치, 관례적인 언어주의의 극복, 교육적 시숙의 원리, 내재적 동기화, 교육공동체 내부의 상호작용이라는 일곱 가지 측면으로 나누어서 고찰해 보고자 한다. 충분한 것은 아니지만, 이런 논의를 통해 현재의 교과서 체제와 그것을 지지하는 교과 위주 교육관이 지닌 한계를 좀 더 면밀하게 조망해 볼 수 있을 것이다.

1) 질문의 주체성

객관적인 질문은 없다. 그것을 주장하는 자체가 다분히 기만적이다. 객관성을 표방한다고 그것이 실현되는 것은 아니다. 많은 경우 그것은 위장된 주관주의에 지나지 않는다(장상호, 1996, p. 7). 질문에는 항상 그것의 소유자가 있다. 너의 질문이 나의 질문이 될 수 없다. 소유격으로서의 질문은 특정한 주관성의 산물로 이해되어야 한다. 질문에는 그것을 낳은 이의 독특한 관심의 종류와 수준이 반영된다. 그런 점에서 질문의 의미는 질문자의 주관성의 틀 안에서 해석되고, 존중되고, 배려되어야 한다. 거기에 외부의 잣대를 가져다 댈 수 있지만, 많은 경우 그런 외적인 참조체제가 그것을 더 정확하게 드러낸다는 보장이 없다. 특정인의 질문을 왜곡 없이 그 자체로서 이해하는 데에는 각별한 노력이 요구된다. 그 일 자체가 결코 쉽지 않다. 그렇지만 타인의 질문을 그의 입장과 시각에서 바라보려는 시도가 성공을 거두는 경우가 전혀 없지 않다. 스승이라는 존재가 특별히 그러하다. 스승은 제자의 질문을 상대방의 시각에서 바라보고 공감할 수 있는 특별한 존재이다. 그것이 가능한 이유는 그가 제자의 질문을 그 품위에 대한 회고와 재생을 통해서 접근하기 때문이다. 스승은 자신의 과거 경험을 되살려 제자의 현재를 바라보기 위해 특별한 활동을 전개한다. 그 노력이 성공할 때, 스승은 제자를 누구보다도 잘 파악하게 된다. 교육학적 해석학의 관점에서 이런 스승의 제자 이해를 가리켜 '하화적(下化的) 이해'라는 특별한 이름으로 부른다 (장상호, 2000a, p. 497, p. 519, p. 695).

2) 질문의 체계성

품위는 그것을 구성하는 요소들로 이루어진 전체이고, 따라서 부분을 변화시키는 방식으로 달라지지 않는다. 문제는 항상 체계적이다. 질문은 그것의 배경이 되는 특정 품위를 반영한다. 품위의 파생물인 질문 속에는 그 체계 내에서 당연한 것으로 가정하는 많은 전제들이 깔려 있다. 그 전제들은 서로 긴밀한 내적 연관관계를 맺으면서 하나의 전체 속에서 일관성과 통일성을 유지한다. 따라서 만일 질문 가운데 오류가 발견된다면, 그것은 단지 부분의 문제가 아니라 그것을 생성한 체제 전체의 문제가 된다. 이처럼 질문에 내포된 오류가 체계적일 수밖에 없기 때문에, 그 오류를 개선하기 위해서는 부득이 그 전체를 통째로 바꾸는 수밖에 없다. 우리는 질문이라는 창을 통해 문제의 소지가 되는 일단의 전제를 간파할 수 있다. 그것을 발견하고 지적하는 것이 가능하다. 하지만 그런 부분적인 노력으로 문제의 뿌리가 제거되는 경우는 사실상 거의 없다. 문제는 전체이며, 따라서 그 전체를 변혁해야만 한다(양미경, 1992, pp. 52-58; 장상호, 1997a, pp. 266-278). 이런 점에서 질문은 언제나 그것과 연결된 하나의 체계, 즉 '문제의 틀(problematic)'[9]의 형식으로 접근해야 한다. 이처럼 전체를 바라보는 체계적인 조망에 의거할 때, 비로소 질문은 품위를 진단하는 데 필요한 하나의 단서로서, 그리고 품위의 재구성을 촉진하는 출구로서 그 나름의 교육적인 역할을 다할 수 있다.

3) 문제 발견의 가치

모름지기 교육의 주체는 문제를 발견하고 그것과 직면하는 태도 면에서 남다른 성실성과 적극성을 보일 수 있어야 한다. 문제의 발견은 현재의 품위를 와해시키고 그것을 새롭게 교체하는 출발점이다. 현재의 안정된 상태에 균열이 일어날 때, 그것을 대체하는 혁신적인 품위를 구축하기 위한 내적인 에너지가 활성화될 수 있다. 자신의 한계를 직시하고, 그것을 미래를 일구기 위한 값진 희생으로 승화시키는 노력을 통해서 새로운 자기를 만날 수 있다. 그러나 남의 문제가 결코 나의 문제가 될 수 없다. 객관적인 문제를 잔뜩 담은 교과서를 자기 문제로 받아들이기는 더욱 어렵다. 오히려 자기 안에서 문제가 될 만한 단서를 찾는 것이 더 확실한 경우가 많다. 문제는 그렇게 먼 곳에 있지 않다. 너무 가깝거나 너무 멀지 않은 어중간한 곳에 숨어 있는 경우가 대부분이다. 이럴 때, 교육 주체에게는 어딘지 미심쩍고 수상하다는 자신의 느낌에 좀 더 예민하게 반응하는 자

---

9) 알튀세르(L. Althusser, 1968/1970)가 사용한 이 용어는 학자가 정치적·경제적·이데올로기적 실천을 학문의 자료로 삼을 때 그 자료가 구상적인 세계나 물질이 아니라 비가시적인 것이며, 해답이 없는 일단의 체계적인 문제로 주어진다는 점을 강조한다. 그런 점에서 그것은 쿤(T. S. Kuhn, 1970)의 패러다임의 개념과 유사하다(장상호, 1997a, p. 321에서 재인용).

세가 필요하다. 범인을 쫓는 수사관처럼 작은 단서를 놓치지 않고 의심하고 추궁하는 각성된 상태를 견지할 때 보이지 않던 문제가 의외로 쉽게 포착될 수 있다. 작은 틈새를 심상한 것으로 간과하는 사람은 큰 문제를 만나기 어렵다. 당연한 것을 당연하지 않게, 익숙하고 친근한 것을 낯설고 소원하게 바라보는 '다시봄(re-search)'의 태도가 중요하다.

문제는 포수에게 있어서 사냥감과도 같은 존재이다(장상호, 2009b). 그것을 발견하는 긴장과 스릴은 짜릿하고, 그것을 포획하는 재미는 쏠쏠하다. 그 치열한 삶을 즐기는 사람은 행복하다. 문제 발견이 강조되는 것은 그것이 상구의 여정을 알리는 첫 신호탄인 동시에, 그 자체가 교육 주체의 상구품위를 가늠하는 하나의 잣대가 되기 때문이다. 문제다운 문제를 찾고, 그것을 계기로 또 다른 자신을 기약하는 활동은 상구활동의 핵심적인 부분을 차지한다. 이 점에서 그 교육적 의의는 결코 작지 않다. 위대한 질문은 위대한 답보다 가치 있다. 문제를 잉태함으로써 더 위대한 세계로의 도약을 기약할 수 있다. 그런 의미에서, 누군가 말했듯이 이 세상에서 가장 아름다운 말은 도전일지 모른다.[10] 질문을 제기하고 그 답을 찾는 데 실패하더라도 그것을 실패로 기록할 수 없다. 도전은 통상적인 성공과는 또 다른 의미의 성공으로 볼 수 있기 때문이다.

4) 관례적인 언어주의의 극복

대부분의 언어적 소통이 그러하듯이, 질문의 형태를 띠는 언사 역시 그 자체에 특별한 의미를 담고 있는 것은 아니다(장상호, 1998, pp. 90-95). 몇 마디의 언어적 소통이 의미를 생성하고 전달해 주는 것은 아니다. 언어에는 그런 신비한 능력이 들어 있지 않다. 그럼에도 불구하고, 언어에 대한 과장된 기대가 우리 주위에 만연해 있는 것이 큰 문제이다. 교과서를 읽고 단지 그 내용을 되뇌는 것만으로 그 내용의 의미를 파악한 것으로 인정하는 학교의 관례는 이 점에서 실로 엄

---

10) 이 말은 8,000m급 히말라야 14좌를 세계 여덟 번째로 완등한 산악인 엄홍길의 것으로 기억된다.

청난 잘못을 범하고 있다. 진정한 의미의 소통은 그 소통에 필요한 체험의 바탕이 없이는 불가능하다. 이 때문에 언어적 소통을 앞세우기 전에 그 토대가 되는 체험적인 이해 구조의 확충이 선행되지 않으면 안 된다. 그 순서가 뒤바뀔 때 엄청난 혼란과 비극이 야기된다. 교재가 중요한 것이 아니라 교재에 대한 반응이 중요하다. 교재의 가치는 그것을 읽고 어떤 반응, 어떤 질문을 가지느냐에 달려 있다. 교재를 읽고 생겨나는 의문에 의해 현재의 선이해 혹은 선입견에 균열이 발생한다. 우리가 접하는 질문은 그런 의문을 언어로 표출한 것으로서, 의사소통에 필요한 이해 구조의 결여를 발견하고 그 체험의 공백을 보충할 필요를 각성시키는 하나의 계기로 작용한다. 이 점에서 질문은 단지 질문으로 끝나서는 안 된다. 그것은 본격적인 상구교육과 하화교육에 매진하는 전환점이 되어야 한다. 그렇게 될 때, 현재 품위에서 차상품으로 이행하는 '전환기적 활동'으로서 질문공탁이 지닌 교육적 의의가 살아난다.

5) 교육적 시숙(時熟)의 원리

질문공탁은 단계배열의 교육적 원리, 즉 순차(順次)와 역차(逆次)의 대위관계를 구체화하기 위한 활동이다. 품위의 위계를 무시한 채 빠른 성취만을 바라는 것은 체험 구조의 변화를 수반하는 '교육적 시숙의 원리'에 근본적으로 역행한다. 어디로 보아도 교육과 무관한 엉뚱한 '교육목표'들을 학생들에게 부과하고, 그것을 성급하게 달성하려는 무모한 성취 욕구를 조장하고 있는 것이 현행 교과서 체제이다. 그것이 지닌 맹점의 하이라이트는 최종적인 결과로서 목표에 일치하는 행동적 증거를 학생들의 반응에서 구하는 데 있다. 그 빗나간 요구가 수많은 젊은이들을 빈궁한 체험으로 내몰고, 껍데기에 불과한 행동적 결과를 학업성취로 선전하는 파행으로 이끌고 있다. 젊은이들에게 남은 것은 오직 자신들의 흥미나 관심과는 동떨어진 지득(知得)의 비극적 결말밖에 없다. 질문공탁의 도입은 사실상 이런 교과서 체제의 폐단을 원천적으로 차단하는 데 그 뜻이 있다고 해도 과언은 아니다. 그것은 현재의 품위를 무조건 부정하기보다는 그것을 긍정적인 변화의 발판으로 삼자는 것이고, 이를 통해 단계적이고 지속적인 성장에 필요한 최적의 목표로서 매 단계에서 차상품과의 만남을 주선하는 노력의 일환으로 나온 것이다. 한편에서는 불안감을, 다른 한편에서는 동경심을 불러일으키는 것이 차상품의 묘미이다. 그것은 미지의 세계를 꿈꾸는 사람이라면 누구나 한 번쯤 도전해 보고 싶은 충동을 불러일으킨다. 질문공탁을 통해 제기되는 질문들은 이런 가시목표로서의 차상품을 정복하기 위한 예비적인 입질이면서, 동시에 차상품에 대한 공략을 구체화하는 부단한 자기 성숙과 그 도전정신의 표출로 이해할 수 있다. 매 단계에서 성실한 질문공탁을 수행하는 과정에서 체험의 공백이 메워질 때 차상품을 증득(證得)하는 작은 성장을 경험할 수 있고, 그 과정이 단계별로 차근차근 진행되는 과정에서 품위의 변형을 가져오는 교육적 증득의 가치와 보람을 체득할 수 있다.

6) 내재적 동기화

가치는 강요할 수 없다. 선택의 자유와 그것을 보장하는 환경에서 우리는 그 결과에 대한 책임을 지는 성숙한 인간의 출현을 기대할 수 있다. 모든 질문이 반드시 수도계적인 가치를 가지는 것은 아니다. 그것은 특정한 범위에 국한될 뿐이다. 다만 어떤 질문도, 비록 그것이 유치한 수준의 것일지언정, 그것을 제기한 당사자에게 있어서 무의미한 경우는 없다. 왜냐하면 그 질문은 그의 현품에 토대를 둔 것이고, 또 사실상 현품의 균열을 예고하는 당사자의 진지한 관심을 반영한 것이기 때문이다. 질문의 특성은 어느 경우에나 그것이 개인적으로 최선에 해당하는 현품의 문턱을 넘어서는 도발적인 성격을 지닌다는 점에 있다. 교육적인 성장과 유관한 질문은 그 대부분이 상구자의 현품과 차상품 사이의 접경지대에서 발생한다는 공통성을 지닌다. 이 때문에 거기에는 현품의 가치에 대한 갈등과 혼란, 의문과 고민이 응축된 형태로 나타난다. 질문을 제기할 때, 기존의 가치체계가 무너지는 것, 새롭고 낯선 영역을 탐사하는 것, 창조적 불협화의 고통을 감내하는 것, 이 모두를 동시에 경험하게 된다. 그 선택과 배제에 따른 희생과 용기가 절실히 요청된다. 그것을 수용하게 하는 것은 오직 질문자가 지닌 내적인 열정 혹은 동기라고 말할 수 있다. 질문이 가진 파괴력과 생성력은 그 주인을 열광시키는 매력이 있다. 이 때문에 자신이 생각지도 못한 새로운 문제의 발견은 그 당사자로 하여금 스스로 자신의 성장을 주도하는 주체로 자임하게 만드는 효과를 지닌다. 발전하는 개인일수록 질문이 많다. 그 이유는 그가 항상 새로운 세계로 진입하는 문을 두드리기 때문이다. 지금 처한 단계에서 어떤 질문을 하느냐가 장차 어떤 모습으로 변화하고 성장할지를 주도하고 결정한다. 질문은 성장을 예고하는 한 가지 지표인 동시에, 끝없는 성장의 여정에 입문하는 아름다운 도전 그 자체로 여겨진다.

7) 교육공동체 내부의 상호작용

오늘날의 교과서 체제는 교과서를 중심으로 교사와 학생 간의 일방적인 관계 도식을 강요한다. 질문공탁의 도입은 이런 제도의 횡포를 근본에서부터 허물려는 의도를 담고 있다. 질문공탁이라는 낯선 조어가 '공탁'이라는 요소를 유난히 강조하는 이유의 일단이 여기에 있다. 교육의 세계에서는 영원한 스승도 영원한 제자도 없다. 자신보다 현명해 보이면 가르침을 청하고, 어리석어 보이면 배우기를 청하면 그만이다. 그 제약 없이 자유로운 공간 안에서 오직 교육의 내재율에 충실하려는 주체들 사이에 활달한 교육적 교류가 일어나기를 바랄 수 있다. 그것이 아마도 '교육의 유토피아(edutopia)'를 염원하는 마음일 것이다. 질문공탁은 적어도 이런 의도에서 모두의 질문을 교육공동체에 게시하고, 이를 통해 그 질문을 공유하는 교육 주체들 간에 그 품위수준의 차이에 따른 다양한 교육적 상호작용을 촉진하기 위한 구체적 방안의 하나인 셈이다. 그 의도를 충실히 따른다면, 공탁된 질문을 중심으로 자발적인 교육공동체가 형성될 것이다. 교육공동체에 속한 각 구성원들은 이제 다양한 질문 속에서 자신의 현품보다 선진적인 질문과 후진적인 질문으로 구성된 수직적 위계를 발견한다. 그 질문의 위계는 확정적인 것이 아니라 단지 잠정적인 추정에 불과하다. 따라서 그것을 확증하기 위해서는 각 단계의 품위에 해당하는 질문을 식별하는 데 필요한 체험의 구축이 선행되어야만 한다. 각 주체는 질문의 가설적 위계를 단서로 선진과 후진과의 교육적인 관계를 형성하고 그들과의 교육적인 상호작용에 전념함으로써 그것을 후험적으로 검증하는 과정을 밟게 된다.

5. 질문공탁의 역사적 사례와 적용 가능성

질문공탁은 반드시 학교수업에만 국한해서 활용되는 것은 아니다. 그것은 삶의 어디에서나 보편적으로 찾아볼 수 있는 현상이기도 하다. 대부분의 사람들은 살아가면서 수많은 문제 사태에 직면한다. 그럴 때 자신의 궁금증과 답답함을 수시로 주위에 드러내어 경험자의 자문과 조언을 구하기도 하고, 자신이 미처 깨닫지 못했던 문제점을 발견하여 그것을 극복하는 소중한 계기로 삼는다. 그러나 겉으로 보기에 질문공탁의 형태를 띤다고 해서 그 모두가 교육과 유관한 것은 아니다. 중요한 것은 먼저 질문의 의도와 그에 대한 반응을 해석하는 기본적인 맥락이 무엇이냐 하는 본위의 문제이며, 또한 질문을 다루는 과정에서 상호 간에 교육의 내재율을 얼마나 충실하게 준수하는가 하는 것이 관건이다.

역사적으로 질문공탁을 교육의 맥락에서 활용한 모범적인 사례가 적지 않다. 사대스승은 그 대표적인 경우라고 할 것이다. 그들에게는 교과서와 같은 교재가 따로 없었다. 그럼에도 불구하고, 그들은 훌륭한 교육의 잔치를 벌일 수 있었다. 여기에는 사대스승이 개척한 수도계와 그들의 인격을 본받기를 열망하는 숱한 제자들의 크고 작은 다양한 질문이 끊임없이 이어졌고, 그것을 교육의 소재와 연관 지어 적절히 활용할 수 있었던 교육적 지혜가 발휘되었음을 간과할 수 없다.

먼저 석가의 경우를 살펴보자. 불경에는 제자들의 청교에 대한 석가의 대응을 흔히 이렇게 묘사한다. "고타마시여, 사뢸 말씀이 있사온데 혹 한가하시면 말씀하여 주시겠습니까?" 그러면 석가는 "마음대로 물어라. 너를 위해 설법하리라."

고 하면서 이에 응한다. 이것은 석가가 제자들에게 적극적인 질문공탁을 유도하고 그 일에 성공하였음을 간접적으로 시사한다(장상호, 2000b, p. 69). 이때 그들의 질문은 개별적이었으나 그것을 다루는 과정은 모든 제자들이 듣고 참여할 수 있도록 공개적으로 이루어졌다. 이렇게 함으로써 그들은 일단의 공유된 질문을 가지고 수시로 상호작용하는 교육공동체의 특징을 유지하였다. 석가에게 있어서 질문공탁의 근본 취지는 그가 보여 준 대기설법(對機說法)에 잘 나타나 있다(장상호, 2000a, p. 366, p. 561; 장상호, 2000b, p. 67; 장상호, 2005a, p. 545). 석가는 제자들이 "이럴 때는 어떻게 해야 합니까? 이것은 죄가 됩니까?" 하는 물음을 제기하면, "아무개야, 그것도 죄가 되느니라." 하는 식으로 대답하였다. 이때 제자들의 질문이 각기 다른 특수한 상황에서 나온 것임을 고려하여 그들이 처한 개별적인 한계를 소상하게 파악함과 동시에 그 각각에 대한 추가적인 활동과제를 처방하여 문제를 스스로 극복할 수 있도록 세심하게 배려하였다. 그러다 보니 때로는 동일한 질문에 모순된 대답이 주어지는 경우도 드물지 않았다. 이것은 모름지기 하화는 제자의 수준을 파악하고 그 요구에 맞추어야 한다는 교육의 내재율을 따른 데서 생긴 현상으로, 질문공탁을 활용한 대기설법의 가장 현저한 특징임을 이해할 필요가 있다. 답변의 내용은 비록 논리적으로 모순되지만, 교육의 원리에 따라 상대의 수준에 맞추다 보니 그런 결과가 나타난 것이다. 이처럼 석가는 제자들의 다양한 질문을 교육의 소재로 활용하여 그 수준의 향상에 필요한 체험으로 안내하는 역할을 하였다. 나아가 질문을 다루는 과정에서 고안된 처방이 어느 정도 효험이 입증된 경우, 그것을 새로운 문제가 발생할 때까지 한시적인 계율로 세워 유사한 상황에 적용해 보도록 권장하고, 또 그것을 제자들 간의 교육적 상호작용의 소재로 활용하도록 유도했다. 이런 점을 통해 우리는 그가 교육의 맥락에서 질문공탁을 적절하게 활용하는 데 깊은 관심을 기울였다는 점을 엿볼 수 있다.

교육의 상황에서 질문을 통해 자신의 문제를 공개하는 것은 수치가 아니다. 모름지기 제자는 어리석은 점이 매력이기 때문에 그것을 감추려고 하는 것은 그야말로 어리석은 일이다(장상호, 1991, p. 63). 역설적이지만, 교육의 게임에서는 자

점을 상기시켜 준다. 동시에, 수업에서 사용하는 교재는 이러한 목적을 위한 하나의 수단이라는 사실을 인식시키는 계기가 될 것으로 기대된다.

2. 대학교육의 활성화를 위한 '질문공탁 교수법'의 요체

교과내용에 대한 교사의 해석은 그 자체로서 매우 중요하다. 완전무결한 해석은 없다. 텍스트에 대한 해석은 그 자체가 서로 다른 지평의 지속적인 융합을 통해 이전보다 나은 상태로 개선해 나가는 변증법적인 과정이다(Gadamer, 1960/1982). 교과내용에 대한 오해를 불식하려는 노력을 통해 매 단계에서 그 해석의 불완전성을 수정하는 노력이 중요하다. 대학의 교수는 학생들이 교과내용을 어떤 이해수준에서 이해하는지를 파악하고, 그 이해수준의 결함을 발견하여 그것을 개선하는 활동을 주체적으로 전개해 나가도록 조력해야 한다.

이와 관련하여, 대학교육의 활성화를 위해 질문공탁을 활용하는 교수법을 도입할 필요성이 제기된다. 질문공탁은 2002년도에 서울대학교 핵심 교양과정의 하나인 '삶과 교육' 강좌에서 본격적으로 도입되었다. 이 새로운 교수방법은 교재와 강의를 접하는 과정에서 생성된 개인적인 질문을 전체에 공개함으로써 수강생들의 관심을 환기시키고 그에 대한 해답을 각자의 수준에서 모색하는 활동을 진작하려는 취지에서 시작하였다(김지현, 2004; 장상호, 2002a; 최성욱, 2009). 그 이전까지는 대학의 강의라 해도 주로 교재에 수록된 내용을 전달하고 습득하는 데에만 치중하였기 때문에, 수강생의 개별적인 관심과 이해는 상대적으로 소홀하게 다루어지는 편이었다. 질문공탁을 통해 질문에 함축된 수강생 개인의 선(先)이해에 초점이 맞추어지고, 그것을 교정하거나 개선하는 일이 수업에서 보다 중요하게 다루어지는 변화가 일어나게 되었다.

질문공탁 교수법의 포인트는 다음과 같다. 질문공탁 교수법에서는 교재의 내용보다는 그것에 관해 수강생 각자가 지닌 질문에 초점을 맞춘다. 먼저 질문의 전제가 된 이해의 수준을 개별적으로 파악하고, 그것이 지닌 문제점을 발견하는 데 주력한다. 일단의 결함이 확인되면, 그것을 좀 더 높은 단계로 바꾸어 나가는 과정에 수강생이 몰입할 수 있도록 자극하고 격려하는 지속적인 조력이 필요하다. 그러나 일단의 학생들은 오히려 자신의 오류를 부인하거나 자기 결함을 외면하는 저항을 보이기도 한다. 그 경우 미처 깨닫지 못한 그릇된 전제를 스스로 발견할 때까지 논박을 통한 추궁을 반복함으로써 모순과의 직면을 촉진할 필요가 있다. 반면에, 기존의 이해 구조를 해체하고 재구성하는 활동이 주체적이고 적극적인 방식으로 진행될 경우, 비교적 순조롭게 질문과 해답의 수준이 격상되는 변화를 경험할 수 있다.

질문공탁 교수법은 이처럼 학생들이 지닌 이해 구조에 질적인 변화가 일어나도록 자극하고 지원하는 데에 목적을 둔다. 학생들이 교재를 읽거나 강의를 들을 때 생기는 질문은 그냥 아무렇게나 주어지는 것이 아니다. 그것은 항상 현재의 사고체계의 틀 안에서 그 수준을 반영하기 마련이다. 따라서 질문 자체가 잘못된 것으로 판단될 때 교수가 관심을 가져야 할 대상은 그 낱낱의 질문이 아니라 그 이면에서 작용하는 사고방식 전체이다. 오류는 체계적이다. 따라서 그 변화는 양적인 차원이 아니라 질적 혹은 구조적인 차원에서 일어나도록 해야 한다. 단지 부분적인 요소만을 수정하거나 보완하는 정도의 변화는 그 사고체계 전체의 저항에 부딪혀 무산되거나 거부당하는 경우가 대부분이다. 따라서 수업의 목표는 단편적인 지식을 전달하는 수준에 머물 것이 아니라, 오류의 근원인 사고체계 전체를 혁신하는 차원으로 나아가야 한다. 여기에 장기간의 시간 투입이 필요함은 물론이다. 질문공탁 교수법이 노리는 것은 결국 이러한 각 개인의 이해 구조의 성숙에 있다. 그리고 그 전체적인 변화의 과정은 현재의 이해 구조가 재구조화되는 점진적 성숙을 뜻하는 교육적 시숙(時熟)의 원리에 따라야 한다(장상호, 2005a, pp. 386-407). 질문자가 지닌 판단기준이 변하여 이전과는 새로운 수준으로 격상되는 변화는 단지 교재내용을 무턱대고 받아들이는 것에 비하면 너무도 현저한 변화라고 할 수 있고, 그 자체가 교육활동을 통한 변화의 핵심을 보여 준다고 말할 수 있을 것이다.

3. '질문공탁 교수법'에 함축된 교재관과 수업관

앞에서도 잠시 언급한 바와 같이, 질문공탁 교수법은 기존의 교재 위주 수업방식에 대하여 하나의 대안적인 방향을 모색하는 것으로 볼 수 있다. 기존에는 교재가 금과옥조의 진리를 집대성한 경전의 지위를 누린다. 수업은 그 내용의 정확한 습득에 치중하며, 평가는 그 내용의 정확한 재생에 초점을 맞춘다. 그러나 이것은 교재의 권위를 지나치게 과장한 것으로 보인다. 교재는 불변의 진리를 담은 경전은 아니며, 당대에 이룩한 지식체계의 한 단면을 반영한 것에 불과하다. 그것은 어떤 문제와 관련하여 단지 '최선의 가설'을 모아 놓은 것으로 받아들이는 것이 바람직할 것이다. 교재에 담긴 모든 내용이 절대 수준의 영원불변한 지식이 아니라면, 그것을 '정답(正答)'이라고 지칭하는 데에도 최소한의 인식론적 제한이 뒤따라야 마땅하다. 교재의 지위를 이처럼 그 실상에 맞게 다시 평가하고 이해할 때, 그것을 중심으로 이루어지는 교실 수업과 학교 평가의 목적도 달라져야 한다고 본다. 이제는 단순히 '교재에의 일치'가 수업과 평가의 목적이 되는 것이 아니다. 교실에서의 실천은 인식론적으로 불완전한 지식을 편집한 교재를 활용하여 개개인의 지적 성장을 촉진하기 위한 다양한 연습을 하는 것으로 파악해야 할 것이다. 그에 대한 평가 역시 사전에 미리 정해진 몇 개의 정답을 얼마나 습득했느냐에 목표로 두는 것이 아니라, 일평생 지속되는 성장의 도정에서 매 단계의 이행과정을 얼마나 충실하게 경험하느냐에 초점을 맞추는 것이 되어야 할 것이다.

기존의 통념적인 수업방식에 대해 질문공탁 교수법은 이처럼 교재내용에 대한 학생들의 정직한 의문을 교육의 소재(素材)로 삼을 것을 제안한다. 그것이 무턱대고 강요된 정답의 한 무더기보다 학생들의 성장에 훨씬 의미 있는 것으로 다가올 가능성을 지니기 때문이다. 진리는 강요될 수 있는 것이 아니라, 그것을 대하는 인식 주체의 깨달음을 통해 내부에서 우러나는 감동과 찬의를 수반할 때 그 가치가 공감된다. 이 대목에서, 오래전의 것이지만, 듀이(J. Dewey, 1963)의 다음과 같은 발언은 아직도 유효하다.

젖먹이에게 비프스테이크를 주지 않는 것은 그 영양가를 몰라서가 아니다. 초등학교 1학년이나 5학년 아이에게 삼각함수를 가르치지 않는 것은 그것이 가치 없는 것이기 때문이 아니다. 교과 그 자체가 교육적이라든가 성장에 도움이 되는 것은 아니다. 학습자의 성장 단계와 [그리고 그 단계에서의 흥미와] 무관하게 본질적으로 교육적 가치를 가진 교과는 없다. …… 교육적 가치는 추상적으로 존재하는 것이 아니다(p. 46).

듀이의 발언을 참고로 할 때, 질문공탁 교수법에서는 적어도 교과내용이 그것과 조응하여 상호작용할 수 있는 대상의 하나로 학생들에게 제시되고, 그 내용은 또한 무조건 따라야 할 무오(無汚)의 진리가 아니라 학생 개개인의 성장을 촉진하는 데 필요한 연습의 기회로 받아들일 것을 강조하는 입장에 있다. 한 가지 유념할 것은 학생들의 성장을 촉진하는 것은 교과 자체가 아니라 그것을 대하는 인식 주체로서 각 개인의 능동적 활동이며, 그것을 바탕으로 하는 그들 사이의 상호작용의 양태라는 사실이다. 교과내용과 상호작용하는 교육활동의 한 형태로서 질문공탁은 학생의 능동적 참여를 적극적으로 권장하는 교수방법의 한 예가 될 것이다.

4. '질문공탁 교수법'의 교육적 의의

'질문공탁 교수법'은 일반 대학의 학생들을 위한 강좌에서는 물론, 교사 양성을 목적으로 하는 특수목적대학에서의 교육방식에 관해서도 여러 점에서 의미 있는 시사를 던져준다고 생각된다.

1) 수업방법 개선 및 수업능력 향상에 관한 연관성

기존에 교사 양성에 관한 선행연구들에서는 교실수업과 연관된 능력 요소를 비중 있게 다루고 있다(최돈형 외, 2009). 또한 교사 양성에 준한 강의 평가준거로 서 크게 세 가지 능력요인을 중점적으로 강조하고 있다(권동택, 2009). 그 내용은 첫째, 교과내용과의 유관성, 둘째 교수의 시범, 셋째 학생들의 실습이다.

질문공탁 교수법은 교사 양성을 목적으로 하는 강의의 평가준거로 제시된 이 세 가지 능력 향상에 기여할 수 있는 긍정적인 요소로서 다음과 같은 세 가지 방 법을 실천하고 있다.

(1) 교재 해석능력의 향상

학생들은 수업에서 발표할 질문을 준비하기 위해 교재로 선정된 내용을 충실 히 읽고, 그 나름의 관점에서 자신의 의견을 정리한 뒤, 이를 서면으로 제출해야 한다. 이는 필연적으로 교재내용을 단순히 이해하는 수준을 넘어서 교재내용을 비판적 관점에서 검토해야 할 뿐 아니라, 그 내용에 대한 창의적 해석을 시도하 는 지적 모험까지 감행해야 한다. 이 수준의 책 읽기는 대학교육에서 지적으로 상당히 높은 수준의 교재 해독 및 분석을 요구한다는 점에서 교재 해석능력의 향상에 매우 긍정적인 효과를 발휘할 것으로 판단된다.

(2) 교수의 시범

교수의 시범과 관련하여 질문공탁 교수방법은 크게 두 가지 형태의 실천적 모 범을 제시된다. 하나는 강의 초기에 교수가 몸소 교재내용에 대한 질문을 만들 어 공탁함으로써 학생들에게 이를 따르도록 모범을 보이는 것을 말한다. 이를 통해 교수는 교재 해석의 방법과 질문공탁의 작성 및 발표방법에 관한 시범을 학생들에게 예시하는 것이다. 다른 하나는 학생들이 제시한 질문공탁을 수업에 서 활용하는 대목에서 나타난다. 교수가 학생들이 제출한 질문을 가지고 그것을 활용한 수업의 모범을 직접 시연해 보이는 것이다. 이것은 질문공탁의 절차를 안내하는 것에서 시작하여, 학생들에게 질문 작성의 요령을 설명하고 그 자발적 발문(發問)을 격려하는 태도를 시범하며, 제출된 질문을 다루는 과정에서 학생들 의 이해수준을 어떻게 파악하고 반응하는지, 그리고 그 질문에 대한 답변을 학생들에게 제시하는 과정에서 엉뚱하고 황당한 질문이나 성실하고 창의적인 질문 등 다양한 유형의 질문을 다루는 전반적인 교수과정을 시범하는 것을 말한다. 학생들은 교수의 질문활용 방식을 관찰함으로써 그것을 모방의 대상으로 삼는 기회가 주어지게 되는 것이다.

(3) 학생의 실습

질문공탁 교수법을 도입한 수업에서는 모든 학생들이 스스로 제기한 질문의 내용을 교수와 다른 학생들에게 발표하고, 이를 통해 자신이 생각하는 질문(의견)의 의미, 그리고 그 질문을 갖게 된 동기와 배경을 동료들에게 설명하는 기회를 갖게 된다. 많은 경우, 발표자가 소개한 질문내용에 대해 추가적인 질문과 반론이 제기되며, 그럴 경우 자연스럽게 토론의 장이 펼쳐지는 것을 보게 된다. 여기서 발표자는 자신과 의견을 달리하는 교수와 학생들의 질문과 반론을 다루는 과정에서 그들을 설득하는 데 필요한 자신의 경험과 지식을 총동원하게 되며, 자신의 지식과 이해가 얼마나 타당한지 스스로 반추하게 되는 값진 경험을 얻게 된다. 이것은 학생들의 입장에서 질문공탁을 활용한 '교수방법을 직접 실습'하는 소중한 기회가 된다.

2) 학생 이해능력의 향상

질문공탁은 질문을 제기한 사람 개개인의 관심과 흥미, 이해수준, 나아가 그 사고체계의 결함과 모순점을 파악하고 진단할 수 있는 유용한 단서를 얻는 기회를 제공한다. 이를 시범하는 교수와 그것을 모방하고 직접 실습하는 경험을 통해 학생들은 장차 교사가 되어 그가 가르칠 학생들의 지적 수준을 이해하고 그들을 지도하는 데 소중한 연습기회가 된다는 점에서 학생 이해능력의 향상에 긍정적으로 기여할 수 있다.

3) 공동체 내부의 교육적인 상호작용 증대

질문공탁 교수법은 학생들이 자기 질문을 공개적으로 내걸고 수업을 통해 그 질문의 내용과 전제가 과연 타당한지를 검토받는 기회를 제공한다. 질문의 내용과 수준에 따라 조금씩 다르기는 하지만, 일단 제기된 질문은 그것이 만족스럽게 해결될 때까지 지속적으로 학생들의 관심을 사로잡는 경우가 많다. 이 때문에 학생들은 수업에서 제기된 질문을 중심으로 강의실 밖에서 활발한 토론을 벌이는 등 그 파급효과가 나타나기도 한다. 이것은 교육에서 기대되는 상호작용의 자발적 양태의 하나로서, 질문공탁 교수법이 의도하는 가장 값진 성과 중의 하나가 아닌가 생각된다.

이상에서 살펴본 질문공탁 교수법의 긍정적인 측면들은 그 장점 가운데 두드러진 것을 중심으로 언급한 것이다. 다만, 이처럼 대학공간 안에서 새롭게 시도되고 있는 실천적 교수법의 하나로서 질문공탁은 아직까지는 그 이론적·실천적 가능성이 충분히 입증된 것이 아니라는 점에서 추가적인 연구와 실천이 필요하다. 그 가운데서 예컨대, 교사 양성과 같은 좀 더 특수한 목표와 관련해서 교수법으로서의 연관성과 효과 등을 검토하고 입증해 보는 것도 필요할 것으로 본다.

5. 질문공탁을 활용한 수업의 실제

여기서는 질문공탁 교수법을 활용한 수업의 절차와 그 전개과정을 몇 단계로 나누어 예시하면서 그 특징을 조금 더 자세히 설명하고자 한다.

1) 질문공탁 교수법을 활용한 수업의 절차

질문공탁의 구체적인 실행은 다음과 같은 절차를 거친다.

① 교수는 강의 초기에 학생들에게 강의에서 추천된 교재를 읽고, 그 내용에 대한 자신의 질문을 3회 이상 서면으로 제출하도록 요청한다. 이를 '질문공탁'이라 한다. 질문을 공탁할 때에는 교수는 물론 전체 수강생들에게도 동일한 복사본을 배부한다.

② 공탁된 질문에 대해서는 정해진 기준 횟수를 충족시키는 정도와 질문의 질적 수준에 따라 점수의 등급이 부여된다. (100%의 점수 가운데 30% 정도의 점수를 배당함.)

③ 공탁된 질문에 대해서는 통상 일주일 뒤에 강의에서 그 내용을 구체적으로 검토하는 시간을 배정한다.

④ 질문공탁자는 개별적으로 강의내용 및 교재에 대한 자신의 의견(의문, 해석, 분석, 비판, 평가 등)을 전체 집단에 소개하고, 수강생 및 교수의 반응을 청취한다. 이때 질문의 명료화와 질문내용에 대한 추가적인 질의와 토론이 이루어진다.

2) 질문공탁 교수법의 전개 과정

이를 질문공탁 교수법의 실제 전개과정과 관련하여 다시 설명하면 다음과 같다. 여기서는 질문공탁 활용 교수법을 ① 오리엔테이션, ② 준비, ③ 실행, ④ 활용결과 정리 및 평가의 4단계로 나누어 진행하는 것을 예로 들어보겠다.

① **질문공탁의 오리엔테이션 단계: 질문공탁의 취지와 활용방법 소개**
- 질문공탁의 횟수, 평가 배점 및 기준에 대해 소개한다.
- 질문을 제기하는 형식, 질문을 형성하는 방법에 대한 기본적인 안내, 질문공탁의 실행절차 소개: 질문 사본을 전체 클래스에 배포하고, 교수와 학생 전체가 그것을 공유한다는 점, 공탁된 질문은 그다음 주에 다루어진다는 점을 설명한다.
- 질문공탁의 활용방법 안내: 질문공탁자는 개별적으로 자신의 질문내용을 발

표하고, 이에 관한 교수와 타 수강생들의 의견을 경청한다. 자신의 질문에 대한 코멘트와 토론내용 등을 종합적으로 정리하여 학기말에 서면으로 제출한다.

② 질문공탁의 준비 단계: 질문공탁 준비 기간에 이루어지는 교수와 학생의 활동에 관해 안내

〈학생들의 준비〉
- 교재 독서를 통해 기본적인 내용을 이해하도록 한다.
- 저자의 관점(문제의식, 논리 전개, 근거 제시방법의 타당성, 결론의 일반화 등)과 일정한 거리를 유지하면서 내용을 분석해 본다.
  저자의 관점에 동의하거나 그것을 통해 새롭게 배운 점을 메모, 혹은 내용에 대한 의문점, 자신의 견해와 상충되는 논점, 수정 및 보완할 사항 등 비판적으로 논의할 부분을 메모한다.
- 질문내용에 관한 글쓰기 단계: 서면 작성과정에서 다시 한번 자신의 이해와 비판이 올바른지를 확인해 보도록 한다.

〈교수의 질문공탁 시범과 이를 위한 준비〉
- 교수는 질문공탁에 관하여 몇 차시에 걸쳐 구체적인 서면 형태로 시범을 보인다. 교수의 질문에 대해 학생들은 질의하고 토론을 벌인다.

③ 질문공탁의 실행 단계
- 학생들이 질문을 공탁하기 시작하면, 교수와 전체 집단은 그것을 일주일 동안 숙고하여 다음 시간의 질의응답에 대비한다.
- 각자가 질문공탁 파일을 준비하여 관리하고, 토론에 필요한 메모나 의견을 기록한다.
- 강의에서는 질문공탁 활용에 한 시간 이상을 배정하고, 집중토론의 기회를

갖는다.

④ 질문공탁의 활용결과 정리 및 평가 단계

- 학생들은 자신이 공탁한 질문에 대한 교수의 답변과 토론내용을 정리하여 보고한다. (강좌의 기말평가에 반영하기 위해 이를 수합하여 제시하도록 요구할 수도 있다.)
- 교수는 제출된 질문공탁 정리보고서를 평가한다.

6. 질문공탁 교수법의 효과

이상에서 설명한 질문공탁 교수법은 그 실천적 측면에서 과연 얼마나 대학교육의 활성화와 관련된 효과를 발휘한다고 말할 수 있는가? 이 질문에 대한 답변으로서 결코 충분한 것은 아니지만, 가설적인 수준에서 연구자의 강의 경험을 토대로 질문공탁 교수법의 수업 효과 및 성과 부분을 개괄적으로 정리하여 제시하면 다음과 같다.

1) 학생들의 수업참여 증진

강좌에서 도입한 질문공탁 교수법의 효과는 우선 학생들의 수강태도가 상당히 현저히 달라지는 데에서 찾을 수 있다. 이전에는 강의를 듣거나 교재를 읽고 자기 나름으로 이해하는 데에 목표를 두고 거기에 필요한 활동을 하는 정도로 만족했지만, 질문공탁을 도입한 이후에는 상당수의 학생들에게서 보다 능동적인 태도로 수업에 참여하는 모습을 관찰할 수 있다. 이에 따라 수업의 밀도와 질이 상대적으로 높아진 것으로 평가된다.

특히, 종전에는 수업 준비를 위해 사전에 교재를 읽는다든지, 수업 이후에 그 내용을 복습하는 등 수업 이외의 학습에 별다른 노력을 기울이지 않았지만, 이제는 질문공탁을 스스로 준비하고 다른 학우의 질문을 생각하는 일이 자연스러운 일이 되었다. 질적으로 높은 수준의 질문을 준비하기 위해서는 질문의 형성을 위한 교재의 분석과 평가에 배전의 노력을 기울여야 하기 때문에 수업 준비와 정리에 주체적으로 임하는 자세가 자연스럽게 형성된 것으로 보인다. 이처럼 학생들의 수업태도가 자기주도적으로 달라진 것을 매 시간마다 확인할 수 있었다.

2) 강의실 밖으로의 학업활동 연장

위에서 언급했듯이, 수업시간에 공탁된 질문들은 강의가 끝나고 난 이후에도 학생들 간에 지속적인 공부의 주제와 토론의 화제가 되고 있다. 질문공탁은 이렇게 학생들 상호 간에 자연스러운 '교육공동체'를 형성시키는 긍정적인 효과를 지니고 있다. 아울러, 일부의 학생들은 담당교수와 강의실 밖에서 만나 자신이 관심을 가진 질문에 대해 계속 의견을 나누기를 희망한다는 뜻을 피력하기도 하였고, 몇몇 학생들은 실제로 교수와 그런 기회를 가진 바 있다.

3) 탐구주제의 발견

질문공탁을 통해 제기된 다양한 쟁점과 문제의식은 학기 말 보고서의 주제로서 다루어질 수도 있고, 대학원생의 경우에는 학위논문의 주제로까지 발전할 가능성을 지닌다. 많은 학생들이 본 강좌에서 다루어진 다양한 질문과 그에 관한 토론을 통해 많은 지적 자극을 받았음을 보고하고 있고, 그중 일부는 본 강좌에서 자신의 학위논문과 관련하여 시사성 높은 매력적인 주제를 탐색하는 계기가 된 것으로 보고한 바 있다.

4) 교육에 관련된 관점의 성찰 및 쇄신

질문공탁 교수법은 사실 전적으로 새삼스러운 방법은 결코 아니다. 많은 대학과 교사 양성기관의 교수들과 학생들은 자신들의 강의실에서 그와 유사한 경험들을 부분적으로 혹은 상당한 정도로 경험한 바 있기 때문이다. 그러나 본 강좌에서 검토하고 실천한 질문공탁 교수법은 그 관점과 의도가 종전의 그것과는 질적으로 차별화된 것임을 앞에서 설명하였다. 다시 말해, 질문공탁 교수법은 그 자체가 교재내용을 습득하기 위한 수단적인 차원의 것이 아니라, 반대로 교재를 수단으로 학생들의 이해수준의 질적 혁신을 꾀하는 전환적인 성격을 지닌 것이기 때문이다. 질문공탁 교수법을 소개한 필자의 이러한 의도는 학생들에게 종전의 교재관, 수업관, 교육관, 그리고 학문관에 이르기까지 많은 교사 양성기관에서 이미 고정관념으로 굳어진 관행을 근본적으로 되돌아보는 성찰을 촉구하는데 있다. 상당수의 학생들이 이런 의도에 공감을 느끼고 있으며, 자신들의 고정관념을 꽤 심각한 수준에서 반성적으로 검토하는 계기로 삼고 있다.

7. 결론

이 장은 대학에서 이루어지는 대부분의 강의가 교수의 일반적인 강론의 틀을 벗어나야 한다는 문제의식에서 출발하였다. 그 대안의 하나로서 학생들이 접하는 교재나 강의내용을 수동적으로 받아들이기보다는 그에 대해 좀 더 적극적인 자세로 의문을 제기하고 자신의 의견을 담은 질문을 개진함으로써 침체에 빠진 대학교육에 활력을 불어넣을 가능성이 있음을 말하고 싶었다. 사실 이것은 필자의 개인적 경험을 토대로 한 점에서 다분히 주관적이고 사적인 영역에 한정된 것이라는 반론도 얼마든지 가능할 것이다. 그러나 자신의 주관적인 경험을 공개하고 이를 타인과 공유하면서 그 타당성과 신뢰성을 점차 확인해 나갈 수 있으리라는 믿음을 가졌기에 그 경험의 일단을 지면으로 소개하였다.

사실 여기서 소개한 질문공탁 교수법은 결코 새삼스러운 것이 아니다. 많은 대학의 교수들이나 혹은 중·고교의 교사들이 개인적으로 활용해 온 방법이기 때문이다. 더욱이 인류의 역사에서 이미 훌륭한 스승으로 널리 알려진 분들을 통

집만을 담당하는 관리기능직으로 전락하는 현상이 나타나고 있음을 급진적 이론가들은 예리하게 분석하고 있다.

이처럼 정보화사회에 대한 반응은 우리 생활 전반에 미치는 영향 면에서 상반된 시각이 존재하기 때문에 어느 하나의 관점만으로 전체적인 평가를 내리는 것은 편파적이고 성급한 처사가 될 수 있다. 일찍이 토플러(A. Toffler)와 벨(D. Bell)은 정보사회가 산업사회와는 다른 새로운 사회가 될 것으로 낙관하였지만, 현 단계에서 우리들이 명심할 것은 텔레커뮤니케이션 기술의 발달은 그 근간에서 보면 철저하게 산업사회적인 토양 위에서 자라고 있다는 사실이다.[1] 따라서 산업사회의 여러 가지 부정적인 요소들이 정보화사회가 되면 자동적으로 해소될 것으로 낙관하는 것은 금물이다.

교육의 시각에서도 정보화사회의 양면성을 조심스럽게 짚고 넘어가는 것이 필요하다. 공간적 거리를 무력화시킨 신속한 정보의 유통과 다양한 매체환경의 도입은 과거에는 불가능했던 사람들 사이의 접촉을 가능하게 만들어 주어 풍부한 교육기회를 창출하는 데 기여하고 있다. 반면에, 정보중심사회로 변화하는 과정에서 기존에 볼 수 없었던 새로운 문제점들도 나타나고 있다. 그중 심각한 것은 정보화라는 흐름 자체가 정보로 변환하기 어려운 인간적 경험의 의의를 축소하거나 배제하는 방식으로 전개되고 있다는 점이다. 정보라는 것은 어차피 인간의 내적 체험을 외적 기호로 드러낸 표현체에 불과하다. 그렇기 때문에 정보를 획득하고 소유하는 것만으로는 아무런 의미가 없다. 정보란 그것을 낳은 본래의 체험과 연관 지음으로써, 혹은 본래의 체험의 맥락으로 되돌려질 때 비로소 비활성적(非活性的) 속성을 극복하고 생동감을 가지게 된다. 우리는 이러한 상태의 정보를 가리켜 '산지식(operative knowledge)'이라고 부른다. 교육의 핵심과제는 단편적 지식, 즉 정보를 축적하는 데 있는 것이 아니라 정보를 가동할 수 있는

---

1) 정보사회를 가리켜 Toffler(1970)는 '초산업사회(super-industrial society)', Bell(1973)은 '후기산업사회(post-industrial society)'라고 명명한다. 특히 Bell의 경우 생산력을 결정짓는 중심 자원이 '기계'에서 '지식'으로 변화한 것을 강조하고 있다. 정보사회를 산업사회와 구별하려는 이들의 입장을 십분 감안한다고 하더라도 후기산업사회는 그 기본적인 생산양식 면에서 여전히 산업사회의 테두리 안에 머물러 있다고 본다.

지식의 기반을 구축하는 데 있다. 정보 자체가 중요한 것이 아니고 정보에 생명을 불어넣는 가용체제로서 일단의 체험 구조를 형성하고 또 그것을 종적 차원에서 발전시키는 문제가 더욱 중요하다. 그런데 현재 진행 중인 정보화는 이러한 인간의 교육적 과제를 도외시하는 방향으로 나아가고 있다. 이 점에서 정보화는 은연중에 반(反)교육적이고 반(反)문명적인 성격을 띠는 것이 아닌가 하는 의구심을 불러일으킨다.

정보화에 대한 이와 같은 비판적인 시각은 지금까지 정보화시대 혹은 정보화사회와 관련하여 교육 분야에서 이루어진 논의들에서는 좀처럼 찾아보기 어렵다. 기존에 교육 분야에서 제기되었던 문제의 핵심은 정보화사회에 대비하여 현행 학교체제를 어떻게 강화할 것인지에 초점을 맞추어 수업환경 개선과 교육방법 변화 등의 대응방안을 모색하는 식으로 전개되어 왔기 때문이다. 즉, 교육 부문의 논의에서 주류를 이루었던 것은 '정보화사회에 대비하는 교육,' 즉 정보화사회의 물결을 기정사실화하고 어떻게 그 흐름에 '적응'할 것인가를 궁리하는 것이었다. 그 가운데 정보화사회에서의 교육의 능동적 역할을 모색하는 논의가 전혀 없는 것은 아니지만, 이 역시도 기존의 학교체제가 정보화사회 속에서 어떤 기능적인 역할을 할 것인가 하는 제도적 순응에만 초점을 맞추고 있어 미흡한 점이 없지 않다. 이 때문에 정보화사회가 가져다준 가시적인 혜택에 가려서 잘 보이지 않는 인간의 근본적인 위기에 대해서는 논의가 이루어지지 못하였던 것이 사실이다.

이렇게 볼 때 기왕에 이루어진 교육 분야의 논의는 상당 부분 정보화시대의 밝은 면에 치우친 감이 있다. 이제 그 반대의 측면, 즉 정보화시대의 어두운 면에 대해서도 좀 더 관심을 기울일 필요가 있다. 이 장에서는 지금의 학교가 밀려오는 정보화의 물결에 어떤 방식으로 대응할 수 있는지 그 가능성과 한계를 먼저 검토하고, 이어서 언어적 소통에 기초하고 있는 정보화의 실상을 교육적인 시각에서 비판해 보고자 한다. 마지막 부분에서는 정보해독능력과 관련하여 진정한 의미의 정보화 혁명은 교육에 더욱 의존할 수밖에 없다는 점을 밝히고자 한다.

2. 정보화시대의 학교: 가능성과 한계

'정보화' 하면 흔히 인터넷을 떠올린다. 그러나 정보화는 인터넷에 비교할 수 없을 만큼 큰 개념이다. 인터넷은 정보화의 커다란 흐름 가운데 한 가지 중요한 지류일 뿐이다. 여기서는 먼저 정보화의 의미를 파악하고자 한다. 그런 다음 정보화시대에 적합한 학교체제의 변화 가능성과 한계에 대해 살펴보기로 하겠다.

'정보화가 무엇인가' 하는 물음은 개인적인 차원에서 본다면 주로 컴퓨터를 매개체로 하여 이루어지는 다양한 활동으로 이해할 수 있다. 펜으로 쓰던 글을 워드프로세서를 사용하여 작성하고, 문서로 보관하던 기록들은 컴퓨터 파일로 저장한다. 인터넷으로 신문을 보거나 편지를 주고받고, 주식을 사거나 책을 주문하기도 한다. 은행잔고를 확인할 수도 있고, 정부의 각 부처에 탄원서를 보낼 수 있다. 또 민원서류를 신청하고, 진행 상황을 관청에 직접 가지 않고도 집에서 확인하기도 한다. 과거에는 개인들이 수동식으로, 또는 몸소 공간을 이동하면서 처리하던 일들이 이제는 디지털화된 신호를 주고받음으로써 대체되었다.

정보화가 우리 삶에 가져온 변화는 크게 두 가지 영역으로 나누어 살펴볼 수 있다(이재경, 2000). 하나는 개인 차원의 변화로서, 생각하고 기록하고 기록을 고치고 저장하는 과정의 변화이다. 다른 하나는 사회 차원의 변화인데, 다른 사람과의 대화방식은 물론, 정부 민원사무 처리방식, 상업적 거래방식 등이 크게 효율화되는 변화를 말한다. 이 두 가지 변화는 모두 디지털 기술과 통신기술의 비약적인 발전으로 가능해졌다(Negroponte, 1975). 정보화라는 개념의 바탕에 디지털 기술과 통신기술의 혁신이 자리한다는 뜻이다. 디지털 신호체계의 최소단위인 비트(bit)와 통신의 상징인 네트(net)의 다양한 조합에 의하여 목하 물질 기반 사회에서 정보기반 사회로의 정보화 혁명이 진행 중이다.

디지털 기술의 등장을 혁명이라 부르는 이유는 과거에는 합성할 수 없었던 세 가지 다른 커뮤니케이션 신호인 글, 소리, 그림을 자유롭게 묶어 사용할 수 있게 되었기 때문이다. 이것을 매체융합(convergence)이라고 부르는데, 정보의 생성·전달·보존이 자유로운 하이퍼텍스트(hypertext)라는 혁신적 매체언어의 등장을 대표적인 예로 들 수 있다. 이처럼 서로 다른 신호를 통합적으로 사용할 수 있게 됨으로써 개인 차원에서는 표현도구의 범위가 크게 확장되고, 사회 차원에서는 다른 신호를 사용하던 매체산업 간의 융합, 전자정부의 출현, 전자화폐와 전자상거래 등이 가능하게 되었다.

정보화 혁명의 영향은 학교체제를 변화시키려는 노력을 통해서도 감지되고 있다. 그 가운데에는 정보통신 기술 활용능력의 함양, 원격교육 · 가상학교 · 재택교육을 지원하는 개방적 교육체제의 확립, 학내 전산망 및 정보통신 인프라의 구축, 멀티미디어를 활용한 교수−학습방법의 쇄신 등이 포함된다(김송일, 2001; 문태관, 1991; 박종렬, 1996; 이재창, 2000: 최충옥, 1998). 이런 노력은 매체환경의 혁신에 발맞추어 과거 면대면 교섭과 인쇄매체에 의존하던 학교 내의 경직된 소통방식의 전환을 꾀하려는 움직임으로 파악된다.

정보화 혁명에 대응하는 학교체제의 노력은 크게 두 가지 방향에서 파악할 수 있다. 하나는 '정보화 교육'이고, 다른 하나는 '교육 정보화'이다. '정보화 교육'이라는 것은 학교가 교사, 학생, 학부모 등 학교와 관련된 대상들에게 지식정보화시대에 필요한 정보화마인드와 정보처리기능에 익숙한 이른바 '정보기능인'을 육성하는 의도적이고 체계적인 노력을 가리킨다. 이에 비하여, '교육 정보화'는 정보화 진행속도가 달라질 때 발생하는 정보지체 내지 정보격차 현상을 해소하기 위해 각급 학교의 정보시스템을 정비 혹은 재구축(upgrading)하는 것을 의미한다. 정보화 교육이 주로 인적 요소를 강화하는 것이라면, 교육 정보화는 물적요소의 확충에 힘을 기울이는 것이라고 할 수 있다.

학교체제를 중심으로 하는 교육계의 대응방안을 놓고 볼 때, 거기에는 간과할 수 없는 두 가지 문제점이 나타난다. 하나는 그들이 '교육'이라고 할 때 그것이 무엇인가에 대한 책임 있는 개념적 검토가 빠져 있다는 것이다. 다른 하나는 정보화를 하나의 대세로 파악하고 그 추세를 수용하는 데에만 급급할 뿐, 정보화가 과연 어떤 점에서 교육에 중요성을 가지는지에 대한 진지한 검토가 결여되었다는 것이다. 여기서는 교육의 개념에 관한 문제를 주로 다루고, 정보화에 관한 문제는 다음 절에서 논의하고자 한다.

‘정보화 교육’과 ‘교육 정보화’로 집약된 교육계의 대응을 가만히 살펴보면, 교육에 대한 관점이 은연중에 함축되어 있다. 그들이 말하는 ‘교육’은 매우 특이한 두 가지의 상식적 가정에 기초를 두고 있다. 첫째로, ‘교육’은 학교체제를 중심으로 하는 제도적 형태라는 것이다. 이것은 ‘학교태=교육’이라는 등식으로 나타낼 수 있다. 둘째로, 교육은 학교체제가 담당하는 기능, 그중에서도 특별히 학교의 사회적 기능을 가리킨다는 것이다. 이것은 ‘사회화=교육’이라는 등식으로 표시할 수 있다. 이 두 가지 가정을 종합하면, 정보화시대에 대응하는 교육은 결국 ‘학교체제를 통한 정보화사회에의 적응’, 다른 말로 ‘학교의 정보사회화 기능’을 뜻하고 있다.

학교는 생활세계의 하나로서 정치, 경제, 사회, 역사 등 삶의 모든 국면들이 중층적으로 복합되어 전개되는 공간이다(장상호, 2003, p. 85). [그림 10-1]을 볼 때, 학교가 오로지 교육만 한다는 주장(‘학교태=교육’)은 성립하기 어렵다. 학교 밖의 공간에서 도리어 교육이 더욱 활발하게 일어날 수 있다. 그런가 하면, 학교의 사회적 기능이 교육과 동일시될 수 있다는 주장(‘사회화=교육’)도 오류를 범하고 있다. 학교는 정치적 기능, 경제적 기능, 사회적 기능은 물론, 교육적 기능도 한다. 정치적 기능을 경제적 기능과 혼동하는 것이 부당한 것처럼, 사회적 기능을 교육적 기능과 혼동하는 것은 명백한 범주착오에 해당한다.

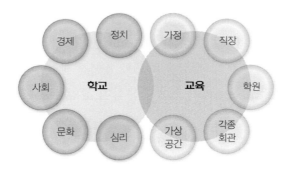

[그림 10-1] 학교와 교육의 범주 구분

 정보화시대로 진입하는 마당에서 학교가 특정한 목적달성을 위해 운영되는 것은 자연스럽고 당연한 일이다. 우리는 그 점을 부인하는 것이 아니다. 그러나 학교가 성공적으로 기능을 수행한다는 것과 교육이 성공적으로 실현된다는 것은 구별될 수 있어야 한다. 교육은 인간성을 창조하고 재창조하는 과정의 재현을 촉진하는 고유한 활동으로서, 그 나름의 독자적인 목적, 구조, 가치, 활동을 지닌 자율적인 인간사의 하나로서 개념화될 수 있어야 한다(장상호, 1991). 이런 개념상의 구분이 없다면, 교육은 학교태에 가려 그 실상이 왜곡되고 은폐되고 말 것이다(장상호, 1986). 교육을 학교태와 구분할 때 비로소 학교를 교육적으로 성공시키는 방책도 마련될 수가 있다.

 정보화시대의 학교는 이전 시기의 학교에 비해 매우 혁신적인 변신을 요청받고 있다. 그러나 지금의 학교체제가 안고 있는 태생적 한계는 정보화시대의 요구를 수용하기에 적지 않은 장애가 된다. 현존하는 학교는 18세기 근대국가에 의해 도입된 대규모 공립학교제도에서 기원한 것으로서, 경제적인 면에서는 산업사회의 요구에 부응하기 위해 설립된 구시대적 산물이다. 학교체제를 통제하는 기본 질서는 서구 자본주의에 기반을 둔 산업사회의 구조와 논리적 동형성을 지닌다. 산업사회에 필요한 인력의 주요 공급처로서 학교는 대량생산, 대량소비 체제에 맞는 통일성, 규격화, 일제화를 질서유지의 근간으로 삼는다. 학교생활 역시 생산성 향상과 효율성 제고라는 목표에 알맞은 형태로 꾸려진다. 그것이 이른바 '커리큘럼'이라고 하는 학교의 운영지침이다. 학교에서는 매년 학년별로 똑같은 교재를 가지고, 똑같은 일정에 맞추어, 똑같은 방식에 의해서, 똑같은 진도로 학습하는 일제식(一齊式) 생활을 하도록 통제를 받는다. 여기에 교과내용을 능률적으로 재생산하고 복제하기 위해서 과학적 경영방법과 관료적 통제모형이 적용된다(김용식, 1997).

 학교체제는 산업사회의 부산물이라는 태생적 한계로 인하여 후기산업사회 혹은 지식정보화사회가 지향하는 개별화, 탈규격화, 다양화에 부응하기에 상대적으로 불리한 여건에 놓여 있다. 이 점에서 정보화시대의 학교가 성공을 거두려면 지금의 학교 조직과 운영방식을 해체 · 재구성하는 근본적인 구조 개편이 불가피할 것으로 생각된다. 이 일은 교육자들의 힘만으로는 안 된다. 거기에는 적어도 정치, 경제, 사회, 문화 등 각 분야의 전문가들이 공동으로 참여하는 학제적 협조(interdisciplinary cooperation)가 필요하다. 지금까지 학교를 개혁하려는 많은 기획과 시도들이 번번이 실패로 돌아간 데에는 학교체제의 구조적 한계와 운영방식의 경직성에도 원인이 있지만, 그보다는 학교를 마치 교육자들의 전유물인 것처럼 여겨 온 관행에 보다 근본적인 원인이 있다. 그것은 앞에서도 지적했듯이, '학교태=교육'의 등식, 즉 '학교는 교육하는 곳'이라는 강력한 신화의 마력에 사로잡혀 있었기 때문이다. 학교를 개혁하기 이전에 우리들의 상식을 개혁하는 일이 선행되어야 한다. 제도로서의 학교의 실상과 비제도적으로 추구되는 인간적 삶의 양식의 하나인 교육을 구분하려는 이론적 노력이 없는 한, 정보화시대의 도전에 직면한 학교의 성공은 물론 교육의 성공도 요원한 일이 될 것이다.

3. 정보화의 맹점: 경험주의 인식론과 언어주의

'정보화'로 일컬어지는 매체혁명은 금세기의 인류에게 가히 폭발적인 생활의 변화를 초래하였다. 삶의 곳곳에서 정보화의 도도한 흐름을 느낄 수 있을 만큼 그것은 우리 생활 깊숙이 파고드는 데 성공하였다. 그 변화의 추세가 앞으로 더욱 가속화된다고 하니 그 전도를 예상한다는 것은 거의 불가능한 일로 생각된다. 이러한 변혁의 시대에서 한 가지 근본적인 물음이 생겨난다. '이런 변화는 나의 삶에 무슨 의미를 던지고 있는가?' 하는 것이다.

모든 변화가 곧 발전은 아니다. 역사는 시간적으로 최근의 것이 이전의 것보다 반드시 진전된 것은 아니라는 평범한, 그러나 준엄한 사실을 가르쳐 준다. 정보화가 이룩한 매체혁명은 지금도 진행 중이기 때문에 그에 대한 총체적 평가는 연기되어야 할 것이다. 그렇지만 적어도 그것이 진행되는 과정에 참여하는 한, 정보화의 실체를 확인하고자 하는 노력은 지속되어야 한다. 필자는 교육학도의 한 사람으로서 정보화가 함축하고 있는 근본에 좀 더 가까이 접근하고자 하는

열망을 품고, 다음과 같은 질문을 던져 본다. '정보화는 교육과 어떤 관련이 있는 가?'

많은 이들이 이 질문에 답을 가지고 있는 듯하다. 정보화는 '교육'의 문제를 해결하는 데 도움이 된다는 것이다. 오늘날 '정보의 바다', '정보의 고속도로' 같은 말이 등장할 정도로 정보의 홍수 속에서 그것을 접할 기회가 엄청나게 확장되었다. 남은 문제는 단지 자기가 필요로 하는 정보를 양껏 퍼 담는 것이다. '도관(導管)의 비유'에 의하면, '교육'이란 어딘가에 있는 정보창고에 접속해서 그것을 내가 활용할 수 있는 곳으로 위치이동 시키는 것일 뿐이다. 이런 생각을 할 때 사람들이 가정하는 '교육'의 개념은 '언어적 소통을 통한 정보의 직접 전달'을 의미한다.

'교육'이 언어적 소통을 통한 직접 전달이라고 보면, 정보화의 매력은 바로 풍부한 정보에 접할 수 있는 매체를 현실화했다는 점에 있다. 여기서 발견하는 놀라운 사실은 '교육'의 중심이 내용(message)이 아니라 매체(media)로 옮겨 간다는 점이다.[2] 이것은 매체를 타고 전파되는 메시지가 중요하지 않다는 것이 아니라, 상호 간의 교류와 상호 간의 행동양식 및 규모를 결정하고 통제하는 소통매체가 더욱 중요하다는 생각이 그 바탕을 이루고 있다(McLuhan, 1964, p. 7). '교육'을 정보의 직접 전달이라고 보는 시각에는 또한 정보와 지식을 같은 것으로 간주할 수 있다는 판단이 들어 있다. 정보처리이론에 의하면, 정보와 지식은 특별히 구분되지 않는다(Lindsay & Norman, 1972). 그들은 여러 가지 단편적인 정보나 외재하는 지시들을 기억해 내는 것을 지식으로 보는 경향이 있다(장상호, 1998, p. 84).

언어적 소통이 교육을 대치할 수 있는가 하는 문제는 교육과 관련하여 오랫동안 논의의 대상이 되어 왔던 문제이다. 개인이 가지고 있는 지식이나 경험은 다양한 형태로 외부에 나타난다. 이때 그것은 이른바 기호나 상징 혹은 영상과 같은 인위적인 표현매체를 통해서 의도적으로 표현된다. 언어는 상황의 제약을 받

---

2) 이것은 일찍이 맥루한(M. McLuhan)의 "메시지는 매체이다(The medium is the message)."라는 발언에서 예고된 바 있다.

지 않고 그 자리에 없는 것을 대표하는 능력을 가지고 있다. 이 때문에 우리는 언어를 통해서 한 사람이 알고 있는 지식을 다른 사람에게 전달할 수 있을 것으로 기대한다. 흔히 일상생활이나 학교에서 이루어지는 설명, 해석, 강의, 설득, 논평 등이 그런 전제 아래 이루어진다. 이런 식의 관례에 따른다면 언어적 소통과 교육은 거의 동일시될 가능성이 높다.[3]

그러나 이런 상식의 이면에는 많은 허점이 숨어 있다. 우리가 언어에 의해서 지식이나 정보를 소통하거나 전달한다고 할 때 적어도 두 가지 조건을 충족시켜야 한다(장상호, 2000a, p. 115). 첫째 조건은 모든 지식이나 정보를 언어적 형태로 표현할 수 있어야 한다는 것이다. 이와 관련하여 폴라니(M. Polanyi, 1958)는 "우리는 언어로 표현할 수 없는 많은 것을 알고 있다."는 매우 시사적인 발언을 통해 지식에는 언어로 표현할 수 없는 암묵적인 측면이 있음을 밝혔다(p. x). 정보의 경우에도 표현할 수 있는 것만을 나타낸 것이라는 동일한 가정이 적용된다. 둘째 조건은 완전한 소통이 이루어지려면 동일한 언어적 표현에 대한 동일한 개념체계의 대응이라는 전제를 만족시켜야 한다는 것이다. 이 전제는 대부분의 사태에서 만족되기 어렵다. 그 전형적인 경우가 교육의 사태이다. 상대방의 말을 이해하는 데 필요한 공감대를 이미 형성하고 있다면 굳이 별도로 교육을 할 이유가 사라지고 만다.

여기서 분명해지는 것은 교육은 언어적 소통 자체가 아니고 그것을 가능하게 하는 체험상의 공감대를 형성하는 과정이라는 사실이다. 언어적 소통에 의해서 교육이 이루어진다는 언어주의적 기대는 이 점에서 선결문제 요구의 오류를 범하고 있다는 비판에 직면하게 된다(장상호, 2000a, p. 101).

교육과 관련하여 정보화가 갖는 위험성은 그것이 경험주의 혹은 논리실증주의의 노선을 따르고 있다는 데에 있다. 경험주의는 다양한 측면을 지니고 있지만, 여기서는 크게 두 가지 점에서 그 특징에 주목한다.[4] 하나는 지식이 세계에 대한 그림 혹은 거울에 비유된다는 점이다. 세계는 우리의 인식활동과 무관하게 객관

---

3) 앵무새와 언어적 소통을 하는 경우가 좋은 예일 수 있다. 그것을 과연 교육이라고 부를 수 있는가?
4) 이하 경험주의 인식론에 관한 논의는 장상호(2000a), pp. 30-37을 참조하였음을 밝혀 둔다.

적으로 존재한다. 우리는 그것에 대한 생각을 하고 그것을 언어로 표현할 수 있다. 경험주의에 따르면 참된 지식은 객관적인 세계를 투명하게 있는 그대로 표상(representation)한 것이어야 한다. 그 일치 여부는 관찰에 의하여 결정된다. 정보 역시 어떤 것에 대한 여과나 왜곡이 개입하지 않은 언어적 표상체로서 그 정당성을 인정하자는 것이 정보화를 옹호하는 사람들의 입장이다. 다른 하나의 특징은 지식을 요소적인 것들의 산술적인 합으로 보는 것이다. 학습은 자극과 반응의 연합이 마치 '벽돌 쌓기' 같은 방식으로 축적됨으로써 이루어지는 것이다. 마찬가지로 지식은 세계에 대한 여러 개의 참된 표상들을 합한 것 이상의 것이 아니다. 지식의 평가는 그것을 이루는 낱낱의 명제들을 검토하여 이루어진다. 정보의 가장 두드러진 특징 가운데 하나는 그 자체가 낱낱으로 존재하는 단편(fragment)이라는 점이다. 정보화는 그런 단편들의 산술적 합을 지식으로 간주하는 경험주의의 입장을 충실히 따르고 있다.

오늘날 정보화의 이론적 근거를 제공하고 있는 정보처리이론은 경험주의적 학습이론의 최신판에 해당한다(장상호, 1998, p. 84). 정보를 지식과 동일시하는 정보처리이론의 급진적 주장은 오늘날 정보화를 '교육'의 첨병으로 생각하는 많은 사람들을 현혹시키기에 충분하다. 그것은 첨단의 매체를 구축하여 많은 정보를 획득하면 그것으로 지식인으로 행세할 수 있다는 환상을 심어 준다. 만일 그렇다면 대용량의 컴퓨터야말로 최고의 천재일 것이다. 그러나 정보가 곧바로 지식이 되는 것은 아니다. 낱낱의 정보는 그것들을 적절히 범주화하고 조직화하지 않는 한 도리어 사고의 혼란을 가중시킬 우려가 있다. 이런 이유에서 우리의 과제는 많은 정보를 자기 목적에 맞게 선별하고 조직화하면서 어떤 주제에 대한 지식을 구성해 나가는 데 있는 것이다.[5]

현재 진행되고 있는 정보화는 언어적 소통을 통한 정보의 전달을 근간으로 하는 이상, 그것이 초래할 지적 상태와 관련하여 다음과 같은 몇 가지 문제점을 비판할 수 있을 것으로 보인다.[6]

---

5) "구슬이 서 말이라도 꿰어야 보배!"라는 속담은 정보를 조직화해야만 지식이 된다는 점을 정확하게 대변한다.
6) 이 부분의 논의는 지득과 증득의 차이를 논한 장상호(2000a), pp. 253-261을 참조하였다.

첫째, 정보의 획득은 엄밀한 의미에서 그것이 표상하는 인식 대상을 제대로 이해(comprehension)한 것이 아니다. 대상에 대한 이해는 그것을 구성하는 요소들 간의 관계를 파악함에 의해 도달하게 된다. 단편적인 정보는 다른 정보와의 관계 속에서 파악되지 않는 한 그것이 나타내는 의미가 올바로 이해될 수 없다.

둘째, 정보의 가치는 오직 효용(use)의 관점에서 평가되기 때문에 내재적인 가치를 지닐 수 없다. 정보는 그것 자체로서 향유되는 것이 아니라 외재적 조건을 위한 수단에 불과하기 때문에 열망의 대상이 아니라 소유의 대상이다.

셋째, 정보는 그것을 소유한 당사자에게 소외된 형태로 남는다. 그것은 살아 있는 지식과는 거리가 멀다. 모방된 정보는 그것이 생산된 특수한 맥락에서만 재생될 수 있으며, 그렇지 않을 경우 컴퓨터의 파일처럼 물리적 대상으로 취급된다.

넷째, 정보를 가진 사람에게서는 창조력을 기대하기 어렵다. 언어적 형식으로 나타난 정보를 획득한 사람은 단순한 모방자에 불과하다. 그는 정보의 단순 복제는 할 수 있지만, 새로운 지식을 창조할 수는 없다.

다섯째, 정보취득자는 지적 세계에서 고유한 공헌을 할 수 있는 책임 있는 구성원이 될 자격이 없다. 그들은 내적인 공감이 없이 단순히 타인의 것을 모방하거나 타인의 권위에 의존하고 있는 잉여의 인구이다. 그들의 존재는 어떤 주장을 지지하는 사람의 명단에 숫자를 하나 추가하는 정도에 그친다.

4. 정보화시대의 교육의 필요성

교육을 언어적 소통을 통한 정보의 직접 전달로 보는 관점은 새삼스러운 것은 아니다. 정보화시대 이전에도 많은 사람들이 교육을 상식적인 관점에서 언어적 전달로서 이해하였다. 여기에는 특히 학교가 그 중심적인 역할을 하였다. 학교에서는 언어적 소통을 통해 교육이 이루어진다는 언어주의가 만연하고 있다. 여기에 경험주의 인식론적 관점이 결탁하여 절묘한 조화를 이루고 있다. 학교에서는 교과서에 담긴 일단의 언어적 정보를 지식으로 간주하고 그것을 학생들에게 하등의 손상이 없는 형태로 내면화할 것을 강요한다. 여기에 학생들의 개인차는 고려되지 않는다. 이 때문에 학생들은 언어적 정보들을 미처 소화할 겨를도 없이 머릿속에 집어넣는 암기훈련을 반복한다. 그리고 나중에 그것을 다시 언어적 형태로 얼마나 정확하게 재생해 낼 수 있느냐에 의해 평가받는다. 그 결과 학생들에게 남는 것은 파일처럼 칸막이 형식으로 가지런히 보관된 낱낱의 독립된 정보들뿐이다.

학생 내부에서 의미상의 연결 없이 분절된 형태로 존재하는 단편적 정보들은 지적인 측면에서 볼 때 참으로 무기력하다. 정보 중에는 서로 모순되거나 날카롭게 대립하는 항목이 공존할 수 있으나, 그런 경우에 서로 충돌을 일으키거나 심각한 갈등을 느끼지 않게 된다. 대학에서 다루는 교과내용은 대개 하나의 주제에 대한 서로 모순된 이론들을 다룬다. 교수들이 여러 학파의 견해를 소개하면 학생들은 그것을 노트에 적고 시험에 대비한다. 이 경우 학생들은 자주 그것들을 종합하기보다는 또 하나의 기억해야 할 항목으로 추가하는 일을 반복한다. 이것은 마치 서로 관련성이 없는 잡다한 정보의 무더기를 서로 다른 파일에 저장하고 있는 컴퓨터와 같은 양태를 띠게 된다. 서로 모순된 이론이 동일한 사람의 머릿속에서 아무런 갈등 없이 남아 있다는 것은 그것들이 하나의 인지체계로 작용하고 있지 않다는 것을 의미한다. 이는 지적으로 결코 바람직한 상태는 아니다.

학교에서 유지되어 온 언어적 소통의 전통이 지닌 병폐는 정보화가 도입된 경우에도 그대로 반복될 수 있다. 정보를 전달하는 경로와 매체환경만 달라질 뿐, 직접 전달을 목적으로 한 언어적 소통의 본질은 고스란히 유지될 것이기 때문이다. 이처럼 정보화가 언어주의적 관행의 연장선상에서 진행된다는 점을 감안한다면, 교육의 필요성은 더욱 절실해진다. 정보화는 언어적 소통에 필요한 체험적 공감대의 형성을 필요로 하며, 이 일은 결국 교육에 의해 해결되어야 할 숙제로 남기 때문이다. 이것은 일부에서 내세우는 것처럼 매체혁명을 수반한 정보화가 교육을 무력화시킨다거나 그 필요성을 반감시킬 것이라는 주장이 얼마나 터

무늬없는 것인지를 잘 보여 준다.[7]

　매체의 중요성이 증대된다고 해서 그것이 메시지를 대신할 수는 없다. 또한 메시지는 그것이 소속한 전체의 맥락과 구조를 떠나서는 이해될 수 없다. 정보의 전달은 중요하지만, 정보를 해독하는 능력은 더욱 중요하다. 낱낱의 단편적 정보들을 한데 모아 그들을 서로 연관 짓고 전체적인 맥락 안에서 상호유기적인 관계를 맺도록 통합하는 것이 중요하다. 교육에서 추구하는 것은 단지 정보를 획득하는 일이 아니라 그 정보를 해석할 수 있는 체험 구조를 형성하는 일이다. 이러한 의미에서 지식의 형성과 발전을 도모하는 교육의 필요성은 정보화가 진행되면 될수록 더욱 증대될 것이라고 예상된다.

---

7) 교육의 문제를 공학적 접근에 의해 해결한다는 사람들 가운데 일부가 그런 과격한 주장을 펴는 것으로 알려져 있다.

제**11**장 　스마트교육의 과제

　교육 분야에 스마트기기를 활용하려는 시도가 활발해지면서 이른바 '스마트교육'의 필요와 효능이 도처에서 강조되고 있다. 그렇지만 정작 '스마트교육'이 '스마트기기 활용' 이상의 특별한 의미를 가진 것인지를 깊이 논의한 경우는 드물고, 또 기존 매체를 대체하는 것 이상으로 어떤 교육적인 효과를 거두고 있는지를 체계적으로 입증한 예도 찾기 어렵다. 그 주된 이유는 '스마트교육'에 부대된 각종 목표, 가치, 결과를 총괄적으로 설명할 고유한 이론체제의 부재에서 찾을 수 있다. 이 장은 교육을 경험의 성장에 비추어 설명하는 듀이의 교육이론과 교육의 구조와 내재율을 해명한 장상호의 교육본위론에 의거하여 '스마트교육'의 의미론적 요건을 확보할 수 있다고 보고, 그들의 이론을 작업가설로 하여 스마트기기의 교육적 효과에 대한 경험적 검증이 필요함을 논의한다.

1. 연구의 필요성과 목적

　이 장은 '스마트교육'을 바라보는 기존 관점의 특징에 대해 살펴보고, 그 패러다임이 타당성을 갖기 위해 어떤 조건이 필요한지를 논의하는 데 목적이 있다.
　'스마트교육'에 대한 기대가 높고 유행처럼 빠르게 번지는 즈음에, 그 흐름에 동조하고 지원을 제공하는 일은 그 나름으로 필요한 일이다. 다른 한편, '스마트교육'이 지향하는 방향과 그 '교육'의 성격을 근본적으로 성찰해 보는 것 또한 반드시 필요한 일이다. '스마트교육'은 기존의 교육에 비해 어떤 특별한 가치 혹은 목적을 추구하는가? 그 목적을 구현하기 위해 교육의 내용과 방법으로 제시된 방안들은 어떤 특징을 가지는가? 이런 질문은 그것이 교육을 표방한 이상 불가 피한 일일 수밖에 없다.

기존에 '스마트교육'을 강조하는 이들은 누구나 할 것 없이 스마트기기의 단순 한 활용을 넘어 '교육적'으로 활용하기를 요구해 왔다. 그런데 그들의 요구가 타 당하고 적절한 것으로 인정받기 위해서는 일방적인 주장을 펼치는 정도에 머물 러서는 안 될 것이다. 최소한 그들이 말하는 '교육'의 의미가 적시되어야 하고, 또 그 '교육'의 의미를 구현하는 활용방식이 갖추어야 할 요건과 해당 사례를 적 절한 수준에서 제시할 필요가 있다. '스마트교육'이 단지 시대의 흐름에 따라 '반 짝' 하고 사라지는 유행사조에 그치지 않게 하기 위해서 그 자체가 하나의 체계 를 갖춘 교육 패러다임으로 인정받기 위한 응분의 노력을 기울이지 않으면 안 되기 때문이다. 이제 '스마트교육'은 그 정당화의 근거로서 교육에 관한 이론적 관점의 제시와 함께, 그 관점에 입각하여 실천방안을 강구하는 데 필요한 제반 조건에 대해서도 보다 분명한 해명을 내놓아야 할 시점에 와 있다.

이하의 논의는 크게 두 부분으로 구성된다. 첫째, '스마트교육'을 주창하는 이 들은 어떤 관점에서 교육을 바라보는가, 즉 그 교육관은 무엇이고 거기에 어떤 문제점이 있는가에 대해 살펴본다. 둘째, '스마트교육'의 목표 혹은 성과를 교육 의 입장에서 파악한다고 할 때, 그 기준과 근거는 어디에서 찾을 수 있는가 하는 것이다. 이러한 논의를 통해 '스마트교육' 패러다임의 타당성 확보에 필요한 조 건이 무엇인지 확인할 수 있을 것으로 본다.

2. 교육학적 접근의 특징과 문제점

우리는 먼저 '스마트교육'을 거론해 온 여러 분야 중에서 교육학계의 입장이 무 엇인지를 정리하고, 그 접근방식의 특징과 문제점에 대해 살펴볼 필요가 있다.

'스마트교육'이 무엇인가에 대해 교육학자들이 통일된 합의에 이른 것은 아니지만, 분야 내에서 대체로 통용되고 있는 의미상의 공통점을 찾기는 그리 어렵지 않다. 이것은 단순한 우연의 일치라기보다 어쩌면 '스마트교육'을 강조하는 교육학자들 사이에 암암리에 공유하고 있는 교육에 관한 모종의 기본 가정 혹은 신념체계에서 비롯한 것일지 모른다. 그 사고체계를 분석함으로써 '스마트교육'이 지향하는 가치의 특징을 보다 심층적으로 이해할 수 있을 것으로 기대된다.

1) '스마트교육'에 대한 교육학 분야의 접근방식

2011년도에 교육과학기술부는 '스마트(SMART)교육'을 중점 전략과제의 하나로 언급하면서 그 의미를 각 알파벳을 머리글자로 하는 영어 단어로 풀이하여 제시한 바 있다.

S—Self—dirested   (자기주도적으로)
M—Motivated   (흥미롭게)
A—Adaptive   (수준과 적성에 맞게)   } 공부하는 방법
R—Resource free   (풍부한 자료와)
T—Technology embedded (정보기술을 활용하여)

여기서 강조된 내용의 필요성과 중요성에 대해서 이견은 없다. 그것은 그간 교육학계에서 지속적인 실천이 가능한 바람직한 방향을 제시한 것으로 보이기 때문이다.

그럼에도 불구하고 지적할 점이 전혀 없지는 않다. 그 내용 가운데 '정보기술을 활용'한다는 것 외에는 기존 교육론에서 늘 등장하던 상투적인 어구이기 때문이다(권동택, 2013, pp. 180-181). 이 점은 교과부가 강조하는 '스마트교육'이 가치 측면에서 자체의 내적 구심점을 이루는 고유성 혹은 정체성을 확립하고 있는가 하는 의문으로 이어진다.

〈개념 규정 사례〉(김현철, 2011, p. 18에서 재인용)

- 곽덕훈(2010): 학습자들의 다양한 학습 형태와 능력을 고려하고 학습자의 사고력, 소통능력, 문제해결능력 등의 개발을 높이며, 협력학습과 개별학습을 위한 기회를 창출하여 학습을 보다 즐겁게 만드는 것으로, 장치보다 사람과 콘텐츠에 기반을 둔 발전된 ICT 기반의 효과적인 학습자 중심의 지능형 맞춤학습

- Allyn Radford: 새로운 지식과 기술을 활용한 독립적이고 지능적인 '교육'을 통해 학습자의 행동의 변화를 이끌어 내는 활동

- 전자신문: 스마트러닝은 스마트폰, 미디어 태블릿, e–book 단말기 등의 모바일 기기를 이용한 학습 콘텐츠와 솔루션을 통칭. 인터넷 접속은 물론 위치 기반 서비스 증강 현실 등 다양한 기술 적용이 가능한 스마트기기의 장점을 활용해 기존 이러닝과 차별화된 서비스 제공

- 임희석: 학습자–학습자, 학습자–교수자, 학습자–콘텐츠 간의 소통, 협력, 참여, 개방, 공유 기능이 가능하도록 하는 ICT 기술을 활용하여 수직적이고 일방적인 전통적 교수–학습방법을 수평적ㆍ쌍방향적ㆍ참여적ㆍ기능적ㆍ상호작용적 방식으로 전환하여 학습의 효과를 높이고자 하는 총체적인 접근

- 교육과학기술부(2011): 21세기 지식정보화사회에서 요구되는 새로운 교육방법(pedagogy), 커리큘럼(curriculum), 평가(assessment), 교사(teachers) 등 교육체제 전반의 변화를 이끌기 위한 지능형 맞춤 교수–학습 지원체제로서 최상의 통신환경을 기반으로 인간을 중심으로 한 사회적 학습(social learning)과 맞춤형 학습(adaptive learning)을 접목한 학습형태

- 천세영 외(2012): 개인형 맞춤형 '교육', 모두에게 기회가 주어지는 '교육', 스스로 선택하는 '교육', 지식과 소통하는 '교육'

'스마트교육'에 관한 이상의 정의를 일별하면서 유형근(2013)은 '스마트교육'의 주요 특징을 네 가지로 정리한다. 첫째, '스마트교육'의 핵심은 기술이 아닌 '교육'에 있다. 둘째, '스마트교육'은 개별 맞춤형 학습이 가능한 '교육'이다. 셋째,

'스마트교육'은 협력학습, 문제해결학습, 프로젝트 기반 학습 등 사용자 지향적 학습이 가능한 '교육'이다. 넷째, '스마트교육'은 다양한 디지털 기술 및 기기를 활용하여 유비쿼터스 기반 학습이 가능한 '교육'이다(pp. 23-24).

이에 대해 한 가지 지적할 점이 있다. 그것은 '스마트교육'의 특징으로 언급된 내용이 타당한 것인가와 별도로, 무엇을 '교육'이라고 지칭한 것인지가 분명하게 제시되지 않고 있다는 것이다. '스마트교육'의 핵심이 기술이 아닌 '교육'을 강조 하였다는 점을 고려하면, '교육'에 대한 특별한 언급을 기대하는 것은 당연하다. 그러나 어디에도 그러한 설명을 찾아볼 수 없는 것은 다소 실망스럽다.

한편, 유인식(2013, pp. 50-51)은 '스마트 학교', '스마트교육', '스마트기기 활용 교육'이라는 용어를 사용하면서 각각을 구분하려고 한다.

- 스마트 학교-첨단 IT 기술을 활용한 학교경영 및 학급경영 및 학급운영 지원체제를 구축한 학교
- '스마트교육'-21세기 학습자 역량 강화를 위한 지능형 맞춤 학습체제/교육 환경, 교육내용, 교육방법 및 평가 등 교육체제를 혁신하는 동력/스마트기기 를 활용한 미래형 교수-학습체제
- '스마트기기 활용 교육'-스마트 패드, 전자칠판, 무선환경 등 스마트기기를 활용하는 '교육'

각각의 내용은 별다른 차이가 없고, 용어만 번잡하여 혼란을 가중시킨다. 가령, '스마트기기 활용 교육'은 '스마트교육'을 구체적으로 예시한 것으로, '스마트교육'에 관한 설명의 끝부분에 '스마트기기를 활용한 미래형 교수-학습체제'라고 기술된 내용과 대동소이하다. 그리고 '스마트교육'에 부가된 다양한 수식어들이 '스마트교육'을 대표하는 고유한 요소인지도 의문이다. '21세기 학습자 역량 강화를 위한 지능형 맞춤 학습', '교육환경, 교육내용, 교육방법 및 평가 등 교육 체제를 혁신' 등은 '스마트교육'과 필연적인 연관성이 있다기보다는 사실상 '스마트교육'이 등장하기 전부터 교육과 관련하여 늘 강조되어 왔던 내용의 반복에 불

과하기 때문이다.

이상에서 '스마트교육'의 의미를 설명하는 기존의 견해들은 부분적인 차이는 있지만, 크게 몇 가지 공통점을 지닌 것으로 파악된다.

첫째, '스마트교육'은 그것이 목표 혹은 결과로 삼는 스마트러닝에 어떤 방식으로든지 효과적으로 기여하는 다양한 방법 혹은 수단의 역할을 하는 것으로 규정한다.

둘째, '스마트교육'은 사실상 스마트기기 활용을 떠나서 별도의 독자적인 의미를 가진 것으로 규정하기 어렵다. 앞에서 지적한 바와 같이 '스마트교육'에 부대된 다양한 수식어들이 단지 기존의 교육논의에서 언급된 내용의 재론에 불과하다.

'스마트교육'에서 말하는 교육의 의미가 사실상 공허한 것이라는 이상의 분석이 옳다면, 그 의미 공백은 어떤 방식으로든지 보충하거나 보완되지 않으면 안 될 과제의 하나로 다가온다. 이 문제를 어떤 방식으로 해결할 것인가? 그에 앞서 우리는 먼저 '스마트교육'의 의미 공백을 초래한 사고방식의 특징, 즉 '스마트교육'을 주도하는 교육관에 대해서 냉정하게 되돌아볼 필요가 있다.

2) '스마트교육' 논의에 반영된 교육관의 유형

이하에서는 '스마트교육'과 관련된 교육관을 관습적 교육관, 용병학문적 교육관, 그리고 기능주의적 교육관의 세 가지로 구분하고, 각각의 기본 가정과 문제점을 파헤쳐 본다. 사실 그것은 기존의 교육학이 받아들인 대표적인 교육관이라는 점에서 교육학의 문제점을 반영한 것이기도 하다.

(1) 관습적 교육관

'스마트교육'을 바라보는 교육관으로서 경계할 것은 교육을 제도적 실천과 동일시하거나 혹은 그것과의 연관관계에 비추어 파악하려는 습관적인 사고방식이다.

학교는 교육을 위해 만든 제도라고 하지만, 실상 그 안에서 교육만 진행되는 것은 아니다. 학교는 정치, 경제, 사회, 문화, 생물, 물리, 역사, 종교 등 온갖 종류의 삶이 한데 어우러지는 복합적인 생활공간의 하나이기 때문이다(장상호, 1986, 1990). 교육은 그런 삶의 양상 가운데 하나로서 여타의 것과 다른 목적, 질서, 규칙, 활동을 가진 특이한 삶의 영역이다([그림 11-1]). 교육은 시간적으로 학교 이전에도 있었고, 학교 이후에도 영속할 것이다. 또한, 교육은 공간적으로 학교 안에서도 진행되지만, 학교 밖의 온갖 생활공간에서도 활발하게 전개된다 ([그림 11-2]). 학교와 교육의 관계를 종합한 것이 [그림 11-3]이다.

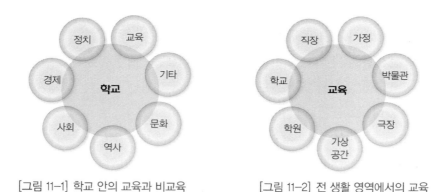

[그림 11-1] 학교 안의 교육과 비교육 　　[그림 11-2] 전 생활 영역에서의 교육

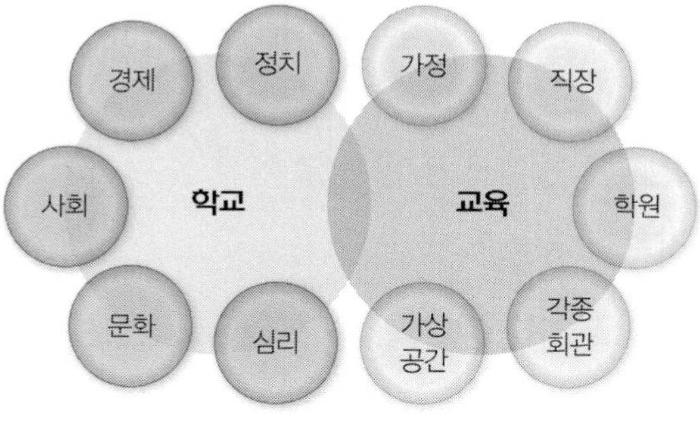

[그림 11-3] 학교와 교육의 범주 구분

관습적 교육관에 대하여 적어도 다음 두 가지 점에 유념할 필요가 있다.

첫째, 학교와 교육은 의미상 아무런 연관관계를 맺지 않는다는 점이다. 즉, 그들은 우연적인 관계이기 때문에 하나가 다른 것의 의미를 설명해 주지 않는다.

그들이 서로 특별한 관련을 맺는 것처럼 연상하는 것은 전적으로 관행에 의한 것일 뿐, 그 자체로는 아무런 근거가 없는 상식 수준의 통념 혹은 대중적 미신일 따름이다(Goodman, 1978).

둘째, '학교 안의 교육'과 '학교 밖의 교육'은 단지 공간에 따른 편의적(제도적)인 구분이기 때문에, 본질상 차이가 없다는 점이다. 학교 안의 교육과 학교 밖의 교육을 구분하는 것보다 중요한 문제는 바로 그 '교육이 무엇인가' 하는 점인데, 제도적 사고방식으로는 그 정체를 파악할 수 없다. 왜냐하면 교육이 무엇인가를 밝히려면 정치, 경제, 사회 등 교육 아닌 것과의 차이를 총체적으로 밝혀 줄 이론적인 설명체제가 필요하기 때문이다.

관습적 교육관은 '스마트교육'을 논하는 장면에 늘 배경으로 등장한다. 얼핏 보아서는 '스마트교육'이 관습적 교육관과 상당히 무관해 보인다. 그렇지만 사실은 그렇지 않다. 그 근거는 다음과 같다.

첫째, '스마트교육'은 기본적으로 학교체제와의 관계를 염두에 두고 있음을 보여 준다. 특별히 '스마트교육'은 학교에 국한된 교육의 범위를 시공간적으로 확장하고, 교과내용과 방법 면에서도 확대한 형태를 지향한다. 그러나 '스마트교육' 자체가 기존의 학교를 배제하는 것은 아니고, 오히려 학교실천과의 상대적 비교 속에서 그 의미를 지닌다는 점에 주목해야 한다. 둘째, '스마트교육'의 목적 가운데 하나는 학교에서 이루어지는 실천의 양태를 개선하는 측면을 강조하기 때문이다. 이것은 학교를 쇄신하기 위한 줄기찬 노력이 '스마트교육' 논의에서 지속적으로 이루어지고 있음을 보여 준다.

(2) 용병학문적 교육관

앞에서 학교 장면에서 스마트기기 활용을 통한 일체의 노력을 '교육'으로 간주하는 관습적 교육관을 살펴보았다. 그것은 교육을 학교태와 동일시하는 고정관념을 지적한 것이다.

여기서 논하려는 것은 '스마트교육'의 설명에 등장하는 용어 및 개념들이 어디에서 온 것인가, 그것이 교육학과 교과교육학 분야의 고유한 지적 산물인가 하는 점이다. '스마트교육'은 주로 스마트러닝에 미치는 효과의 측면에서 설명되고 있고, 대체로 말하여 철학, 심리학, 사회학 등 학습을 설명하는 외래학문의 개념을 차용하여 이루어지고 있다고 해도 과언이 아니다. 그 뒤를 이어 자기주도적 학습, 흥미, 수준, 적성, 창의성, 역량 등 '스마트교육'에 자주 언급된 개념들의 경우도 마찬가지이다. 이런 현상은 교육을 제도적인 시각에서 파악하는 앞의 규정 방식과는 별도로, 그 구체적인 기능의 내용을 타 학문의 시각에서 밝히고자 한 것이라는 점에서 주목된다.

교육에 대한 자율적 이론의 형성을 위해 노력해 온 장상호(1986, 1990, 2005a, 2005b)는 교육을 외래학문의 교육외적 사실로 환원시키는 사고방식을 가리켜 '용병학문적 교육관'으로 명명한다. 그의 관점을 적용하면, '스마트교육'이라는 개념은 용병학문적 교육관에 따른 전형적인 오류로서 범주착오의 오류를 범한다.

우리의 삶은 서로 질적으로 구별된 이질적인 다양성의 복합이다. 정치, 경제, 사회, 문화, 도덕, 종교, 역사, 교육 등 삶의 영역들은 그 목적, 인간, 활동, 태도, 평가기준 면에서 현저한 차이를 보여 주며, 그 고유성에 기초하여 다른 것과 상대적인 경계를 유지하면서 공존한다. 그들의 차이는 부분적인 것이 아니라 전체적인 맥락의 총체적인 차별화를 의미하기 때문에 하나가 다른 것을 설명하거나 대체할 수 없다. 모양을 색깔로 규정할 수 없고, 황금의 가치를 그 밝기로 평가할 수 없다. 마찬가지로, 교육을 교육 아닌 외래학문적 사실로 포착하거나 규정할 수 없다. 교육이 그 속성과 어울릴 수 없는 이질적인 범주의 사실로 규정될 때, 그것은 교육을 엉뚱한 외래적 사실로 왜곡 또는 환원시키고 만다.

이런 오류를 간과한 채 교육을 무턱대고 외래학문의 개념으로 설명하는 것은 교육의 실상을 밝히기는커녕, 도리어 그것을 외래학문의 그늘에 가려 은폐시키고 만다(장상호, 2005a). 같은 현상을 철학, 심리학, 사회학 등의 입장에서 보면 그들이 창안한 고유 개념이 교육으로 곡해된 것이기 때문에 그 부당함을 지적할 수도 있다. 비교육과 교육의 차이를 적절히 감식하는 이론적 개념체제를 성립시켜야 하지만, 애초부터 그 경계를 무시하는 용병학문적 교육관은 그런 잘못을 스스로 자초하는 셈이다.

(3) 기능주의적 교육관

'스마트교육'에서 말하는 교육이 무엇인가를 답하는 통상적인 방식 가운데 하나는 그것을 과제나 기능으로 규정하는 것이다. 이는 스마트러닝이라는 목표를 성취하는 데 도움이 되는 일체의 수단 혹은 방법을 모두 '교육'이라고 보는 것이다. 그 도식을 그림으로 나타내면 [그림 11-4]와 같다.

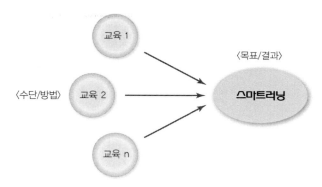

[그림 11-4] '스마트교육'에 대한 기능주의적 설명도식

[그림 11-4]에서 볼 수 있듯이, 스마트러닝을 목표로 거기에 기여하는 수단을 모두 '교육'으로 받아들이면, '교육'의 외연이 무한대로 확장된다. 그 인과론적 도식 자체가 교육의 실체에 대한 해명을 방치한 채 그것을 기능으로 환원시킴으로써 교육과 교육 아닌 것의 구분을 불가능하게 만드는 것이다. 이런 이유에서 교육을 기능주의적 도식으로 설명할 것이 아니라 그 실체에 대한 구조를 드러내는 방식으로 파악하는 것이 필요하다.[1]

오늘날 교육에 거는 사람들의 기대수준은 '마법의 요술상자'나 '도깨비방망이'를 대하는 것과 비슷하다. '스마트러닝'을 위한 도구로서 교육에 바라보는 기대에도 이런 엄청난 거품이 끼어 있다. 그러나 기대가 크면 실망도 큰 법이다. 실

---

1) "우산이 무엇이냐?"고 물을 때 "비를 가리는 도구"라는 대답은 '모든 것이 우산'이라고 말하는 셈이 된다. 우산의 정체는 그렇게 기능을 가지고서는 드러나지 않는다. 우산의 생김새와 얼개를 설명해야 비로소 파악될 수 있다.

패하면 온갖 책임을 교육에 다 뒤집어씌운다. 불행하게도, 그것이 진정 교육의 책임인지를 성찰해 보는 사람이 극히 드물다는 사실이다.

하나의 비유를 들어 보자. 어떤 농부가 봄에 '사과나무'를 심었다. 가을이 되자, 그 나무에 배가 열렸다. 그것을 본 농부가 "이 잘못된 사과나무야!" 하면서 나무를 야단쳤다. 나무는 아무 말이 없었다. 과연 나무가 잘못한 것인가? 아니면, 농부가 잘못 생각한 것인가? 이 비유에서 나무는 교육을 말하고, 농부는 우리를 가리킨다. 원하는 결과가 나오지 않으면 무턱대고 교육이 잘못되었다고 비난하지만, 이때의 잘못은 사실 교육에 있는 것이 아니라 바로 우리 자신의 생각에 있다.

여기서 얻어지는 중간 결론은 '교육의 문제보다 우리가 가진 교육관이 문제'라는 것이다. 고장 난 청진기를 가진 의사가 올바른 진단과 치료를 할 수 없듯이, 그릇된 교육관을 가진 사람이 교육을 바로잡기를 기대할 수는 없다. 그런 의미에서 우리가 가진 교육관이 어디에서 잘못된 것인지를 아는 것은 그 자체만으로 매우 중요한 의미를 가진다.

(4) 종합적 논의

이상에서 '스마트교육'에 함축되거나 전제된 교육관은 무엇이고, 거기에 어떤 문제점이 있는지를 살펴보았다. 그 가운데 중요한 핵심 내용을 몇 가지의 논점으로 정리하면 다음과 같다.

- '스마트교육'에 대한 다양한 수식어와 설명에도 불구하고, 그때의 그 '교육'이 무엇인지에 대한 해명은 여전히 이루어지지 않고 있는 것이 현재의 상태이다. 그 '교육'은 단지 학교 내의 실천을 가리키거나 혹은 그와 유사한 형태의 학습을 일컫는 데 불과하다. 그 자체가 단지 제도적 관행을 통칭하는 것일 뿐, 이론적 근거라고 할 만한 것이 없기 때문에 담론의 수준은 늘 상식과 통념을 반영하는 저급한 단계에 머물러 있다.
- 또한, '스마트교육'은 그 실천적인 노력을 통해 달성하고자 하는 온갖 목표와의 인과적 연관을 토대로 '교육'을 규정하는 기능주의적 관점의 전형을 고스

란히 보여 준다. 그때의 '교육'은 그 본연의 고유한 구조와 속성을 포착하기 위해 별도로 고안된 이론적 개념망을 통해 실체를 파악하는 것과는 거리가 멀다. 오히려 주어진 목표를 성취하는 데 도움이 되는 수단 혹은 방법으로 환원된 것을 가리켜 '교육'이라고 주장할 따름이다. 이런 식으로 교육을 결과를 가져오는 모종의 기능으로 치환시키기 때문에, 더 이상 교육을 다른 것과 구별할 방도가 없다. 사실상 교육의 개념적 외연이 무한대로 확장되기 때문이다. 이에 따라 목표달성에 보다 효과적인 수단을 '교육'으로 인정하는 궤변과 그것을 용인하는 도구적 합리성이 지배적 규범으로 자리하게 된다. 이런 변칙적인 개념 규정은 그 자체가 '스마트교육' 안에 잠복된 일단의 교육관이 밖으로 표출되면서 나타난 현상으로 이해된다.

- 오늘날 '스마트교육'은 그 맥락의 정체가 판별되지 않은 무수한 논란들이 혼재된 상황을 보여 준다. 교육목적에 대한 수많은 주장들이 난무하는 가운데, 정작 그 '교육'이 가진 고유한 가치에 대해서는 거의 합의가 이루어지지 않는다. 이로 인해 선호하는 목적과 가치, 활동 양태 등이 달라서 상충, 대립, 모순, 갈등이 불거지는 경우를 볼 수 있다. 다양한 이질적 목표들은 그것과 유관한 다양한 이론을 동원하여 교육과의 합목적성 혹은 적합성을 정당화한다. 그러나 엄밀히 말해서 각기 다른 이론을 가지고 설명한 결과는 교육의 고유하고 독자적인 양상으로 볼 수 없으며, 교육을 철학, 심리학, 사회학 등에서 주목하는 모학문적 사실로 환원시킨 것에 불과하다. 그것을 '교육'이라고 주장한다면 범주착오와 분과학문적 사실을 왜곡하는 오류에 빠지고 만다.

- 예를 들어, 스마트기기를 활용한 자기주도적인 학습을 통해 창의적 능력을 강화하자고 주장한다. 이때 학습을 설명하기 위해 철학의 인식론, 심리학의 학습이론, 지식사회학 등을 원용한다. 그중 어느 관점과 이론을 채택하느냐에 따라서 전혀 이야기가 달라진다. 각각의 분과학문적인 배경이 다르기 때문에 그 이야기를 종합한다는 것은 사실상 불가능하다. 게다가 그런 설명을 아무리 많이 늘어놓는다고 해도 학습을 다각도로 조명한 것 이상으로 교육에 관한 적절성을 입증할 어떤 타당한 증거도 얻을 수 없다.

하나의 분과학문을 선택하여 '스마트교육'을 설명하는 경우도 마찬가지이다. 문화인류학을 예로 들어보자. 스마트기기는 현대문명이 이룩한 고도의 문화적 산물이다. 따라서 그것을 대면하는 이들에게는 문명의 이기에 숨 가쁘게 '적응'해야 하는 측면이 당연히 있다. 그렇지만 다른 한편, 그 사용법에 익숙해지는 것 이상의 창의적인 혁신을 강조하는 또 다른 방향의 요구도 아울러 강조된다. 전자를 문화의 압력에 순응하는 '문화화'라고 한다면, 후자는 그 문화의 울타리를 초월하는 '문화창조'를 말하는 것인데, 양자는 그 지향하는 목적이나 과정 면에서 매우 이질적인 성격을 띨 수밖에 없다. '스마트교육'에서는 이 두 가지를 '교육'이라는 하나의 명칭으로 통칭하며, 그 결과 문화화와 문화창조 사이의 실질적 차이와 각각의 특징을 충분히 반영하지 못한다. 따라서 현상의 차이가 있다면 그것을 충실히 반영하는 적절한 인식이 중요하고 각각의 차이를 드러내는 적절한 용어를 사용하는 노력이 중요하다.

- 요컨대, 지금은 '스마트교육'이라는 용어와 개념의 해체와 재건이 필요한 시점이다. 부정확한 용어의 남발은 사태에 대한 정확한 인식과 그것에 의거한 소통을 방해하는 교란과 혼란을 낳는다. 이와 관련하여 우선, 스마트기기를 그럴듯한 목표와 연관 지어 마구잡이로 붙여 온 '스마트교육' 용어의 과다 사용을 언어공동체 내에서 규제하는 방안이 필요하다. 부적절한 용어 사용의 사례를 적발하여 그 오남용의 문제점을 분석하고 사용을 제한하는 조치가 내려져야 한다. 이를 마치 법원의 판례처럼 후속하는 여타의 경우에 일관되게 적용하는 준행의 범례로 활용하는 것이 필요하다. 더불어 당분간 그것에 따옴표를 붙인 '스마트교육'이라는 표기법을 활용하는 것도 생각할 수 있다. 이때의 '스마트교육'은 이론적인 의미를 지닌 스마트교육과 동일한 것은 아니고, 단지 전(前)이론적인 일상적 사태를 나타내는 것으로 보면 될 것이다.

- 용어의 '재건'도 매우 중요한 과제의 하나이다. 스마트교육의 실질적인 의미를 이론적으로 구명함으로써 그 용어 사용에 엄격한 조건을 붙이는 규칙을 제정하고 지켜 나가야 한다. 그리고 그런 조건을 충족시키는 경우에만 정당한 것으로 인정하는 학문계의 전통과 관행이 새롭게 수립되어야 한다. 거기

에 이르는 데에는 상당한 시간이 소요될 것이기 때문에, 그때까지는 교육이라는 어휘의 사용을 최대한 자제하는 것도 한 가지 현명한 방책이 될 수 있을 것이다.

- '스마트교육'에 관한 다양한 논의가 진행되고 있다. 그렇지만 그 어휘의 참된 맥락이나 깊이를 따지지 않은 채 논의가 전개되기 때문에 담론이 거듭될수록 개념의 혼란과 소통의 장해가 증가하는 것을 보게 된다. 심도 있는 논의를 펼쳐도 모자랄 판에 혼란을 정리하는 데 에너지를 소모하지 않을 수 없는 문제를 피해가기 어렵다. 그렇다고 이 문제를 회피하거나 외면하는 것은 더 큰 문제를 불러올 수 있기에 차제에 근본적인 처방을 마련해야 한다. 정확한 개념과 적절한 용어의 사용은 학문활동의 기본이고, 고담준론이 가능하기 위한 전제조건의 하나이다. 종래 이 부분을 소홀히 다루어도 무방하다고 여겼다면, 그 학문적 무지의 함정을 자각하는 데 힘을 기울여야 마땅하다. 이 연구의 주제 가운데 하나는 바로 이 부분을 정면으로 다룰 필요와 자각에서 비롯된 것이다.

- 다른 한편, 교육을 관리, 감독하고자 하는 통제 위주의 사고방식이 '스마트교육'을 강조하는 주장에 깊게 빠져 있는 것은 그 자체로 매우 심각한 문제라고 지적해야 하겠다. 교육을 있는 그대로의 본연으로 파악하려는 겸허한 인식태도의 부재로 인해 교육을 교육답게 이해하고 실현하는 길을 체계적으로 훼손하는 문제가 야기된다. 이는 인간이 모든 것을 지배하고 정복하겠다는 전근대적 야망이 교육에 관한 담론의 영역에까지 깊숙이 침투한 것을 보여 주는 것인데, 이로 인해 마침내 인간이 그 자신을 스스로 통제의 대상으로 전락시키고 마는 결과에 봉착하고 만다는 점을 예견할 수 있어야 한다.

3. 패러다임 구축을 위한 이론적 토대 1: 존 듀이의 교육이론[2]

　교육의 문제를 해결하고자 할 때 그 교육이 무엇인지를 먼저 구명하지 않으면 안 된다. 이 문제의식은 교육학의 학문적 과업이 그 대상세계인 교육의 실천적 과업을 대행하는 것이 아니라는 사실을 명확하게 보여 준다. '스마트교육'의 경우, 세간의 요청에 부응하는 것을 목적으로 하는 의미 있는 실천운동의 하나이다. 그런데 거기에 사용한 교육이 무엇인지에 대한 이론적 근거를 해명하지 않고 있어 끊임없이 문제가 된다. 실천을 계도하려는 의도는 좋지만, 그 개념을 명확히 하지 않으면 혼란의 온상이 되기 십상이다. 그 점에서 이 분야의 전문종사자들은 무턱대고 교육이라는 용어를 남발하기 이전에 먼저 그 의미의 이론적 명료화에 치중하려는 태도를 갖출 필요가 있다.

　이하에서 소개할 듀이(J. Dewey)의 교육이론과 장상호(1991, 1994, 1996)의 '교육본위론'은 교육의 자율적인 개념체제로서 구성된 것이다. 거기에 제시된 교육의 개념을 개략적으로 살펴보고, 그 이론에 비추어 스마트기기 활용의 교육적 조건에 대해서 논의하고자 한다.

　구체적인 이론에 근거하지 않은 막연하고 모호한 개념은 대상세계에 대한 우리의 이해와 노력을 혼란에 빠뜨린다. 그런 까닭에 '스마트교육'을 강조할 경우, 특별히 그 교육에 관한 분과학문적 이론체제의 구성이 긴요하다. '스마트교육'이 추구하는 기술공학적 진보의 교육적 활용의 전제로서 그 교육이 무엇인가를 자율적으로 구명하는 일을 결코 소홀히 하거나 생략할 수 없는 이유가 거기에 있다. 그 개념적 명료화가 선행한 연후에야 비로소 어떤 디지털 기술 및 기기 활용이 과연 교육과 유관한 것인지, 무관한 것인지를 판단하는 적절한 근거가 확보되기 때문이다.

　교육의 이론과 실제에서 듀이만큼 큰 비중과 영향을 미친 사람은 드물다. 그리고 그 교육이론을 두고 듀이만큼 해석과 평가가 엇갈리는 경우도 드물다. 일

---

2) 듀이의 교육이론에 관한 이하의 논의는 졸고(2005), IV에서 발췌하여 수정하였다.

부는 듀이가 현세적인 것에만 관심을 두는 보통 사람들의 욕망을 정당화해 주기 때문에 전형적으로 교육이 실패한 경우를 교육의 목적으로 삼는다고 평가한다(Peters, 1977; 이홍우, 1991). 반대의 경우는 듀이가 교육의 의미와 가치에 적합한 개념체계를 구성함으로써 학교사태를 넘어서는 본격적인 교육이론으로서의 면모를 보여 준 것으로 판단한다(Rorty, 1979; 장상호, 2000a, pp. 163-183). 이처럼 듀이에 대한 평가가 엇갈리는 이유는 교육을 무엇이라고 보느냐에 대한 평가자들의 상이한 교육관이 작용하기 때문이다. 그렇다면 누구의 교육관이 옳다고 할 수 있으며, 그 판단의 기준은 무엇인가? 그 해답을 여기서 단도직입적으로 제시하는 것은 무리이다. 사실 이 책 전체가 그 답을 찾기 위한 작업의 일부이기도 하다. 다만, 이제부터 살펴보려는 듀이 역시 바로 그 답을 찾으려고 했던 인물이라는 점에서 그 이론에 반영된 교육관의 특징을 여기서 고찰해 보고자 하는 것이다.

  듀이가 자신의 교육이론을 형성한 배경에는 말할 것도 없이 당대를 주름잡던 전통적 학교교육에 대한 그의 비판적 관찰이 한 요인으로 작용하였다. 그가 관찰한 전통적 교육의 특징은 한 마디로 외부로부터 주어진 교과내용의 반복적 암기를 강요하는 주지주의에 입각한 것이다. 교과내용의 대부분을 차지하는 지식은 학습자의 흥미나 관심과는 유리된 추상적인 언어적 형태로 제시되고, 학생들은 그것을 단지 수동적으로 습득하는 것이 전통적인 학습의 유형이었다. 듀이는 교과가 그 자체로 가치를 가진다는 전제하에 그것을 목적으로 미리 규정해 놓고 어린 아동들을 이에 일치시키려는 전통적인 교육의 목적의식에 심각한 의문점을 제기하고 통렬한 비판을 가한다(Dewey, 1963, p. 19). 이러한 전통적인 교육은 그가 비판하는 전통적인 철학의 관념을 그대로 따르는 전형적인 모습을 띠고 있었다. 따라서 그는 아동들의 현존하는 상황을 무시한 채 지식의 일방적 습득을 강요하는 교육관 속에 스며든 철학의 폐단이 아동을 목표로부터 근본적으로 소외시키는 결과를 가져온다고 보고, 그런 폐단을 초래한 전통적 철학을 재건하기 위한 출발점이자 당대의 지배적 교육관에 대응하는 거점으로서 자신의 교육이론을 정립하고자 하였다.

  듀이는 프래그머티즘의 철학적 기조를 '도구주의'라는 명칭을 사용하여 대변한다. 그가 말하는 도구주의는 실제적 유용성을 지향하는 실용주의와 구분된 것으로, 관념이나 이론의 진리성은 그것이 활용되는 실제적 맥락을 통해 최종적으로 검증되어야 한다는 주장을 핵심으로 한다. 이런 주장이 철학의 전통에서 견지해 온 지식의 내재적 가치를 전적으로 부인하는 것은 아니다. 듀이는 세상에 대한 주장을 담은 이론적 판단(theoretical judgment)과 현실개선적인 제안을 담고 있는 실제적 판단(practical judgment)을 구분하고, 전자가 실제적인 목표들에 봉사하는 정도에 의해서만 정당화되는 것이 아니라 '이해관계를 떠난 호기심(disinterested concern)에 의해서도 정당성을 확보해야 할 것으로 보았다(Dewey, 1949/1960; Bernstein, 1977, pp. 216–217).[3] 그러나 듀이가 생각하기에 지식에 관한 전통철학의 문제점은 불변의 실재를 표상하는 인식의 최종적인 확실성을 확보하는 데 지나치게 집착한 나머지 단지 잠정적인 수준에 지나지 않는 지식을 고정되고 완결된 것으로 전제한 데 있었다(장상호, 2000a, pp. 163–164). 헤겔 철학과 진화론의 영향을 받은 듀이는 모든 것이 끊임없이 변전하는 과정에서 고정된 것은 있을 수 없다는 세계관을 가지고 있었다. 그리고 인간의 모든 지식과 가치가 어떤 궁극적인 기준에 의해서가 아니라 우리 각자가 당면한 실제의 경험과 문제를 해결하는 과정에서 확인된다고 보았다. 이런 생각에 기초하여 듀이는 지식이 형성되는 원천으로서 삶의 실제적인 문제 사태를 지적함으로써 그 가설적인 성격을 부각시키고, 동시에 새로운 문제 사태의 해결을 위한 탐구과정에 지식이 재활용된다는 점을 상기시켰다(Dewey, 1916a/1987, p. 297; Bernstein, 1966/1995, p. 152). 그는 관념이나 지식의 진리성이 문제해결 과정을 통해 검증될 수 있으며, 그것들은 또 다른 문제해결을 위한 도구로서 가치 있게 활용될 소지가 있다고 보았다. 이처럼 듀이의 도구주의는 전통철학의 문제점을 심도 있게 비판하면서 그것의 혁신적인 대안이 될 만한 발상을 지니고 있었다.

주목할 것은 지식의 검증과 그 활용에 있어서 도구주의를 표방하는 듀이의 경험이론은 그 경험의 핵심적 의미를 집약하는 교육 사태에서 그 의미가 더욱 분

---

3) Bernstein(1977)은 이 문제가 듀이 이론의 가장 중요한 주제 가운데 하나이면서, 동시에 가장 많이 오해를 사는 부분이라고 말한다.

명히 드러난다는 점이다. 이것은 그가 전통적 철학을 따르는 전통적 학교교육의 문제에 대응하기 위해 경험의 개념에 기초하여 낡은 교육관을 쇄신하고 그 여파를 몰아 철학의 병폐를 치유하는 방략을 취하고 있기 때문이다. 그렇게 하기 위해서 그의 교육이론은 최소한 전통적인 철학의 안이함에서 벗어나지 않으면 안 되었다. 여기에서 경험은 지식을 수단으로 그 자체의 성장을 목적으로 하며, 경험의 성장 그 자체가 바로 내재적 가치를 지닌 교육이라는 듀이의 기본 입장이 구축된다.

교육이 내재적 가치를 가진다는 듀이의 언급은 결코 예사로운 주장은 아니다. 듀이 자신도 "교육의 과정은 그 자체 이외의 다른 목적을 가지지 않으며 교육 그 자체가 목적(Dewey, 1916a/1987, p. 82)"이라고 힘주어 강조한다. 그러나 많은 이들이 듀이의 이런 발언에도 불구하고 그의 교육이론에 대해 전혀 다른 해석을 내리고 있기 때문에 문제가 된다. 그중에는 듀이가 도리어 교육의 내재적 가치를 부정하고 그것을 단지 수단적인 것, 더구나 실제적 생활의 공리적 목적에 유용한 수단으로 전락시켰다는 비판을 가하는 이들도 있다(Peters, 1977, p. 121; 이홍우, 1991, pp. 144-155). 이들의 비판은 앞의 듀이의 발언과는 전적으로 모순되는 것이다. 어떻게 이런 일이 가능한가? 가만히 살펴보면, 그들의 비판은 지식의 문제에 대하여 듀이가 취한 도구주의의 내용을 거의 그대로 교육에 대한 입장을 나타낸 것으로 오인한 데서 생긴 것이다(김규욱, 2001; 엄태동, 2001). 말하자면, 그들의 비판에는 지식의 문제와 교육의 문제는 같은 것이라는 전제가 깔려 있고, 그 전제는 다시 교육은 지식을 습득하는 일이라는 기능주의적인 도식에 근거하고 있다. 이 때문에 그들은 지식의 도구성을 강조한 듀이의 주장을 교육의 도구성을 언급한 것으로 해석한 것이고, 교육의 도구성은 다시 실제적 목적에 봉사하는 것으로 자의적인 해석을 해버린 것이다. 기능주의 도식이 그런 엉뚱한 해석과 비판을 가져온 셈이다.

그런데 정작 그들이 비판한 듀이는 자신의 이론 속에서 지식으로 대표되는 교과와 교육을 엄연히 다른 범주의 것으로 구분한다(Dewey, 1929). 뿐만 아니라 그의 도구주의는 지식이 단지 실용적인 이익을 얻기 위한 수단이 아니라는 점을

극구 강조한다. 초점을 명확히 하기 위해 이에 관한 듀이의 입장을 다시금 정리
해 보자.

　듀이는 교육을 그 자체의 고유한 구조를 지닌 삶의 한 가지 방식으로 규정하
고, 교육이 교과 혹은 지식이라는 것의 가치와는 구별되는 독자적인 내재적 가
치를 지닌다고 보고 있다(Dewey, 1916a). 듀이에 의하면, 교육은 경험을 개조하
는 과정이고, 교육활동의 내재적 가치는 교육이 경험을 재구성하는 과정에서 반
드시 따라야 하는 내적인 규칙의 준수와 그 수월성의 기준을 만족시키는 경우에
한하여 발생적으로 체험된다. 이때 교육의 과정에서 교과의 가치는 개별 학습자
가 어떤 상황에 놓이는가에 따라 다르게 규정된다. 학습자의 수준보다 지나치게
어렵거나 지나치게 평이한 수준에서 제시되는 교과는, 그 교과가 속한 학문이
나 예술의 각 영역에서 음미되는 그것 자체의 가치와는 독립적으로, 적어도 교
육의 관점에서는 무의미한 것으로 평가될 수 있다. 교과는 학습자의 성장 단계
와 무관하게 그 자체로 가치 있는 것이 아니라, 학습자와의 상호작용을 통해 경
험의 성장에 도움이 될 때 비로소 교육적 가치를 갖게 된다(Dewey, 1916a/1987,
p. 305; 1963, p. 60). 이런 의미에서 교과는, 피터스의 주장—이론적 활동 그 자체
로서 내재적 가치를 지니며 따라서 그것을 전달하는 교육도 내재적으로 가치 있
는 것이라고 정당화하는 입장(Peters, 1966/1980, pp. 13-43, pp. 153-166)—과는
정반대되는 의미에서, 교육활동에 수단적인 가치를 지닌 것으로 파악된다.

　듀이가 강조한 것은 결국 교육이 자체의 고유한 맥락을 구축하는 영역의 하나
로서 교과와는 구별된 내재적 가치를 지닌다는 것이고, 그런 교육의 맥락은 교
과의 가치를 전혀 새로운 각도에서 평가하는 기준이 된다는 것이다. 듀이가 교
육의 내재적 가치를 강조하는 것은 분명하다. 그렇지만 그것 때문에 교과가 지
닌 내재적 가치마저 부인하고 있는 것은 아니다. 그는 단지 교육의 맥락을 본위
로 할 때, 교과가 학습자의 성장에 도움이 되느냐 마느냐를 가지고 그 가치를 별
도로 평가할 수 있다는 것이다. 극단의 경우 성장을 저해하는 교과가 있다면, 그
것은 교육의 입장에서 볼 때 전적으로 무가치한 것이 된다. 이처럼 교과의 가치
를 교육의 입장에서 판단할 수 있으며, 이 사태를 교과의 입장에서 본다면 교과

가 얼마나 교육에 도구적인 가치를 가지는가를 평가받는 경우가 된다.

이렇게 보면, 교육의 내재적 가치를 강조했던 듀이의 의도는 명백해진다. 그는 경험의 개념에 기초하여 교육의 맥락을 자율적으로 구성하고, 그것에 비추어 전통적 철학에서 부여해 온 지식(교과)의 절대적 의미를 상대화하려는 것이다. 그렇게 함으로써 지식(교과)을 수단으로 하는 경험의 성장을 이룩하는 길이 열리게 되고, 그것은 또한 지식의 성장을 가져올 것이기 때문이다.

경험의 개념에 근거한 교육이론을 구축함으로써 철학의 재건을 아울러 꾀하였던 듀이의 의도는 교육에 관한 본격적인 해명으로 나타났다. 그가 전통철학을 비판하면서 이룩한 경험이론에 근거하여 교육을 '경험의 개조' 혹은 '경험의 계속적 재구성'으로 규정한 것은 교육의 내적 실체를 이론적으로 밝히려고 했다는 점에서 큰 의미가 있다.

그가 말하는 교육은 그의 핵심 개념인 경험의 독특한 의미에서 나온다. 듀이는 교육이 우리의 경험과 관련되어 있다고 보고, 그 가운데 어떤 것이 '교육적인 경험(educational experience)'인지를 밝히고 있다(Dewey, 1963, p. 27). 경험은 시작과 발전과 종결이 있는 하나의 구체적인 과정으로 이루어진 활동양식으로서, 성장은 경험의 종결이 또 다른 시작으로 연결되는 계속적인 단계로 이루어진다. 듀이는 그런 경험의 계속성을 보장하는 것을 '교육적인 경험'이라고 규정하는 것이다. 경험의 성장이 단계를 밟으며 계속적으로 진행되기 위해서는 매 단계마다 그다음 단계의 목표를 적절한 수준에서 설정하는 것이 중요하다. 교육에서 고정된 목표란 있을 수 없고, 다만 상황의 진전에 따라 현재의 단계보다 한 발 앞선 것이 그것을 대신해야 한다. 여기서 듀이는 '가시목표(end-in-view)'라는 움직이는 표적(a moving target)의 개념을 도입함으로써 이를 멋지게 설명한다(Dewey, 1916a/1987, pp. 164-165; 장상호, 2000a, pp. 171-172). 이것은 주체의 현재 능력과 실현 가능한 여건을 고려하여 스스로 설정한 목표이기 때문에 주체에게 큰 흥미와 관심을 불러일으킨다. 아동의 현재 수준에서 시작하여 차츰 가시목표의 수준을 순차적으로 높여 나가면서 경험이 부단히 상승해 나가는 과정이 듀이가 말하는 성장이며, 그 성장을 촉진하는 내적 과정이 바로 교육이다.

이처럼 듀이는 교육이 자체로서 고유한 세계를 구성하는 하나의 구조라는 점과 그것이 다른 여타의 세계들과 범주적으로 구별되는 삶의 영역이라는 사실에 대한 본격적인 의미의 통찰을 보여 주고 있다. 이것이 우리가 듀이의 교육론을 기능주의적인 접근과는 근본적으로 차별화된 것으로 평가하는 이유이다.

우리는 앞에서 기능주의적 접근이 얼마나 교육을 미궁에 빠뜨리는 허장성세뿐인 논법인지를 살펴보았다(3절 참조). 교육의 실체에 대한 구체적인 해명을 생략한 채 막연히 그 외재적 기능을 논하는 것으로 대신하는 이상 그것은 어쩌면 당연한 결과일 것이다. 이에 비해, 듀이의 시도는 기능주의자들이 외면한 교육의 내적인 측면을 가능한 한 철저히 추궁함으로써 그 실재에 좀 더 가까이 다가가려고 노력한 보기 드문 시도를 보여 주었다. 교육의 내재적 가치에 관한 듀이의 주장이 피터스의 견해와 근본적인 차이를 가진 것으로 평가되어야 하는 이유도 여기서 찾을 수 있다. 피터스가 교육을 교과를 전달하는 기능적인 일로 환원시키고 그런 관점에서 지식으로 대표되는 교과의 가치를 교육의 가치로 환치한 반면에, 듀이는 교육을 경험을 재구성하는 과정으로 규정하고 그런 이론적 토대 위에서 지속적인 경험의 성장을 추구하는 교육의 내재적 가치를 말하고 있기 때문이다.

교육의 실재에 관한 최소한의 해명이 이루어지지 않은 상태에서 그 기능이나 가치를 언급하는 것은 교육에 대한 사유의 목적을 망각하는 행위와 다름없다. 이런 이유로 교육의 자율적인 속성을 그 실재에 대한 접근의 토대로 삼았던 듀이의 교육이론은 상대적으로 더욱 빛날 수밖에 없다. 오늘날 듀이를 향하여 비판의 목소리를 쏟아내고 있는 교육학자들 가운데 교육에 대한 이론적 실천의 열정과 노력 면에서 듀이에 필적할 수 있는 사람은 많다. 그러나 그 가운데 교육의 실재에 대한 이론적 해명의 자율성과 책임성 면에서 듀이에 필적할 수 있는 사람은 찾아보기 어렵다. 이런 의미에서 자율적인 교육의 내밀한 실상을 그려내려고 한 듀이 이론의 교육학적 의의는 결코 과소평가되어서는 안 될 것이다.

그러나 아쉽게도 교육에 대한 듀이의 설명은 일말의 미흡함을 떨쳐내지 못한다. 그가 말하는 경험이라는 것의 의미가 무엇인지 분명하게 규정되지 못한 점은 종종 그를 공박하는 비판론자들의 표적이 된다(이돈희, 1992; 박철홍, 1995; 홍원표, 1998). 그리고 교육의 내재적 가치에 관한 그의 주장은 주로 교육을 이루는 하나의 하위 요소인 학습(learning)에 치중하고 있다. 교육이 학습의 과정만 아니라 다른 하나의 요소인 교수(teaching)의 측면을 포함해야 함에도 불구하고 듀이는 그 점을 자신의 이론에 충분히 반영하지 못하였다.[4] 만일 그가 학습에 못지않게 교수에 대해서도 응분의 관심을 기울였더라면 그의 교육이론은 현재 우리가 보는 것보다 훨씬 더 체계적이고 균형 잡힌 이론의 모습을 갖추었을 것이다.

4. 패러다임 구축을 위한 이론적 토대 2: 장상호의 교육본위론[5]

교육학의 자율화를 천명하면서 그 이론체제의 구축에 앞장서 온 장상호(1991, 1994, 1996)는 오랜 사색의 중간 결실로서 '교육본위론'으로 불리는 교육의 자율적인 개념체제를 제안하였다. 그 기본 전제는 다음과 같다.

우리의 삶은 다양하고 이질적인 세계들의 복합이며, 그 속에는 교육과 교육 아닌 다른 것들이 혼재되어 있다. 교육은 정치, 경제, 사회, 문화, 역사 등 각 삶의 영역과 마찬가지로 고유한 총체성을 지닐 것으로 가정되며, 그것은 여타의 것으로 대신하거나 설명할 수 없는 그 나름의 범주, 질서, 맥락을 파악함에 의해서만 드러날 수 있다. 이러한 교육현상의 내재성을 추적하기 위해서는 교육이 본질, 유관, 전경, 중심, 실재가 되고, 다른 것들은 비본질, 무관, 배경, 주변, 비실재가 되는 방식으로 삶을 이론적으로 재구성하는 것이 관건이다. 그 시도의 하나로서 '교육본위론'은 교육이 세계의 중심이 되도록 특유의 세계구성과 가치실현 방식

---

4) 엄밀히 말해서 듀이가 말하는 학습(learning)과 교수(teaching)는 교육본위론에서 말하는 상구와 하화와 동일하지도 대치 가능한 개념도 아니다. 그 개념적 맥락 자체가 총체적으로 상이하기 때문이다. 듀이는 주로 실제적인 문제해결의 경험을 중심으로 학습의 단계를 구획하는 데 반해, 교육본위론은 보다 내면적인 체험 구조로서 품위의 형성과 재생의 과정을 상구와 하화라는 용어로 설명하기 때문이다. 여기서는 다만 '학습 대 교수', '상구 대 하화'라는 대칭적인 측면에서 그 두 개념을 대용한 것뿐이다.

5) 장상호의 교육본위론에 관한 이하의 언급은 졸고(2005, 2013)에서 발췌, 수정한 것임을 밝힌다.

을 드러내 주는 가설적 사고체계로 고안된 것이다. 교육본위론의 특별함은 종전의 교육이론이 교육을 단지 외재적 기능으로 환원시켰던 전통을 뒤집는 혁명적 발상을 담고 있다는 데 있다.

교육본위론은 '교육이란 무엇인가'라는 항구적인 질문을 집요하게 탐색하는 과정에서 얻어졌다. 베일에 가려져 있던 교육의 윤곽이 드러나면서 새로운 아이디어를 담아내는 새로운 용어의 창안이 불가피하였다. 교육본위론에서는 교육의 총체성을 그려내기 위해 교육과 특별히 연관되지만 그것과 구별된 세계로서 인간적 위대성의 성취를 목표로 하는 '수도계(transcendental world)'[6]라는 것을 상정하고, 그것을 거점으로 교육의 전체적인 윤곽을 드러내는 방식을 택하였다. 이 둘과 대비되는 정치, 경제, 사회는 '세속계'로 아우르고, 필요에 따라 교육의 특징을 드러내는 데 활용했다. 수도계에서는 이전의 것을 지양하고 더 높은 수준의 것을 실현시켜 나가는 가운데 인간성의 위계가 출현하며, 그 종적 위계를 '품위(transtalent)'[7]라는 개념으로 규정하였다. 품위의 전모가 무엇인지 아는 사람은 아무도 없고, 유한자인 인간은 단지 그중의 어느 수준에서 그것을 체험하고 규정할 뿐이다. 여기서 교육은 수도계와 공생하는 관계를 갖고 진행되는 또 하나의 자율적인 세계로 상정되었다. 말하자면 교육은 그것을 본위로 할 때 그 소재가 되는 수도계에서 각 개인이 가진 품위의 위계를 이루는 한 수준에서 그 위 혹은 아래의 품위와의 차이를 계기로 전개되는 독특한 활동양식으로 포착될 수 있었다.

교육본위론에서 바라본 교육은 사실의 면에서나 가치의 면에서 독자적인 실체성을 가진 삶의 양상으로 설명된다. 그것을 구성요소들의 관계에 의해 내적으로 일관된 정합성을 갖춘 체제로 드러낸 것이 [그림 11-5]와 같은 협동교육(educooperation)의 '수레바퀴 모형(장상호, 1994, 2005a, p. 581)'이다.

---

6) 수도계는 인간의 잠재 가능성을 끊임없이 실현시켜 나가는 내재적 가치에 의의를 두는 것으로 진리를 추구하는 학문, 선을 추구하는 도덕, 미를 추구하는 예술이 전형적이다.

7) 보다 고양된 인간성의 성취를 목표로 삼는 수도계에서 각 단계의 위계를 나타내는 품위는 변화, 가변성을 뜻하는 trans와 재능, 소질을 의미하는 talent를 결합시켜 transtalent로 표기한다.

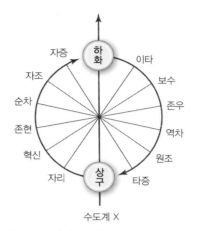

[그림 11-5] 협동교육의 수레바퀴 모형

[그림 11-5]에서 볼 수 있듯이, 상구교육(ascending education)과 하화교육 (descending education)의 공조에 의해 구성된 협동교육에서 그 요소와 그 관계는 행위의 동기(자리-이타), 변형의 방향(혁신-보수), 품차의 양해(존현-존우), 단계 의 배열(순차-역차), 협동활동의 형식(자조-원조), 품차의 입증(자증-타증)이라 는 여섯 가지 차원의 내재율로 설명될 수 있다. 그 내재율이 서로 연대성을 가지 고 교육을 하나의 전체로서 의미 있게 하는 관계의 조합은 두 가지이다. 그중 상 의관계(相依關係)는 좌우의 두 가지 화살표로 나타낸 상구교육과 하화교육 안에 서 서로의 의미 규정에 공조하는 관계를 말한다. 다른 하나인 대위관계(對位關 係)는 상구교육과 하화교육을 연결하는 대각선으로 표시된 것으로 서로 상반된 측면에서 상구교육과 하화교육이 결합되는 관계를 나타낸다. 이 둘의 조합과 긴 밀한 상호호응에 의해 교육이 지닌 자율적 체제로서의 질서는 보다 공고해진다.

상구교육(ascending education)과 하화교육(descending education)을 구성하는 여섯 가지 요소 각각의 대비되는 의미를 서술하면 다음과 같다.[8]

---

8) 여기에 소개한 내용은 장상호(2005a, pp. 582-585)를 인용한 것임을 밝힌다.

① 행위의 동기(motive of action)

품위는 인간의 무한한 가능성이다. 교육은 기본적으로 그것의 실현 그 자체로서 가치를 인정받을 수 있는 품위의 향상에 대한 열정과 책임이라는 행위의 동기를 갖는다. 그것은 품위의 차이를 줄이려는 에너지로 작용한다는 점에서 동일한 것이지만, 상구교육과 하화교육은 내용상 '자리(自利: self-love)'와 '이타(利他: altruism)'의 차이를 보인다. 상구교육은 교육 주체가 자신의 결핍됨을 풍요의 것으로 대치하려는 자기 사랑의 동기에서 출발한다. 즉, 상구교육에서는 먼저 자신의 구제가 주된 관심이다. 이에 비해 하화교육은 후진에 대한 연민과 헌신을 토대로 이루어지는 사랑의 형태를 취한다. 한 개인의 존재 하나가 다른 사람들의 해방에 기여하고, 더 나아가서는 세계의 구원에 기여하는 것이다. 이것은 어떻게 보면 확대된 자아로서 '우리'에 대한 관심과 책임일 수도 있다.

② 변형의 방향(direction of transformation)

어떤 것에 대한 경험의 완전한 의미는 요소들이 구조 안으로 통합되어야만 비로소 성립한다. 마찬가지로 체험으로서의 품위는 항상 하나의 조직, 체계, 구조로 우리에게 다가온다. 하나의 품위의 요소를 추가한다는 것은 그것 하나로 그치는 것이 아니라 기존의 것과 새로운 관계를 맺는 것이며, 그 관계는 기존의 것과 새로운 것 상호 간에 변화한다는 것을 의미한다. 상구교육과 하화교육은 품위의 구조를 변화시키는 작업이라는 점에서는 동일하지만, 변형의 방향에 있어 '혁신(革新: renovation)'과 '보수(保守: conservation)'로 대비된다. 상구교육은 자신의 품위의 한계와 결핍함을 예리하게 자각하고, 친근했던 것을 해체하고, 이질적인 것을 수용하여 새로운 품위를 구성함으로써 그들을 극복하는 과정이다. 이에 비해, 하화교육은 자신의 품위의 충만함을 인정하고, 그것에 상대의 이질적인 것을 자신에게 친근한 것으로 포섭하고 동화시키는 과정이다.

③ 품차의 양해(pre-acceptance of the level-difference in transtalent)

개인은 자신이 가지고 있는 현재의 품위에 비추어 세계와 타인에 대해 안식하기 마련이다. 교육은 그 주체로 하여금 현재의 품위를 접어놓고 상대의 품위에 접근하여 교류하려는 태도를 교육 주체에게 요구한다. 여기서 '존현(尊賢: wisdom-respecting)'과 '존우(尊愚: foolishness-respecting)'의 대비적 조화가 필요하다. 상구자는 현재로서 상위품위나 그것을 가진 선진을 이해할 수 없기 때문에 그의 품위를 존중하고 그 현묘함에 대해 속단을 해서는 안 된다. 하화자 역시 후진의 품위를 당분간 존중해야 한다. 후진은 선진에 비해 어리석은 것이 특징이지만 후진 자신에게는 그것이 결코 어리석게 느껴지지 않는다. 그가 현재 지니고 있는 품위는 현재로서는 그에게 최선의 것으로서 자존의 핵을 이루고 있다. 따라서 하화자는 상구자가 다른 대안적인 품위를 습득하기 전까지 상구자가 가진 지금의 품위를 이해하고 시인하며 공감해야만 한다.

④ 단계의 배열(arrangement of stages)

모든 경험은 시간 안에서 일어나며 시간의 제약을 받는다. 교육에서 실현하고자 하는 품위는 유동적이다. 교육은 그 가운데 반복되는 일련의 특별한 경험에 속한다. 거기에는 하나의 방향이 있을 뿐, 영구적으로 종착하는 지점이 있을 수 없다. 여기서 과정을 생력하고 열매만 거두려는 조급한 태도는 모든 것을 그르친다. 교육은 경험의 연속성을 고려하여 장기적인 안목을 가지고 단계적으로 이루어져야 한다. 상구교육과 하화교육의 과정은 각각 '순차(順次: progressive order)'와 '역차(逆次: regressive order)'의 양태로 대응해야 한다. 상구자는 일시에 최선의 것을 구하기보다는 항상 차선의 단계를 표적으로 하여 전진해야 한다. 다른 한편, 하화자는 자신이 가진 현재의 품위가 구축되어 온 과거를 단층적으로 심도 있게 회고하고, 후진이 위치한 품위까지 역진하여 그곳에서부터 하화를 추진해야 한다.

⑤ 협동활동의 형식(forms of cooperative activities)

선진과 후진 간의 상호침투나 교육적인 이해는 형식 논리를 초월하는 적극적인 활동을 요구한다. 상구교육은 현재 알지 못하는 것을 알아가는 것이며, 하화

교육은 아직 모르는 사람을 알게 한다는 역설을 포함한다. 이 딜레마를 극복하기 위해 '자조(自助: self-help)'와 '원조(援助: helping others)'라는 대비된 활동의 조화가 필요하다. 상구자는 스스로 문제의 발견, 새로운 가능성의 탐색, 체험의 재구성 등 스스로 자신과 싸우는 어려운 실천을 수행해야 한다. 다른 한편, 하화자는 그가 이미 상구를 통해서 후진보다 높은 품위를 얻었지만, 상구자의 그것을 대행할 수 없는 입장에 놓여 있다. 그가 할 수 있는 과업은 촉매로 작용하여 상대편의 활동과 에너지를 활성화시키는 것이다. 그는 적당한 거리에서 문제를 일으키고, 이미 알고 있는 답을 모르는 척하고, 상대편의 호기심을 자극하고, 미래를 예고하는 등 제반 길잡이의 역할을 해야 한다.

⑥ 품차의 입증(validation of the level-difference in transtalent)

품위의 판단은 충분한 증거에 근거해야 한다. 교육에서의 가치판단은 우리 자신의 변화에 따른 새로운 자신의 발견을 통해 이전과 이후 간의 상대적인 대비에 의존한다. 교육은 내재적인 가치를 발전시키고, 확인하고, 정당화시키는 절차를 내장하고 있다. 여기서 상구교육에 의한 '자증(自證: self-awareness)'과 '타증(他證: inducing other's self-awareness)'의 대비적 조화가 상호주관적 증거의 제시에서 중요한 역할을 한다. 상구자가 한층 더 높은 품위를 획득하고 나서, 이전의 품위가 갖는 어리석음과 새로운 품위의 고귀함을 스스로 깨닫고 그것에 마음으로부터 우러나오는 찬의를 보이는 것이 자증이다. 이에 비해서, 하화자가 선진으로서 후진을 자신의 품위 수준에 가깝게 올려주고, 그의 품위가 후진의 것보다 높은 것임을 추후에 깨닫게 하는 것이 타증이다. 타인이 얻어낸 품위를 나를 통해서 확인하는 자증과 나에게 얻어진 품위를 타인을 통해 확인하는 타증의 두 가지 입증이 일치할 때, 그 품위의 보편적 타당성은 더욱 확실하게 보장된다.

전체적으로 교육본위론에서 그려내고 있는 교육의 양상은 다음 세 가지 측면에서 특징을 지닌다.

첫째, 교육은 수도계의 종류와 수준에 상관없이 동형적인 구조라는 점이다.

즉, 교육은 수도계를 구성하는 요소들로는 환원되지 않는 그것의 내재적인 속성을 지닌 고유한 구조로 설명되며, 그것은 어느 수도계의 어느 수준에서나 동일한 방식으로 자체의 속성을 구현하는 자기안정성과 항상성을 유지한다.

둘째, 교육은 그것을 이루는 부분이 아니라 그것을 통괄하는 전체로 보아야 한다는 점이다. 교육은 그 구성요소인 상구와 하화 간의 내적 관계에 의해 설명된다. 교육은 수도계의 매 단계에서 두 가지 방향에서 이루어진다. 상구는 교육의 주체가 자신을 변용시키고자 하는 노력에 의해서 자신의 가능성을 종적 차원에서 다층화시키고 그 층계를 따라 자신이 좀 더 가치로운 존재로 변화해 갈 수 있음을 입증하는 일련의 활동으로 구성된다. 하화는 그 반대편에 서서 그러한 경험을 타인에게 재생시키는 도전적 과업을 수행하는 주체적 활동이다. 상구와 하화는 교육을 구성하는 하위 요소인 까닭에 그들이 속한 교육의 전체 맥락 안에서 공통성을 가지며, 동시에 각기 고유한 속성을 지닌 구조인 까닭에 서로 상반된 이질성을 가진 것으로 대비된다. 상구와 하화는 상호 공조적인 양상을 띠면서 그들 각각으로는 설명되지 않는 교육의 전체적인 특성을 출현시킨다. 그것들을 통칭하여 교육계라고 부른다.

셋째, 교육은 그 자체가 내재적 가치를 가진 인간사로 파악된다. 상구와 하화, 그리고 그것의 관계로 이루어지는 교육은 각각의 활동 요소가 나타내는 내재율에 얼마나 충실한 삶을 영위하느냐에 따라 그 고유한 보람과 행복을 약속한다. 교육적 삶의 내재적 가치는 그 결과보다는 과정에서 찾아진다. 왜냐하면 교육은 완전에 도달하는 것을 목표로 하는 것이 아니라 거기에 이르는 매 단계의 과정에 충실한 삶을 중요시하기 때문이다. 교육에서 바라보는 인간의 매력은 그가 얼마나 완전하냐에 있는 것이 아니라 불완전함을 이겨내려고 얼마나 노력하느냐에 있다. 교육은 인간의 불완전성을 근거로 끊임없이 그것을 고치고 극복해 나가는 인간적 분투의 여정이라고 말할 수 있다. 그렇기 때문에 그 가치는 완전성을 따지는 잣대로는 온전히 평가할 수 없다. 그 대신 매 단계의 품위에서 오류를 극복하기 위해 노력하는 인간적 성실성을 존중하는 별도의 가치기준에 의해 파악해야 한다.

5. '스마트교육' 패러다임의 타당화를 위한 두 가지 조건

1) 이론적 조건: 교육과 비교육의 맥락적 차별화

앞에서 듀이의 교육이론을 살펴본 바에 의하면, 스마트기기의 활용이 '교육적인' 경험이 되기 위해서는 경험의 계속성과 상호작용이라는 두 가지 조건을 만족시켜야 한다.

계속성의 조건은 스마트기기의 활용이 단지 일회적 용도의 충족에 그치는 것이 아니라 사용자 스스로 자기 갱신의 경험을 자발적이고 능동적으로 계속 추구해 나가는 것을 말한다. 여기서 경험 회수의 누적적 증가가 아니라 경험의 변환을 통한 질적·구조적 성장이 이어지는 것이 중요하며, 그것은 외부의 어떤 강요나 강제가 아니라 주체의 자발적인 선택에 의거한다는 점에서 내재적인 가치의 성격을 띤다. 듀이는 이를 가리켜 교육의 목적은 경험의 성장이라고 했는데, 스마트기기의 활용 역시 여기에 초점을 맞출 때 듀이가 말하는 교육과 부합하게 된다.

상호작용이라는 조건은 스마트기기의 선택과 활용이 학습자의 발달 단계와 요구에 맞추어짐으로써 그가 지닌 현재의 경험체제의 한계를 극복하고 그것을 보다 나은 단계로 재구성해 나갈 수 있게 됨을 강조한다. 스마트기기의 활용은 단지 환경을 구성하는 요소의 하나로 다루어지는 데 초점을 두어서는 안 된다. 그것이 주체의 관심과 흥미의 대상이 되도록 하기 위해 주체의 발달 단계와 조응하는지가 더욱 중요하다. 주체와의 상호작용을 고려하는 방식으로 스마트기기가 활용될 때에 비로소 그것이 교육적 가치를 가지게 된다. 그렇지 않은 기기의 단순 활용은 그것이 객관적으로 아무리 고도의 것이라 해도 결코 교육적인 가치를 가질 수 없다. 주체의 호응을 이끌어 낼 수 없다면 그 활용 자체는 경험의 성장과는 무관한 방향으로 이끌어갈 뿐이기 때문이다. 스마트기기 활용의 교육적 가치는 추상적으로 존재하는 것이 아니라 주체와의 상호작용을 통해서 발생하는 것이다.

이 두 가지 조건을 고려할 때, 경험의 성장이 단계를 밟으며 계속적으로 진행되기 위해서는 매 단계마다 그다음 단계의 목표를 적절한 수준에서 설정하는 것이 중요하다. 스마트기기의 활용 장면에서 '가시목표(end-in-view)'라는 개념을 받아들여 주체의 현재 능력과 주어진 여건을 고려하여 실현 가능한 목표를 설정함으로써 경험의 계속적인 재구성을 실현할 수 있어야 한다. 그 목표는 외부적으로 부과되는 것이 아니라 학습자의 현재 단계를 고려하여 탄력적이고 융통적으로 설정될 때 비로소 학습자에게 큰 흥미와 관심을 불러일으킬 수 있다. 그리고 아동의 현재 수준에서 시작하여 차츰 가시목표의 수준을 순차적으로 높여 나가면서 경험이 부단히 상승해 나가는 과정이 듀이가 말하는 성장이며, 그 성장을 추구하는 내적 과정이 바로 교육이다. 이처럼 듀이는 교육이 자체로서 고유한 세계를 구성하는 하나의 구조라는 점과 그것이 다른 여타의 세계들과 범주적으로 구별되는 삶의 영역이라는 사실에 대한 본격적인 의미의 통찰을 보여 주고 있다. 이것이 우리가 듀이의 교육론을 기능주의적인 접근과는 근본적으로 차별화된 것으로 평가하는 이유이다.

장상호의 교육본위론에서 제안한 바에 따르면, 특정한 스마트기기의 활용 양태가 교육을 구현한 것이라는 인정을 받기 위해서는 교육의 내재율에 부합해야만 한다. 교육의 내재율은 전체적으로 교육을 구성하는 요소와 요소 간의 관계 양상에 따라 다르게 적용된다.

먼저 주목할 점은 교육본위론에서 말하는 교육은 상구와 하화라는 두 가지의 하위 구조를 요소로 하여 그들 간의 관계에 의해 출현하는 하나의 총체로서 파악된다는 점이다. 교육은 상구교육과 하화교육, 그리고 상구와 하화 사이의 결합으로서 협동교육이라는 세 가지 유형으로 나누어 볼 수 있다. 각각은 자체의 고유한 내재율을 가진 독립된 구조로서 그 나름의 구성요소들의 관계에 의해 자체를 유지하고 발전해 나간다. 따라서 교육본위론에서 말하는 세 가지 유형의 교육은 각각이 요구하는 내재율에 얼마나 부합하고 복속하는가를 기준으로 스마트기기의 활용이 교육적인 것인지 그렇지 않은 것인지를 판가름하게 된다.

교육과 유관한 것인지를 판단하는 기준이 되는 교육의 내재율을 유형별로 제시하면 〈표 11-1〉과 같다.

〈표 11-1〉 유형별 교육의 내재율[9]

교육의 유형	하위 유형별 교육의 내재율
상구교육	자리–혁신–존현–순차–자조–자증
하화교육	이타–보수–존우–역차–원조–타증
상구–하화 협동교육	자리 혁신 존현 순차 자조 자증 ｜ — ｜ — ｜ — ｜ — ｜ — ｜ 이타 보수 존우 역차 원조 타증

〈표 11-1〉에 나타난 교육의 유형별 내재율은 특정한 스마트기기의 활용방식이 과연 교육적인 것인지, 교육적이라면 얼마나 그러한지를 판단하는 이론적 기준이 된다. 말하자면, 교육의 내적 요건을 얼마나 투철하고 충실하게 준수하느냐에 의해 교육과의 개념적 유관성을 가늠할 수 있다. 교육 유형별로 보면, 스마트기기를 활용한 특정한 학습활동이 상구교육에 해당하는지는 자리–혁신–존현–순차–자조–자증의 내재율을 얼마나 준수하는지를 기준으로 감식할 수 있다. 스마트기기를 활용하여 지도활동 혹은 교수활동을 했다면, 이타–보수–존우–역차–원조–타증의 내재율에 충실한지를 보고 그것이 하화활동에 속한 것인지를 판단하게 된다. 마찬가지로 스마트기기를 활용한 교수–학습 상호작용에 대해서 자리–이타, 혁신–보수, 존현–존우, 순차–역차, 자조–원조, 자증–타증의 내재율이 얼마나 실현되었는가를 기준으로 상구–하화 협동교육과의 유관성을 식별할 수 있다.

그렇다면 교육의 내재율이라는 판단기준은 어떤 식으로 스마트기기 활용 양태의 감식에 적용될 수 있는가?

앞에서 말한 교육의 내재율은 특정 활동이 교육과 유관한지를 판단하는 기준으로는 추상적이기 때문에 좀 더 구체적인 적용방안이 필요하다고 볼 수 있을 것이다. 그렇지만 위에서 제시한 교육의 내재율은 그 자체로 구체적인 활동을 예시하기보다는 교육이 지켜야 할 최소한의 원칙을 나타낸 것이다. 규칙은 원리

---

9) 표에서 '—'와 '｜' 기호는 상의관계와 대위관계를 나타낸다.

수준에서 이해하는 것이 적합하며, 그것을 사실의 수준에서 포착하려고 하면 규칙의 규칙다운 속성을 올바로 파악하지 못한다. 그 점을 감안하여 여기서는 교육의 내재율에 입각하여 특정 활동이 교육과 유관한 것인지를 판별하는 문제에 관해서 다음 두 가지 점을 강조하고자 한다.

첫째, 교육의 내재율은 단순히 기계적으로 적용되기 어렵다는 점이다. 왜냐하면 교육의 내재율은 양적 척도라기보다 질적 준거의 성격을 띠는 일종의 규칙이며, 따라서 그 의미를 최대한 실현하는 것이 중요하기 때문이다. 교육의 내재율은 완성의 개념이 아니라 추구의 개념으로 보는 것이 적절할 것이다.

둘째, 교육의 내재율은 스마트기기 활용의 결과라는 가시적인 성과의 측면보다 오히려 스마트기기를 사용하는 과정에서 이루어지는 활동의 전개 양상에 초점을 맞춘 것으로 봐야 한다는 점이다. 이것은 활동의 결과가 중요하지 않다는 말이 아니다. 실상 결과적으로 나타나는 효과는 그 과정의 충실성에서 부차적으로 따라오는 소득이기 때문에, 스마트기기 활용에서 판단의 초점은 결과보다는 과정, 특히 그 과정이 얼마나 교육의 내재율을 구현하고 있느냐 하는 데에 맞추어져야 한다. 아닌 게 아니라 교육본위론은 교육을 '과정 본위'의 시각에서 개념화하고 있으며(장상호, 1991), 그런 맥락에서 스마트기기의 사용에 있어서 외형상의 효과보다는 교육이 요구하는 내재율을 실현해 나가는 실질적인 활동과정에 주안점을 둘 필요가 있다.

전반적으로 볼 때, 듀이와 장상호는 교육을 교육 아닌 것과 구별하는 데 초점을 맞추고 그 나름대로 그러한 경계의 기준을 이론적으로 제시하고 있다. 이들은 교육에 대한 논의에 정체불명의 맥락을 무차별적으로 끼워 넣는 방식을 지양하면서 논의의 질서를 되찾으려는 노력을 보여 준다. 물론, 그들이 제시한 기준이 완벽하거나 충분한 것은 아니다. 그렇지만 듀이와 장상호는 교육이 갖추어야 할 최소한의 요건이 무엇인지를 그 나름의 이론적 입장에서 체계적으로 보여 줌으로써 맥락의 혼동과 잡다한 가치의 나열로 일관해 온 '스마트교육'의 담론에 새로운 의미론적 토대와 가치론적 질서를 구축하는 소중한 단초를 제공하고 있다.

그러나 이들의 이론적 성과를 충실히 이해하면서 그 노선을 따르는 것은 말처럼 쉬운 것이 아니다. 양자의 이론이 교육에 대한 기존의 관념을 부정하면서 형성된 개념체계라는 점에서 패러다임의 근본적인 전환에 해당하는 혁신적 사고방식을 요구하기 때문이다. 그들이 제시한 사고체계는 교육을 자율적인 영역의 하나로 인정하는 사유의 근거를 구축하고 있기 때문에 기존에 논의되어 왔던 '스마트교육'을 전혀 새로운 지평으로 안내하는 데 필요한 이론적 가능성도 제시하고 있다. 이것은 적어도 양자의 이론에 함축된 내용을 '스마트교육'에 관한 기존의 담론에 비추어 꼼꼼히 확인하는 검증을 거친 뒤에야 비로소 판단할 수 있을 것이다.

이와는 별도로, '스마트교육'과 관련하여 권고할 사항이 하나 있다. 그것은 목하 유행되고 있는 '스마트교육'의 흐름에 무조건 동조하거나 섣불리 수용하는 안이한 인식태도를 최대한 유보하는 것이다. 스마트기기의 확산 자체는 문제될 것이 없다. 또, 그것을 교육과 연관 짓고자 하는 것도 나무랄 일은 아니다. 문제는 개념의 실체조차 확인되지 않은 '교육'이라는 어휘를 아무렇게나 남용하는 것이며, 그렇게 함으로써 우리의 사고와 실천에 진전을 가져오기보다는 엄청난 혼란과 왜곡을 조장하는 것이다. 이는 학문적으로 무책임한 일일 뿐 아니라 실천 면에서도 사태를 과장하거나 오도하는 결과로 나타난다. 인식의 건전성을 해치는 그릇된 언어 사용을 경계하는 것은 예로부터 학문이 담당했던 역할인데, 그 일을 방기하면 할수록 그 결과는 우리에게 '교육의 위축과 소실'이라는 부메랑이 되어 되돌아오고 말기 때문이다. 지금 '스마트교육'이라는 주제로 유행하는 흐름은 이러한 문제의 전형적인 사례라고 할 수 있다. 우리가 살펴본 듀이와 장상호는 이러한 인식의 함정으로부터 교육을 지키기 위해 적지 않은 노고를 기울였다. 아이러니하게도, '스마트교육'은 그들의 노력과는 정반대의 길을 걷고 있다. 그 사고의 허점과 언어 사용의 불건전성을 간과한 이가 드물다. 그렇지만 이 문제를 해결하지 않는 한, '스마트교육'은 지속적으로 교육의 맥락에서 이탈한 것으로 남을 수밖에 없다. 그것은 '스마트교육'을 주도하는 이들이나 그 혜택을 바라는 이들 모두에게 불행한 일이다.

2) 경험적 조건: 실제적 효과의 검증

스마트기기의 활용은 그 자체만으로 교육임을 일방적으로 주장할 수는 없다. 그것을 뒷받침할 경험적 증거가 또한 제시되어야 한다. 이것은 앞에서 살펴본 스마트기기의 활용과 교육의 연관성을 논리적인 절차와 증거를 가지고 개념적인 수준에서 다루었던 것과는 전적으로 다른 작업을 요구한다.

'스마트교육'과 관련하여 이루어진 이제까지의 논의들을 살펴보면, 몇 가지 공통점을 발견할 수 있다. 그것은 스마트기기의 활용과 그 효과에 대해서 큰 기대와 낙관을 보여 준다는 점이다. 또 하나, 그 주장을 입증하는 관찰과 실험을 행한 경우는 상대적으로 매우 드물다는 것도 공통점이다. '스마트교육'의 '교육적' 효과에 대해서는 매우 강력한 주장을 내세우는 데 반해, 그것을 사실적으로 입증할 충분한 증거는 제시하지 않고 있다면, 그 주장은 아직 입증되지 않은 '가설'에 불과한 것이 아닌가 하는 의문을 갖게 된다.

놀라운 사실은 이처럼 충분히 증명되지 않은 일종의 직관적 통찰이 '스마트교육' 담론의 대부분을 차지하지만, 그 내용이 대부분 여과 없이 그대로 수용된다는 점이다. 그 주장을 성립시키는 타당한 근거를 요구하거나 혹은 그 점을 간과한 채 일방적인 주장만을 내세운 데 대해 추궁하는 것이 마땅한데도 그것이 계속 지연되거나 방치되고 있다. 이로 인해 '스마트교육' 분야에서 진정 정상적인 담론이 형성되고 있는지에 의구심을 품은 이들이 적지 않다.

사실 이 문제는 교육에 관한 개념의 혼란과 왜곡에서부터 파생된 것으로 볼 수 있다. 기존의 많은 논의들이 대부분 '스마트기기의 활용=교육'이라는 전제를 당연한 것으로 받아들이는 데서 출발하였다. 이에 따라 그 논의는 전제와 일치하는 범위 내에서 자료 수집이 이루어지고, 전제와 어긋나는 결과가 나오면 이를 오차나 오류로 간주하는 논리체계가 정당화된다. 가령, 스마트기기의 '교육적' 효과를 알아보기 위해서 연구를 수행한다고 할 때, 학업성취나 태도변화와 같은 긍정적인 변화는 주목 대상이 되고, 게임 중독이나 공격성 증가와 같은 부정적(역)효과는 '비교육적'인 것으로 간주된다. 스마트기기의 활용 자체가 '교육'으로 간주되기 때문에, 바람직하지 않은 결과를 '교육'의 효과가 아닌 것으로 여기는 것이다. '스마트기기 활용=교육'이라는 사고방식에서는 이처럼 바람직한 결과만 그 효과로 받아들여진다. (앞 절에서 이 사고방식을 가리켜 '기능주의적 교육관'이라고 하였다.) 한 마디로, 좋은 결과를 가져오는 것이 좋은 교육이라는 식이다.

그렇다면 '스마트기기의 활용=교육'이라는 간단한 인과적 도식에 의해 '스마트교육'은 과연 정당화될 수 있을까? 미안한 말이지만, '스마트교육'은 그 자체가 엄청난 부정적 효과를 동시에 수반할 수밖에 없음을 간과해서는 안 된다. 이때 그 책임을 '잘못된 스마트교육'에 전가하면 문제가 해결될까? 그런 책임전가와 변명은 드물지 않게 볼 수 있다. 미안한 말이지만, '잘못된 스마트교육'이라는 것은 있지도 않은 허구일 뿐만 아니라, 그것에 모든 책임을 뒤집어씌우는 궁색한 책임 회피는 도리어 그 전제가 얼마나 부당한 것인지를 역설적으로 증명할 뿐이다. 한 마디로, '잘못된 스마트교육'이 따로 있는 것이 아니다. 오직 '스마트교육'을 무턱대고 주장하는 교육관이 잘못된 것이다.

여기서 볼 수 있는 것처럼 연구의 결과를 무턱대고 수용하기 전에 연구에서 가정하는 전제가 과연 타당한 것인지가 훨씬 중요하다. 기존의 수많은 '스마트교육' 논의는 이 점을 간과하였기 때문에 문제가 된 것이다. 이런 관점에서 '교육적 활용'의 실제적 효과를 따지기 전에 그 전제의 타당성부터 확인하는 과정이 새삼 중요시된다. 그것은 '스마트교육'에 대해 개진된 주장들이 과연 사실적으로 성립될 수 있는지를 검사하는 일과는 다른 일이지만, 적어도 후자의 선행조건이라는 점에서 그 나름의 의의를 가지기 때문이다.

이제 각도를 달리해서, 스마트기기의 활용과 교육의 관계를 검증하는 방식에 대해서 논의해 보기로 한다.

'스마트교육'의 효과나 의의를 사실적으로 검증하는 일은 그 주장의 타당성과 신뢰성을 경험적 차원에서 확보하는 것이다. 스마트기기의 활용과 교육의 관계를 개념적인 수준에서 판단하는 것도 필요하지만, 그와는 별도로 양자의 관계를 사실적으로 확인해 볼 필요가 있기 때문이다. 이를 통해 기존의 주장들이 경험적 타당성을 확보한 것인지를 확인할 필요가 있고, 그렇게 함으로써 이 분야의 담론질서를 바로 세워 나갈 수 있다. 그 점에서 경험적 연구의 의의는 결코 가볍게 여길 수 없다.

경험적 연구에서는 연구문제를 방법적인 측면에서 개념적 연구와는 다르게 설정한다. 증거의 확보를 위해 사실적 수준에서의 접근이 가능해야 하기 때문이다. 가령, "스마트기기의 사용은 어떤 경우에 경험의 재구성에 유의미한 효과를 미치는가?" 혹은 "스마트기기의 사용은 어떤 여건 하에서 상구의 내재율을 실현하는 데 긍정적인 영향을 미치는가?"와 같이 확인하고자 하는 문제를 경험적 수준에서 포착하기 위한 방법을 고안하는 것이 관건이 된다. 아울러, 연구문제를 경험적인 방식으로 검증하기 위해서 관찰 혹은 실험을 수행해야 하며, 이를 위해 타당하고 신뢰로운 증거수집의 방법과 결과에 대한 적절한 해석이 가능하도록 정교한 연구설계가 필수적이다.

그런데 스마트기기의 활용이 교육적인 효과를 갖는지에 관한 경험적 연구에서 무엇보다 중요한 점은 위에서 이미 시사한 바와 같이 교육을 독자적인 삶의 양식으로 보고 그것을 이론적으로 개념화하는 것이다. 왜냐하면 X와 Y의 사실적 관계는 그 두 항이 개념적으로 구별된 사태임을 전제로 하여 성립하는 것이기 때문이다. 이 조건을 만족하려면 어떤 방식으로든지 교육을 스마트기기의 활용과는 구별된 사태로 상정하지 않으면 안 된다.[10] 여기에는 필연적으로 우리가 앞에서 인용한 듀이와 장상호처럼 교육을 고유한 영역으로 가정하는 이론적 입장에 의거할 필요가 있다.

교육을 독립적인 인간적 삶의 양상으로 구별하여 개념화했다면, 그다음 단계는 그것과 스마트기기 활용이 어떤 관계를 갖는지에 대해 살펴보는 일이다. 이 단계에서 비로소 기존의 접근과 다른 차별화가 확연히 드러난다.

먼저 생각할 수 있는 것은 스마트기기의 활용과 그 효과에 대한 올바른 이해이다. 스마트기기의 활용이 갖는 효과는 복합적이다. 이를 그림으로 나타내면 [그림 11-6]과 같다.

---

10) 통계학적으로는 이를 가리켜 두 변인 간에 상호독립성이 성립한다고 말한다. 가령, 키와 몸무게는 그 범주의 속성 면에서 중첩되지 않기 때문에 상호 간에 독립성을 가진 것으로 가정한다.

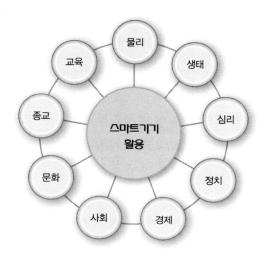

[그림 11-6] 스마트기기 활용의 복합적 효과

  [그림 11-6]에서 보듯이, 그 효과 중에는 교육적인 것과 유관한 것과 무관하거나 거리가 먼 것이 섞여 있다. 그렇다면 그 가운데 어느 것이 교육적인 효과인지를 식별하는 방법은 무엇인가? 이 문제는 우리가 앞서 교육을 이론적으로 규정한 조건에 맞는 경험적 증거에 의해 판별되어야 할 것이다. 가령, 스마트기기를 활용하여 학습한 결과, 자리-혁신-존현-순차-자조-자증이라는 상구의 내재율에 부합하는 일말의 증거가 확인된 사례가 있다면, 상구교육에 긍정적인 효과를 미친 것으로 판별할 수 있을 것이다. 그리고 그런 효과를 나타낸 스마트기기 활용의 방식이 어떤 것인지를 다시금 주목하여 그 특징을 분석해 볼 수 있다. 이와 유사한 방식으로 스마트기기를 활용한 교수와 교수-학습에 대해서도 그것이 하화와 협동교육의 내재율에 부합하는 효과를 갖는지 검증해 볼 수 있을 것이다.

  [그림 11-6]에서 스마트기기의 활용 효과는 정치, 경제, 사회, 문화, 심리, 생태, 물리, 종교 등 여러 방면에 걸쳐 복합적으로 나타난다. 그 효과는 전부 열거할 수 없을 정도이다. 이 중에 교육에 미치는 스마트기기의 활용 효과는 다른 여타의 것에 미치는 것과는 구별되어야 하고, 그것이 바로 스마트기기의 활용이 가질 수 있는 교육에 관한 긍정적인 효과에 해당할 것이다. 물론, 이것은 결과적

인 측면에서 스마트기기의 활용이 가져오는 효과를 말하는 것이기 때문에, 그 활용과정 자체가 갖는 교육적인 의의와는 구별된다. 앞에서 우리는 이런 활용과정의 측면에 주목하여 그것이 교육의 내재율에 따르는 만큼 교육활동으로서의 성격을 지닐 수 있음을 논의하였다.

중요한 점은 스마트기기의 활용이 가져오는 결과이든 혹은 그것을 활용하는 과정이든 간에 그것과 교육을 개념적으로 구분하는 것이 선행되어야 한다는 것이고, 그렇게 할 때에만 비로소 양자 간의 의미론적, 가치론적, 사실적 연관관계를 밝힐 수 있다. 종전에는 교육에 관한 별도의 개념을 구성하지 않았고 혹 그런 개념이 있어도 그것을 활용하는 데 적극성을 보이지 않았다. 그 대신 양자를 개념적으로나 사실적으로 동일시함으로써 그 관련성과 효과를 의미 있는 방식으로 검증하는 데 미치지 못하였다. 지금부터라도 교육을 스마트기기의 활용과 구분되는 별도의 사태로 상정한다면, 그 사이의 사실적 관계를 경험적으로 검증하는 작업이 얼마든지 가능하다.

이를 위해 앞에서 살펴본 두 가지 교육이론은 스마트기기의 활용과 교육의 관계를 밝히는 데 있어 유용한 작업가설이 될 수 있으리라고 생각된다. 그러나 두 교육이론이 어떤 점에서 미흡하다고 여긴다면, 그것보다 나은 이론체제를 제안해도 상관없을 것이다. 그 자체가 이론적 대안을 생성하는 연구로서 교육에 관한 우리의 이해지평을 넓히는 것일 뿐 아니라, 나아가 교육이 아닌 여타의 분야와 관계를 보다 심층적으로 살펴보는 데 있어 유리한 입지를 확보하는 데 기여할 것이기 때문이다.

6. 결론

스마트기기의 급속한 발전이 이룩됨에 따라 이를 교육에 활용하려는 시도가 점차 활발해지고 있다. 기술공학적 혁신이 인간을 기르는 교육에 혁명을 가져오리라는 낙관적 전망이 앞서고 있지만, 그 효과에 의문을 품는 이들도 상당히 많은 것이 사실이다. 그럼에도 불구하고 새로운 방식의 매체가 이제까지 학교체제가 유지해 온 관행과 실천에 상당한 변화를 초래하고 있음은 부정하기 어렵다.

이 장에서는 목하 이루어지고 있는 스마트기기의 활용을 '스마트교육'으로 명명하고, 그것이 교육과 관련하여 어떤 의미와 효과를 갖는지를 따져 물었다. 이 문제는 성격상 '스마트교육'의 패러다임 정립을 위한 조건에 관한 것이라고 할 수 있다. 그리하여 이 장에서는 교육학에서 이루어진 '스마트교육' 논의를 비판적인 시각에서 살펴보고, 그 접근방식을 새롭게 제안하기 위한 조건에 대해 집중적으로 검토하였다.

'스마트교육'에 대한 기존 교육학의 반응은 다른 분야와 마찬가지로 엇갈리는 편이지만, 이 새로운 흐름을 학교에 도입하려는 움직임도 활발하게 일어나고 있다. 교육의 장면에서 '스마트기기의 활용'을 강조할 때, 교육을 바라보는 사고방식은 크게 제도 중심, 용병학문 의존성, 그리고 기능주의적 정의라는 세 가지 특징을 보여 준다. 각각은 교육을 학교제도와 동일시하는 관습적 사고, 비(非)교육적 현상을 다루는 타 학문적 관점에의 의존과 종속, 그리고 교육의 실체에 대한 해명을 그 기능으로 대체하는 본말전도의 논리에 의거하여 규정한다.

이러한 개념화 방식은 '스마트교육'이라는 용어가 갖추어야 할 최소한의 의미 기반조차 제공할 수 없기 때문에, 그 효과에 대한 경험적 검증 역시 의미 있는 수준에서 이루어지기 어렵다. 그 점에서 '스마트교육'의 개념적 요건과 그것을 바탕으로 한 효과검증을 위해 이론적 토대를 구축해야 하지 않으면 안 된다. 이 장에서는 이에 대해 교육을 경험의 성장에 비추어 설명하는 듀이의 교육이론과 교육의 구조와 내재율을 해명한 장상호의 교육본위론에 의거하여 '스마트교육'의 의미론적 요건을 확보할 수 있다고 보고, 그 이론을 작업가설로 하여 스마트기기의 활용에 대한 효과검증이 이루어질 필요가 있음을 논의하였다.

'스마트교육'을 하나의 운동으로 확산하려는 시도가 도처에서 일어나고 있는 요즈음에, 그 필요성을 역설하는 주장의 타당성과 그 실천의 다양한 가능성을 살펴보는 일은 모두 필요한 일이다. 이 장에서는 그 두 가지를 함께 다루려고 하였다는 점에서 교육의 목적에 좀 더 부합하는 방향으로 '스마트교육'의 발전과

내실화에 기여할 수 있을 것으로 기대된다.

이 장의 논의 결과는 '스마트교육'의 개념을 분석, 평가함으로써 이와 연관된 각종 용어의 올바른 사용 근거를 제시하는 데 활용될 수 있다. 특히, 학교를 비롯한 다양한 삶의 공간에서 '스마트교육'의 내실화를 위한 규범으로 활용할 수 있을 것이다.

제12장 융합교육의 양태

　이 장은 융합교육의 본위를 융합과 교육의 두 가지로 나누고, 각각을 본위로 하는 융합교육의 가치구현 양태가 어떻게 다른지를 검토하기 위한 것이다. 이를 위해 융합과 교육의 의미와 가치를 중심으로 기존의 견해들을 비판적인 관점에서 살펴봄으로써 논의의 기초로 삼았다. 검토 결과, 융합을 본위로 한 융합교육은 학문과 기술의 최정상에 도달하는 것을 지상목표로 삼고 소수정예의 양성에 치중한다. 다수의 낮은 성취자들은 실패자로 낙인찍힌다. 이는 보통 학교에서 볼 수 있는 장면과 조금도 다를 바 없다. 교육을 본위로 한 융합교육은 수준의 높낮이와 상관없이 어느 수준에서나 다음 단계를 목표로 삼고 상구교육과 하화교육의 흥겨운 놀이를 즐길 수 있도록 배려한다. 여기에 최첨단의 지식과 기술은 교육의 고유한 가치체험을 구현하는 데 오히려 방해가 된다. 본위에 따라 융합교육의 양태가 큰 차이를 보이는 만큼 그 본위 선택에 신중을 기해야 한다. 나아가, 융합의 목표실현을 위해서라도 교육의 자율적 특성을 이해하는 데 보다 주의를 기울일 필요가 있다.

1. 서론

　융합에 관한 학문적 논의와 실천 노력이 점차 다양해지는 가운데 교육 분야에서도 융합이라는 주제가 점차 활발하게 논의되고 있다. 그렇지만 정직하게 말하면, 융합교육과 관련하여 무엇이 중심주제인지 명확하지 않은 상태이고, 융합교육의 효과 역시 아직은 모색 단계에 불과한 형편이다. 여기에는 융합의 의미가 무엇인지 그 개념적인 문제가 정돈되지 않은 이유도 있고, 또한 교육과의 연관관계가 불투명한 것도 그 원인 가운데 하나로 보인다. 좀 더 깊이 따져보면 융합교육에서 말하는 그 '교육'이 무엇인지조차 합당한 방식으로 설명되지 못한 채 단지 상식과 관행에 의존하는 점도 논의의 진전을 어렵게 만드는 이유가 되고 있다. 이런 사정을 고려하면, 융합교육에서 풀어야 할 숙제는 산적하다고 할 수 있다.

융합에 대한 관심이 처음 등장하던 초기에 학자들은 주로 여러 분야의 학문 간에 소통 부재와 배타적 장벽을 극복하기 위한 방편으로 융합의 필요성을 강조하였다. 자연과학의 답보 상태를 타개할 목적에서 과학(science), 기술(technology), 공학(engineering), 예술(art), 수학(mathematics)의 종횡연합을 도모한 STEM 혹은 STEAM이 하나의 예가 된다.[1] 그 배경에는 학문 간 단절과 고립에서 비롯된 분파주의와 자기 분야밖에 모르는 좁고 경직된 사고로부터 탈피해야 한다는 자각이 있었다. 일부의 학자들(Wilson, 1998/2005; 최재천, 주일우, 2007)은 학문의 융합(融合, convergence)[2] 혹은 통섭(統攝, consilience)을 역설하는 데까지 거침없이 나아갔지만, 인문학과 사회과학을 생물학으로 환원시키는 일종의 자연과학적 제국주의에 불과하다는 비판을 받고 있다(박영균, 2009; 박진, 2011; 이남인, 2009). 이 때문에 각 학문 분야의 고유한 시각을 두루 활용한 학제연구(interdisciplinary research)가 학문간 융합의 실질적 대안으로 부상하고, 학문 간의 활발한 교류를 지속하여 추진함으로써 종국에는 학문적 창의성을 신장하리라는 기대를 모으고 있다. 사실 학제연구의 필요는 융합을 강조하기 이전부터 있어 왔고, 융합이 등장함으로써 더욱 중요성을 띠게 된 셈이다. 이제 학문 간

---

1) 국외에서는 주로 STEM으로 불리던 것이 국내에 와서 STEAM으로 개칭되었다. 이는 예술(art)이 있고 없고의 차이인데, 국외에서는 대체로 예술을 기본적인 삶의 토대로 삼는 반면에, 국내에서는 그렇지 않아 예술을 새삼 강조할 필요가 있다고 해서 추가하게 된 것이다.

2) 융합과 비슷하게 사용하는 용어로 통합(統合, integration), 융용(熔融, fusion)도 있다. 논자에 따라서는 이들을 모두 같은 의미로 사용하기도 한다. 굳이 차이를 설명하면, 통합은 이질적인 것들을 하나로 모아 합치는 물리적인 화합을 의미한다(최재천, 2014, p. 126). 융용은 서로 다른 것들을 한데 섞어 녹여 상태로 융해(融解), 융화(融和)라고도 쓸 수 있다.

협동과 교류를 중시하는 융합경험은 중견학자들은 물론 학문후속세대인 젊은 신진학도들에게도 중요한 것으로 인식되어 대학을 비롯한 각급 학교에서 융합교육을 필수코스의 하나로 앞다투어 도입하고 있다. 바야흐로 융합 혹은 융합교육의 시대가 도래한 것으로 보인다.

이처럼 융합이 교육의 대세로 등장하여 중요성을 더하게 된 지금, 한 가지 질문을 던지지 않을 수 없다. 융합을 위한 교육은 어떤 것이며, 융합교육을 통해 구현하려는 가치는 무엇인가? 이 질문에 답하기 전에 한 가지 염두에 두어야 할 것은 융합이든 교육이든 그것에 대한 우리의 통념 혹은 고정관념을 배제하는 인식태도가 절실하게 요청된다는 것이다. 왜냐하면 흔히 융합을 문자 그대로 둘 이상의 학문을 합쳐서 새로운 학문을 만드는 것으로 오해하듯이, 융합교육에서 말하는 교육을 학교 장면에서 이루어지는 교과교육이라는 문제틀로 환원해 버리면 곤란하기 때문이다. 통상적인 학교의 교과교육에서는 교육을 교과의 내용을 습득하는 방법으로 간주한다. 교과와 교육의 관계를 그렇게 파악하는 사고 자체가 잘못된 것은 아니지만, 사태를 꼭 그렇게만 보아야 하는지, 그리고 그것만이 유일한 방식인지는 의문이다(최성욱, 1996). 가령, 교육을 교과의 수단으로 여겨 교과를 교육의 우위에 놓는 것이 성립한다면, 그것과 반대되는 방향, 즉 교과를 교육의 수단으로 여기는 것은 성립할 수 없는 것인가? 그리고 이런 식으로 교과가 교육의 수단이 되는 경우에 그 교과교육의 양태는 어떻게 달라지는가? 이제까지 교과와 교육의 관계를 이런 식으로 파악해 보지 않은 독자에게는 이런 질문 자체가 무척 생소한 느낌을 줄 것이다. 그러나 다시 생각해 보면, 그것이 그렇게 낯설게 보이는 이유는 오직 우리가 지금까지 당연한 것으로 받아들인 고정된 인식태도 때문이다. 이제 조금만 노력을 기울여서 사태를 파악하는 방식을 변경하면 지금까지 우리가 생각해 오던 것과 전혀 다른 것들이 우리 눈앞에 나타날 수 있다. 그런 인식의 변화가 필요한 주제 가운데 하나가 융합교육이며, 이 장에서는 융합교육을 통해 실현하려는 가치를 무엇으로 보느냐에 따라 융합교육의 양태가 어떻게 달라지는지를 살펴보려는 것이다.

융합교육의 가치를 어디에 두느냐 하는 문제는 다름 아니라 융합교육의 목적에 관한 질문이기도 하다. 융합교육의 목적 혹은 가치의 정렬순위에 따른 융합교육의 양태를 살펴보기 위해 이 장에서는 기본적으로 다원적 실재론(multiple reality)의 입장에서 논의를 전개하고자 한다(Schutz, 1973). 융합이라는 것 자체가 상이한 영역들의 상대적 자율성을 전제로 그들 사이의 연합종횡을 추구하는 것으로 이해할 때, 그런 다원론적 세계관은 일견 당연하다. 문제는 단지 융합에 그치는 것이 아니라 융합교육으로 논의 주제가 확장되어야 하기 때문에 기존의 가치 분류 목록에 교육이라는 영역을 새롭게 추가하여 융합과의 관계를 살펴보아야 한다는 점이다. 이 점에서 융합교육의 양태에 관한 논의는 융합의 가치만을 고려하는 제한된 시각을 넘어 좀 더 복잡한 가치연관관계를 다루게 된다.

이를 위해서 이 장에서는 '본위의 선택'을 중심으로 융합교육의 양태를 고찰하기로 하겠다. '본위'[3]라는 것은 특정한 영역을 기준으로 선택하고 그것을 중심으로 여타의 것들을 주변 혹은 부차적인 위치로 배열하는 정렬방식을 말한다(장상호, 1991). 융합교육에서는 융합과 교육을 각각 본위로 삼을 수 있다. 먼저 융합교육의 본위를 융합에 둘 경우, 교육은 융합의 가치실현에 기여하는 수단이 된다. 그 측면에서 융합을 위한 교육의 수단적 가치가 평가된다. 이와 반대로, 교육을 본위로 하게 되면, 융합이 교육의 가치를 실현하는 도구가 되고, 그런 각도에서 융합의 수단적 가치가 매겨진다. 이렇게 융합과 교육 가운데 어느 것을 본위로 하느냐에 따라 융합교육의 중심축이 180도 달라지고, 가치판단의 기준과 우선순위가 변경된다. 이것은 어디까지나 융합교육의 본위를 그 내부 요소에 한정해서 본 것에 불과하다. '융합+교육'을 둘러싼 주변의 다른 영역 역시 본위로 할 수 있으며, 그 경우 융합교육 전체가 그 주변의 것을 위한 수단으로 간주된다. 그렇게 되면 융합교육의 양태는 앞의 두 경우와 전혀 다르게 전개될 것이다.

---

3) 본위로 선택한 것은 전경이 되고 다른 것은 배경이 되며, 본위를 다른 것으로 바꾸면 앞서 전경이었던 것이 배경이 되고 배경이었던 것이 전경이 된다. 이렇게 본위 선택에 따라 세계의 중심축이 정해지고 그것을 중심으로 일체의 것들이 편성되고 정렬된다. 그 점에서 본위화는 서열화, 질서화로도 이해된다. 무엇을 본위로 하느냐는 어디까지나 선택의 문제이기 때문에 일률적으로 고정시킬 수 없다. 본위는 그때그때 달라질 수 있다. 가끔 우리의 인식이 특정 시각에 고착화되는 경우가 있지만, 그 역시 절대적이지 않다는 점에서 변화 가능성은 항상 열려 있다. 본위화는 선택에 의거하지만, 선택은 자유를 기초로 하기에 유동성과 유연성이 특징이다.

그 차이는 각각을 본위로 한 융합교육을 고찰하면서 살펴보기로 한다.

이하에서 본문의 구성은 크게 세 부분으로 이루어진다. 먼저 융합교육을 구성하는 융합과 교육은 어떤 의미를 가지며, 그 각각의 가치는 어떤 맥락에서 감식될 수 있는지에 대해 살펴본다. 이어서 다원적 실재론에 근거하여 융합을 본위로 할 때와 교육을 본위로 할 때, 그리고 그것을 둘러싼 여타의 세계를 본위로 할 때로 나누어 융합교육이 어떻게 다른 양태로 나타나는지를 고찰한다.

2. 융합과 교육: 의미와 가치

융합교육에서 말하는 융합과 교육이 어떤 의미이고, 그 가치는 어떻게 설명할 수 있는가? 대부분의 학문적 논의가 그렇듯이, 융합과 교육 역시 논자에 따라서 조금씩 그 의미가 다르게 설명된다. 서로 다른 주장을 간략하게 비교하고, 적절하다고 판단되는 입장을 채택하는 순서를 밟기로 하겠다.

1) 융합의 의미

먼저, 학문 분야를 대상으로 하는 융합(融合, convergence)을 주창한 윌슨(1998/2005)에 따르면, 융합은 여러 갈래로 나뉘어 단절된 분과학문들을 하나로 녹여내는 것, 즉 원래의 형체와는 다른 전혀 새로운 것으로 탈바꿈시키는 화학적 변형을 뜻한다. 그는 자연과학, 특히 생물학을 중심으로 인문학과 사회과학을 통합할 수 있다고 주장한다. 그의 주장은 실상 인문학과 사회과학을 자연과학으로 설명할 수 있다는 환원주의(reductionism)의 입장을 택한 것이다. 윌슨의 책을 『통섭: 지식의 대통합』(2005)이라는 제목으로 번역한 최재천은 윌슨이 말한 convergence를 통섭(統攝, consilience)으로 바꾸어 소개하였다. 그가 사용한 통섭은 생물학을 기반으로 많은 학문들을 포섭하는 형태를 지향한다. 특히, 통섭은 학문들이 합쳐지는 과정에서 원래의 성격을 잃는 융합과 달리, 그 속성을 그

대로 간직한 채 서로 섞여서 새로운 조합의 실체를 탄생시킨다는 의미를 강조한 다. 그런 예로 21세기 들어 각광을 받고 있는 인지과학은 우리 인간의 두뇌의 구 조와 기능을 파악하기 위해 뇌과학, 심리학, 철학, 진화생물학, 컴퓨터공학, 기계 공학 등을 연결하여 범학문적(trans-disciplinary)인 노력을 기울이는 분야이다. 거기에 참여하는 개별학문의 기본 성격은 유지되지만, 그들과 다른 새로운 학문 분야를 탄생시킨 사례라는 것이 최재천(2014)의 입장이다. 두 사람은 분과학문 의 경계를 긍정하느냐 부정하느냐를 놓고 부분적인 차이를 보여 주지만, 분과학 문들을 활용하면 신종학문이 출현할 수 있다는 것을 인정하는 면에서 공통점을 지닌다.

그렇다면 윌슨이 말한 지식의 대통합, 그리고 최재천이 강조한 인지과학은 학 문의 융합 내지 통섭을 과연 실현한 것이라고 볼 수 있는가? 우선, 학문의 융합 을 주장한 윌슨에 대한 평가는 대체로 부정적이다(강영안 외, 2014). 윌슨을 국내 에 소개한 최재천(2014)도 '학문의 융합' 또는 '지식의 융합'은 불가능한 것으로 보고 있다(p. 127). 분과학문들은 그 내적 고유성과 이질성을 기반으로 상호 간 경계가 설정된 것이므로 학문 간 통합과 통섭 가능성은 매우 희박하다(강영안 외, 2014; 장상호, 2005a, p. 33). 말하자면, 분과학문의 갈래는 인위적인 것이 아니라 내적 필연성에 의거하고 있다. 분과학문의 고유성을 무시하고 그 배타성을 빌미 로 학문의 일원화를 역설하는 주장은 역사를 과거로 되돌리는 무리를 범하는 것 이다. 다만, 최재천이 예로 든 인지과학 이전에도 행동과학, 세계체제분석, 물리 화학, 생화학, 생물지리학 등 학문의 영역과 그 내용의 일부를 연계하려는 시도 가 없었던 것은 아니다(장상호, 1997a, pp. 556-571). 그런 노력은 높이 인정되어 야 하며 지속될 필요가 있다. 그러나 학문끼리의 부분적 협동과 연계를 과장해 서 '신종학문의 출현'이라고 말하는 최재천의 시각에는 석연치 않은 문제가 남는 다. 우선, 그가 말하는 통섭은 기존학문의 경계를 그대로 인정하면서 단지 그것 들을 연계하여 활용한 것에 지나지 않기 때문이다. 또 하나, 그의 주장대로 통섭 을 신종학문의 출현으로 인정하려면 그것이 기존의 학문으로 환원되지 않는 모종의 새로운 설명체제임을 입증하는 증거가 제시되어야 한다.[4] 그때까지 학문의 통섭에 관한 주장은 당분간 하나의 가설로 유보해 두는 것이 현명해 보인다.

이상에서 검토한 바를 고려하면, 융합의 의미는 문자 그대로 받아들이기보다 가능한 한 약한 의미로 다시 해석할 필요가 있다. 그 가운데 분과학문들의 공동 협력을 뜻하는 학제연구(interdisciplinary research)를 융합의 실질적인 의미로 보는 입장이 있을 수 있다. 학제연구는 제반 분과학문의 고유한 이론과 관점에서 사태를 다원적으로 바라봄으로써 그 이해를 증진하자는 기본 취지를 담고 있다. 이를 그림으로 나타내면 [그림 12-1]과 같다.

[그림 12-1] 분과학문들로 이루어진 학제연구

[그림 12-1]이 나타내고 있는 것처럼 다원적 이해를 추구하는 학제연구는 그 자체로 많은 유익을 가져다준다. 첫째, 학제연구는 우리의 삶이 지닌 복합성을 다양한 각도에서 인식함으로써 분과학문의 특성에서 비롯하는 편파성 혹은 일면성을 극복할 수 있다. 둘째, 학제연구는 다양한 분과학문의 시각을 통해 삶의 구체적인 문제를 조화롭게 파악할 수 있게 한다. 셋째, 각기 다른 분과학문의 시각을 인정함으로써 불필요한 혼동과 왜곡으로부터 우리를 해방시킨다.

---

4) 일찍이 학문론의 입장에서 분과학문의 통합 가능성을 고찰한 바 있는 장상호(1997a)에 의하면, 학문 간의 제휴와 통합은 최소한 그들 간의 공통된 개념과 연결법칙을 구성할 수 있을 때 가능하다(p. 561) 그러나 통합된 지식의 체계를 이룩하는 데 성공한 예를 쉽게 찾기는 어렵다(pp. 565-756).

앞에서 살펴본 것처럼 학문의 대통합이나 통섭은 그 주장을 뒷받침하는 데 필요한 이론적·경험적 근거가 미흡한 결함을 지닌다. 그 때문에 융합의 올바른 의미로 받아들이는 것은 아직 시기상조라고 하였다. 학제연구는 그 근거의 타당성과 실현 가능성이라는 측면에서 융합의 의미를 파악하는 데 있어서 실질적인 대안의 하나가 될 수 있을 것으로 보인다. 앞서 말했듯이, 융합을 학제연구라는 의미로 해석하는 것은 단일학문의 지식체계로 파악할 수 없는 복합적인 문제에 대한 이해를 증진시키는 데 도움을 준다. 가령, 지구온난화 문제, 환경오염 문제, 인구 문제, 민족 간 분쟁 문제 등은 제반 학문의 관점과 이론을 모두 동원하여 다원적이고 총체적으로 파악하는 것이 필요한데, 학제연구는 그런 요구에 부응하는 실질적인 접근방안이 될 수 있다. 학제적 접근은 그 자체가 문제해결의 직접적인 처방은 될 수 없다. 그렇지만 해결하려는 문제에 대한 이해가 선행되지 않고서는 문제해결의 노력 자체가 무의미해진다는 점에서 그것이 지닌 가치는 충분히 인정된다.[5]

학제연구로서의 융합은 융합의 의미를 이론적인 측면에서 파악한 것이다. 이와는 달리, 융합의 의미를 실제적인 측면에서 파악할 필요가 있다. 이른바 '기술의 융합'은 우리 삶에서 마주치는 문제를 각종의 기술을 총동원함으로써 해결해 나가는 일련의 노력을 말한다. 증기기관차를 비롯하여 함선, 대포, 전화, 자동차, 항공기, 인공위성과 근래 전자공학과 통신과학기술의 급격한 발달로 나타난 PC, 인터넷, 스마트폰, 전자결자시스템 등 IT와 NT의 결합은 '기술의 융합'을 보여 주는 대표적인 사례들이다. 이런 '기술의 융합'은 우리 생활에 필요한 각종 수단을 창안하고 그것을 더욱 쓸모 있는 것으로 개선하기 위해 관련 기술을 한데 모으는 처방적 접근으로서 융합의 중요성을 실제적인 차원에서 드러내 보여 준다.

이 절에서는 융합의 의미를 학제연구와 기술의 융합의 두 가지로 나누어 파악하였다. 그 둘은 목적, 대상, 활동방식, 참여태도 등에서 서로 다른 융합의 모습을 보여 준다. 이 말은 융합을 교육과 관련지을 때, 두 가지 다른 융합의 의미를

---

5) 문제가 무엇인지 모른 채 해결하려고 시도하는 것은 마치 '조준하지 않고 사격하는 것'과 같다.

충분히 고려하면서 파악해야 한다는 것을 시사한다. 이 부분은 어차피 융합교육의 양태를 살펴보는 장면에서 다루어야 할 주제이므로 그때 가서 다시 언급하기로 한다.

2) 교육의 의미

일상의 삶에서 교육에 대해서 그것이 무엇인가 하고 진지하게 묻는 경우는 매우 드물다. 간혹 교육에 대한 논쟁이 벌어질 때조차 마치 교육이 무엇인지 합의된 것처럼 전제하는 경우가 대부분이다. 그만큼 사람들은 교육에 대해서는 누구나 충분히 알고 있다고 생각한다. 그런데 과연 우리는 교육에 대해서 잘 알고 있는 것일까?

사실 교육에 대해서 다 안다고 생각하지만, 가만히 보면 교육처럼 무지를 드러내는 경우도 그리 많지 않다. 그런지 아닌지를 확인해 보는 방법이 하나 있다. 그것은 스스로에게 질문 하나를 던져보는 것이다. '교육에 대해서 혹시라도 모르는 것이 있나?' 이 질문에 대해서 정말로 모르는 것을 하나라도 찾을 수 있다면, 그는 예외적으로 교육에 대해 꽤 깊은 생각을 해 본 사람으로 인정해 줄 수 있다. 사람들은 오히려 '교육이란 무엇인가?'라는 질문을 받으면 너무 뻔한 질문을 하는 것이 아니냐는 식으로 반문할 것이다. "교육이 뭐냐고요? 교육은 가르치고 배우는 것이 아닌가요?" 그 사람에게 다시 두 번째 질문을 던져 보자. '그렇다면 가르치고 배운다는 것은 무엇입니까?' 아마 이 질문에 대해서 십중팔구 이런 답이 돌아올 것이다. "가르치고 배운다는 것은 학교에서 선생님이 학생들을 공부하도록 시키는 것이 아니겠습니까?" 학교 수업시간에 선생님이 학생들에게 교과서 내용을 전달하는 것이 바로 교육이라는 주장이다. 그런데 학생들의 공부 혹은 그것과 관련된 교사의 행위는 교육의 한 사례가 될 수 있을지 모르지만, 정작 학교공부를 사례로 하는 그 교육이 무엇인지는 여전히 베일에 가려 있다. 말하자면, 학교에서 수업이라는 이름으로 이루어지는 행위는 교육의 일례에 불과하기 때문에 교육이 무엇인지를 말한 것이 아니다. 교육이 무엇인지를 제대로

말하려면 수업이 아닌 학교의 다른 사례들과 함께 학교 밖에서 이루어지는 교육
도 전부 포함해서 교육을 총괄적으로 설명해야 하고, 더 중요하게는, 그 각각이
교육의 사례인 이유를 제시하여 설명해야 하기 때문이다. 그런 설명이 후속하기
전에는 아직 우리는 교육이 무엇인지에 대해 무지의 상태에서 조금도 벗어난 것
이 아니다.

위에서 살펴본 것처럼, 보통 사람들은 교육의 의미를 주의 깊게 파고들기보다
학교의 수업을 전형적인 예로 들거나 또는 방향을 달리하여 그 학교에서 이루어
지는 실천의 효과를 가지고 그에 대한 설명을 대신하려고 한다. 후자의 경우, 교
육 자체에 대해서는 말하지 않고 교육과 관련된 것에 대해서 말하며, 교육이 중
요한 역할을 수행한다는 식의 논리를 편다. 그 안에는 대개 교육과 관련된 것이
면 교육과 같은 것이라는 기괴한 도식이 전제되어 있다. 그러나 이렇게 어떤 제
도적 실천이나 혹은 그 실천의 결과로 나타나는 온갖 것들을 교육의 의미로 거
론하는 안이한 사고방식을 가지고는 교육을 결코 교육답게 해명할 수 없다. 그
이유는 명확하다. 상식과 통념의 함정, 그리고 논리에 어긋난 비약을 극복하는
인식의 전향이 없이는 교육에 대한 무지로부터 벗어나는 길은 없기 때문이다.

그렇다면 통상적인 의미의 교육을 넘어서는 대안적인 교육 개념은 무엇이며,
그것은 어떤 방법으로 찾을 수 있는가?

먼저 이 절에서 살펴보려는 교육의 의미는 교육에 관한 기존 연구 패러다임의
한계를 극복하는 과정에서 산출되었음을 상기할 필요가 있다. 왜냐하면 그 해답
은 현존하는 교육학의 연구전통과 다른 길을 선택함으로써만 가능하기 때문이다.

현존하는 교육학은 두 가지 전제를 토대로 성립하였다(장상호, 1986, 1990). 하
나는 학교가 교육하는 곳이라는 전(前)이론적 가정을 당연한 것으로 받아들인
것이다.[6] 다른 하나는 그 학교의 실천을 여타의 학문들이 해명해 주리라는 생각
이다.[7] 전자와 관련하여 장상호는 대중적 미신에 불과한 터무니없는 가정을 학
자들이 무반성적으로 수용한 태도를 질타한다. 후자에 대해서는 철학, 심리학,

---

6) 이를 '학교태=교육'이라는 등식으로 표기하고 '관습적 교육관'이라는 명칭으로 부른다.
7) 이를 가리켜 '용병학문적 교육관'으로 명명한다.

사회학 등 외래학문의 조합이 교육을 도리어 각각의 외래적 사실로 환원하고 왜곡하고 만다는 점을 경고한다. 지금의 교육학은 이런 빗나간 교육관을 전통으로 삼아 스스로 학문의 소임과 자율성을 침해하는 길로 나아갔다. 그 결과, 아이러니하게도 정상과학(normal science)의 기득권 행사를 통해 교육에 대한 정당한 이론적 해명마저 억압하는 배반적인 역할을 자임하고 있다(장상호, 2005a, pp. 113-118).

현존하는 교육학은 교육을 더욱 어둡게 만드는 일을 하였다는 반성에 아직 이르지 못한 채로 답보와 지체를 거듭하고 있다. 그 대안적 패러다임 구축의 선도적 역할을 자임한 장상호(1991, 1994, 2005a)는 교육을 그 나름의 자율성을 지닌 고유한 삶의 양상 가운데 하나로 파악하고, 그 연구의 중간성과로서 교육의 독자적인 구조와 내재율을 밝힌 '교육본위론'을 제시하였다. 여기서는 지면관계상 그 내용의 일단을 간추려서 살펴본다.

인간의 삶은 다양한 이질적 세계들로 이루어진 복합체다. 삶에는 교육만 아니라 정치, 경제, 사회, 문화, 종교 등 교육과 다른 무수한 것들이 혼재되어 있다. 교육은 그 나름의 고유한 총체성을 지니며, 여타의 것들이 대신할 수 없는 독립된 범주, 생리, 질서, 맥락을 지닌다. 교육의 총체성을 그려 내는 데에는 단지 몇 마디로 정의(definition)하는 것으로는 부족하다. 베일에 가려 있는 교육은 그 전모를 포착하는 데 알맞은 개념망(conceptual framework)에 의해서만 드러날 수 있다. 이를 위해 먼저 교육과 경계를 맞대고 있는 세속계(mundane worlds)와 수도계(transcendental worlds)를 구별한다.

세속계는 정치, 경제, 사회를 묶은 범주로서 교육을 둘러싼 환경이 된다. 세속계는 권력, 재물, 지위를 차지하기 위한 양육강식의 쟁투를 벌이며, 생존적응에 필요한 각종 수단과 전략을 취득하는 데 혈안이 되는 삶을 전개한다. 세속계는 교육의 환경으로서 일정 부분 교육의 진로에 영향을 주며, 또 자체의 가치실현을 위해 교육을 압박하거나 수단으로 활용한다.

수도계는 학문, 예술, 도덕이라는 영역을 아우르는 범주로서 진선미를 위시한 인간 내면의 다양한 위대성을 완성하는 데 목표를 둔다. 그 내면성의 종적 수준에 따라 엄격하게 구분된 등급을 품위(transtalent)라고 한다. 그 품위의 전모가 무엇인지 아는 사람은 아무도 없고, 단지 어느 한 수준에서 그것을 체험하고 규정할 뿐이다. 그만큼 수도계의 품위는 어느 수준이든 간에 미완성된 중간 단계에 불과하다. 조만간 그것은 극복되어야 하며, 그 변화는 수도계에 내재하지 않는다.

다행히 인간에서는 그 품위의 이행을 촉진하는 자기변형의 운동을 통해 낮은 품위에서 높은 품위로 나아가는 길이 열려 있다. 자신이 이룩한 품위를 다른 이에게 재현하도록 안내하고 조력하는 공유의 길도 찾을 수 있다. 전자를 상구교육(ascending education), 후자를 하화교육(descending education)이라고 하며, 교육은 이 상구교육과 하화교육을 요소로 하여 그들 사이의 관계를 통해 출현하는 전체적인 양상을 가리킨다.

교육본위론은 이렇게 교육을 세속계와 수도계와 다른 독자적 실체성을 지닌 삶의 양상으로 포착한다. 그렇게 파악한 교육의 형상을 다시 그 내부의 구성 요소들간의 관계에 의해 정합성을 갖춘 체제로 드러낸 것이 [그림 12-2]와 같은 협동교육(educooperation)의 '수레바퀴 모형(장상호, 1994, 2005a, p. 581)'이다.

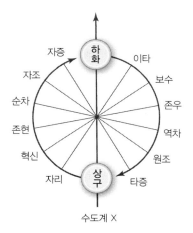

[그림 12-2] 협동교육의 수레바퀴 모형

[그림 12-2]에서 볼 수 있듯이 협동교육은 상구교육과 하화교육의 공조적 관계에 의해서 고유의 특징이 드러난다. 협동교육의 공조적 양상은 행위의 동기(자리-이타), 변형의 방향(혁신-보수), 품차의 양해(존현-존우), 단계의 배열(순차-역차), 협동활동의 형식(자조-원조), 품차의 입증(자증-타증)이라는 여섯 가지 내재율에 의해 설명된다. 공조적 관계를 유지하는 내재율은 연대성을 가진 상의관계(相依關係)와 대위관계(對位關係)의 두 축을 통해 실현된다. 상의관계는 좌우의 두 가지 화살표로 나타낸 상구교육과 하화교육 안에서 서로의 의미 규정에 공조하는 관계를 말한다. 반면에 대위관계는 상구교육과 하화교육을 연결하는 대각선으로 표시된 것으로 서로 상반된 측면에서 상구교육과 하화교육이 결합되는 관계를 뜻한다. 이 둘의 긴밀한 조합과 상호호응에 의해 교육은 하나의 자율적 체제로서 그 질서를 공고히 다져나간다.

교육의 실체가 드러남에 따라, 교육이 그것을 둘러싼 다른 것들과 어떤 관계를 맺는지를 실질적으로 논의할 수 있는 이론적인 토대가 마련된다. [그림 12-3]은 교육을 중심으로 그 주변 세계들과의 관계를 그려 본 것이다.

교육과 주변 세계의 관계는 두 가지 방향에서 다르게 파악할 수 있다. 하나는 교육을 본위(本位)로 여타의 것들이 교육의 환경으로 교육의 유지 발전에 기여하는 관계이다. 다른 하나는 교육이 여타 세계의 발전을 위해 수단이 되어 공헌하는 관계이다. 전자의 경우는 교육이 추구하는 내재적 가치의 증진을 위해 물리, 생태, 심리, 정치 등 여타 세계들이 어떻게 조정되어야 하는지가 주된 관심사이다. 후자의 경우에는 교육이 그 여타의 것들을 위해 어떤 기능을 발휘해야 하는지가 관건이다. 이에 대한 연구는 이제 겨우 시작 단계에 있다. 이 절에서 다루려는 융합과 교육의 관계도 이 주제 영역에 속한다.[8]

---

8) 융합을 비롯한 교육 외적인 세계가 교육과 어떤 관계를 맺는지에 대해서 이론적 차원과 경험적 차원의 연구를 병행할 필요가 있다. 이 장에서는 전자가 선결되어야 한다는 입장에서 이론적인 논의에 초점을 맞추고 있다.

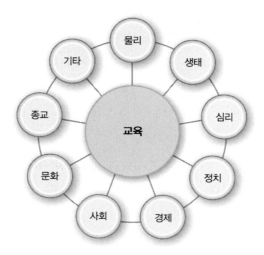

[그림 12-3] 교육과 비교육의 관계

[그림 12-3]에서 보듯이, 교육과 여타의 것과의 관계는 교육의 실체적 의미를 이론적으로 드러낼 때에만 생산적으로 논의할 수 있다. 교육에 대한 제도적 규정과 결과상의 기능으로 치환하는 논법의 병폐를 극복함으로써 그것이 가능해진다. 되돌려 보면, 교육에 관한 수많은 논의들은 교육의 실체를 올바로 파악하지 않은 채 이루어져 왔음을 인정하지 않을 수 없다. 그 연구의 결함을 보완하는 교육연구가 교육에 관한 타당한 인식을 토대로 새롭게 시작되어야 한다.

3) 융합의 가치

앞에서 융합을 학제연구와 기술의 융합의 두 가지 의미로 나누어 살펴보았다. 그렇다면 학제연구로서 그리고 기술의 융합으로서 융합은 어떤 가치를 갖는가? 이 문제를 자세히 살펴보는 데에는 먼저 내재적 가치와 외재적 가치를 구분하는 것이 필요하다(Lemos, 1994; Lewis, 1946; MacIntyre, 1981; 장상호, 2009a, pp. 7-8). 일반적으로 어떤 것의 가치는 그것이 지닌 고유의 가치, 즉 내재적 가치의 측면에서 파악할 수 있다. 가령 등산의 경우, 그 내재적 가치는 등산의 결과를 제외한 내적인 활동과정에서 발생한다. 이는 등산에 참여하는 주체의 체험을 통해서만 얻을 수 있는 가치로서 그 활동의 고유성을 대변한다. 한편, 등산은 그 활동의 결과로 건강 증진, 사교친목, 산삼 획득, 자연사랑 등 수많은 유용한 가치도 가진다. 등산이 여타의 목적을 위한 수단적 가치 혹은 외재적 가치를 갖는다는 것이다. 내재적 가치는 활동 안에 한정되지만, 외재적 가치는 계속하여 확장된다는 특징이 있다. 이처럼 어떤 활동이나 사물은 내재적 가치와 외재적 가치라는 두 가지 가치를 동시에 가진다. 이 말은 어떤 것의 내재적 가치와 외재적 가치는 양자택일의 문제가 아니므로 얼마든지 양립 가능하다는 것이다. 다만, 그 중에 어느 것을 우선해야 하는지는 비교적 분명하다. 내재적 가치를 외면한 채 외재적 가치만 구하게 되면, 가치발생의 원천인 활동 자체를 부정하는 셈이 되기 때문이다. 그것은 결과적으로 외재적 가치마저 얻지 못하게 만든다. 따라서 외재적 가치보다 내재적 가치를 앞세우는 것은 어느 경우에나 불가피하다고 보아야 한다.

내재적 가치와 외재적 가치의 차이를 조금 더 상세히 비교하면 다음과 같다. 첫째, 내재적 가치는 그 활동 자체가 그저 좋아서 추구하는 것을 말한다. 이 때문에 내재적 가치는 지속적이다. 이에 비해, 외재적 가치는 원하는 목적이 달성되면 중단된다는 점에서 단속적이다. 둘째, 어떤 것의 내재적 가치는 오직 그 활동 안에서 얻을 수 있으므로 다른 것을 통해서는 얻을 수 없다. 반면에, 외재적 가치는 얼마든지 다른 수단으로 대체 가능하다. 셋째, 내재적 가치는 활동의 목적이 활동 안에 있다는 점에서 그것의 종적 발전을 이끄는 견인차 역할을 한다. 반면에, 외재적 가치는 수단이라는 시각에서 활동에 참여하므로 그 진지함과 열정 면에서 내재적 가치에 비할 바가 못 된다.

융합의 가치를 논함에 있어서 이러한 내재적 가치와 외재적 가치의 구분을 적용해 보는 것이 필요하다. 융합의 두 가지 형태로서 학제연구와 기술의 융합이 지닌 내재적 가치와 외재적 가치가 어떤 것인지 그 차이를 구별해 보기로 한다.

먼저, 학제연구의 내재적 가치는 그 외적 효용가치에 앞서 높은 수준의 지식 획득이라는 측면에서 파악된다. 앞서 언급한 바와 같이, 학제연구는 분과학문의 고립된 시야만 가지고는 사태의 전모를 파악하기 어려운 한계를 극복하기 위한 공동의 협력을 말한다. 이때 여러 분과학문을 병치시키는 다학문적(multi-disciplinary) 접근에만 머무는 것으로는 학제연구의 의의를 충분히 살릴 수 없다. 학제연구의 필요는 고립된 섬처럼 자기주장만 고집하는 분과학문들의 독불장군식 단견을 넘어 사태를 전체적으로 바라보는 포괄적이고 종합적인 안목을 얻고자 노력하는 데 있기 때문이다.[9] 그런 대국적인 이해는 모름지기 분과학문의 시야를 초월해야만 도달할 수 있는 것이고, 그 점에서 분과학문의 내용으로 환원할 수 없는 특징을 가진다. 분과학문을 아우르는 학제연구는 그 수준 면에서 다양하게 이루어질 수 있다. 수도계의 하나로서 학문이 추구하는 내재적 목표는 가능한 한 높은 수준의 지식에 도달하는 것이다. 학제연구도 마찬가지의 목표를 추구한다. 학제연구의 내재적 목표는 분과학문에서 공인한 지식을 총괄하는 최정상의 품위에 도달하는 데 있다. 이것이 가능한지, 그리고 그런 수준의 이해가 무엇인지는 분과학문을 전체적으로 조망하는 독특한 진리체험을 통해 확인되어야 할 문제로 남는다.

학제연구를 통해 얻을 수 있는 포괄적 안목과 종합적 이해는 문제해결을 위한 처방을 고안하고 적용하는 데 유용하게 쓰일 때 그 외재적 가치를 확인할 수 있다. 이는 학문의 가치를 삶의 실제적인 문제해결에서 찾는 것과 같은 맥락에 있다. 학문을 통해서 생산한 지식이 실생활에 어떻게 응용될 지는 미지수이다. 그것은 응용의 실적을 통해서 증명된다. 응용의 가능성은 항상 열려 있고, 그런 점에서 학문의 외재적 가치는 무한하다고 할 수 있다. 학제연구로서의 융합이 삶에 유용한 처방을 내놓는 것은 그에 대한 다양한 외적 요구에 부응함으로써 그에 대한 지속적인 지원을 확보하는 통로가 된다. 외부의 지원 없는 연구가 지속되기 어려움을 고려할 때, 학제연구의 외재적 가치를 알리는 작업을 소홀히 해

---

9) 여기서 말하는 학제연구가 최재천(2014)이 말하는 범학문적(trans-disciplinary) 접근으로서의 통섭과 흡사한 것이 아닌가 하는 질문을 제기할 수 있다. 그러나 최재천이 말하는 통섭은 학제연구라는 테두리를 넘어 새로운 학문 분야의 출현을 지향한다는 점에서 학제연구를 분과학문의 협력연구라는 한정된 의미로 보는 필자의 시각과 차이가 있다.

서는 안 된다. 다만, 그 지원의 방식을 결정하는 것은 외부가 아니라 학제연구의 내부, 즉 학문의 내재적 가치임을 잊어서는 안 된다. 이 점을 소홀히 할 때, 학제연구는 외부의 영향에 의존하거나 종속되는 결과를 초래한다.

기술의 융합도 비슷한 방식으로 살펴볼 수 있다. 그 가치는 기술융합 자체의 내재적 가치와 그 활용을 뜻하는 외재적 가치로 구분해 볼 수 있다. 다양한 종류의 기술을 모아서 신기술을 창안해 내는 험난하고 보람된 과정은 그것이 가져올 엄청난 혜택을 제외하고도 그 고유의 가치를 식별할 수 있다. 이런 차원의 가치는 그것을 발생시킨 근원이 기술융합 체험 자체에 내재한다. 다시 말해, 신기술의 창안이 갖는 내재적 가치는 그것을 주도한 사람의 내부에서 체험되고 감식된다. 그 좋은 예를 노벨상 수상경력을 지닌 신기술 창안자들에게서 가끔 볼 수 있다. 그들은 시간을 잊을 만큼 깊이 몰두했던 기술창출 과정에 커다란 긍지를 느끼고 그 경험을 어떤 결과와도 바꿀 수 없다고 말한다.

그렇지만 신기술의 창안으로 인해 우리의 삶의 질이 증진되는 효과를 간과할 수는 없다. 신기술이 갖는 효용가치는 기술의 융합에서 비롯한 것이지만, 그것과는 별도로 경제적 · 사회적 · 문화적 · 역사적 측면에서 평가될 수 있다. 기술의 융합이 가져다주는 다양한 혜택은 그에 대한 관심과 지원의 확대라는 방식으로 환류된다. 그 점에서 기술융합의 외재적 가치가 갖는 의의 역시 결코 작지 않다.

4) 교육의 가치

교육에서 가장 큰 과제는 그것을 통해 가치의 선택, 목표의 설정, 그리고 그 실천에 대한 평가일 것이다. 이 문제와 관련하여 내재적 가치와 외재적 가치의 구분은 역시 중요하다. 종종 학교에 대한 다양한 기대를 교육목표로 착각한다(양미경, 2004; 채선희, 2001). 이는 교육의 가치를 결과에서 찾기 때문이다. 교육이 그 외재적 가치에 의해 소외된 사태는 개탄스러운 것이다(최성욱, 신기현, 1999). 그 점에서 교육의 내재적 가치를 주장하는 관점은 각별히 주목된다.

흔히 교육의 존재 이유를 세상만사를 해결하는 효과적 수단이라는 데에서 찾는 경향이 있다. 그러나 교육의 경우에도 그 외재적 가치는 내재적 가치의 토대 위에서만 성립한다는 점에서 교육의 내재적 가치가 보다 우선한다. 교육의 내재적 가치는 교육이 자율적인 구조를 지닌 세계의 하나임을 전제로 하여 성립한다. 교육의 안(내재)와 밖(외재)을 구분하려면 그것이 다른 것과 구분되는 독립된 실체임을 보일 수 있어야 하는데, 교육의 구조를 드러내는 것이 그 근거가 되기 때문이다([그림 12-2] 참조).

사람들은 삶의 목적 혹은 가치를 얼마나 잘 사느냐에 둔다. 이때 '잘 삶'의 의미는 무엇을 기준으로 하느냐에 따라 판이하게 달라진다. 가령, 권력, 재물, 지위는 정치적·경제적·사회적 가치를 우선하는 세속계의 가치로서 '잘 삶'의 한 가지 기준이다. 학문, 예술, 도덕을 비롯한 무수한 도(道)의 세계는 타고난 인간적 가능성을 최대한으로 실현하여 그 완성된 경지에 이르고자 하는 수도계의 가치를 또 다른 '잘 삶'의 기준으로 제시한다. 교육은 세속계나 수도계와 다른 가치를 '잘 삶'의 기준으로 삼는다. 교육이라는 삶을 통해 추구하는 가치는 출세도 득도도 아니다. 교육에서 말하는 '잘 삶'의 의미는 사람이 얼마나 많이 가졌느냐가 아니다. 또, 그 능력을 얼마나 높은 수준까지 실현했느냐도 아니다. 오히려 도의 높낮이와 상관없이 지금의 위치에서 거기에 도달하기 위해 얼마나 성실하고 진솔한 삶을 영위하느냐는 것이다. 이런 점에서 교육에 내재하는 가치의 특징은 절대성보다 상대성, 정지된 상태보다 운동하는 힘을 긍정하는 데서 찾아진다. 다른 말로 하면, 결과보다는 그것을 이루는 과정이 중요하다는 자각, 무(無)와 공(空)에 대한 인간적 성실성, 지금-여기에의 충실성 등으로 교육의 내재적 가치를 설명할 수 있다(장상호, 1991, 2009a, p. 26).

교육의 효용성을 말하는 외재적 가치는 굳이 강조하지 않아도 될 만큼 무수하다. 온갖 삶의 문제가 터질 때마다 교육을 해결사로 내세우는 것만 보아도 그것을 알 수 있다. 어느 때는 과연 그런 것이 교육에 의해 해결될 수 있는지 의문이 갈 정도로 남발되는 경향마저 있다.[10] 문제는 교육이 과연 그 모든 문제를 해결

---

10) 그 예로는 반공교육, 정신교육, 소비자교육, 양성평등교육, 반공교육, 통일교육 등을 들 수 있고, 최근에 물보호교육, 다문화교육, 인성교육, 행복교육, 지진교육까지 등장했다.

할 수 있느냐 하는 점이다. 그 효과를 증명하려면 최소한의 근거나 증거가 제시되어야 하는데, 그런 경우는 거의 찾아볼 수 없다. 이것은 거꾸로 교육에 무거운 책임추궁의 짐을 지게 만듦으로써 끝없는 비난의 표적이 되고 마는 결과로 이어질 수가 있다. 이런 우려를 불식하기 위해서는 교육의 외재적 가치를 마구잡이로 부풀리는 것을 자제하고 그 유용성의 내적 근거부터 다져나가는 것이 현명한 처사일 것이다.

3. 본위에 따른 융합교육의 양태 비교[11]

앞에서 융합과 교육은 각기 어떤 의미이며 어떤 가치를 추구하는지 살펴보았다. 여기서는 융합과 교육의 관계 양태를 상호 간의 가치추구 면에서 논의해 본다.

융합과 교육은 서로 다른 구조와 가치를 가지며, 그 이질성을 기초로 관계를 맺는다. 그들은 서로의 발전에 기여할 수도 있지만, 반대로 그것을 저해할 수도 있다. 그 양태는 대립, 갈등, 긴장, 상충, 파행, 결별 혹은 조화, 공존, 병립, 지원, 협동, 호혜라는 좀 더 다양한 방식으로 전개되며, 서로의 요구조건과 대응방식에 따라 관계 양태는 미묘하게 달라진다. 그 과정에 모종의 타협과 조정의 국면도 포함된다. 상호 이질적인 두 영역의 교차지점에 위치한 융합교육은 그것을 구성하는 융합과 교육이 각자의 성격을 간직한 상태로 결합된 상황을 의미한다.

그 관계 양태는 본위를 중심으로 두 가지로 대별해 볼 수 있다. 융합을 본위로 하면 교육은 그 수단이 되고, 교육을 본위로 하면 융합이 그 수단이 된다. 본위 선택에 따라 융합교육의 양태는 180도 달라진다. 융합을 본위로 하는 융합교육은 융합의 가치가 우선하므로 교육이 그 가치실현에 기여하는 방식으로 전개된

---

11) 융합교육의 본위로는 융합과 교육 외에도 그것을 둘러싼 외부의 모든 세계를 선택할 수 있다. 가령, 정치, 경제, 사회를 통괄한 세속계 본위의 융합교육은 그중 하나이다. 장상호(2009a, pp. 30-39)는 이를 외도교육이라는 이름으로 부른다. 이 장에서는 그것을 배제하는 것이 아니라 논의의 목적상 본위선택 범위를 융합교육의 맥락 안에 국한해서 살펴본다.

다. 반면에, 교육을 본위로 하는 융합교육은 교육의 가치가 우선함으로써 융합이 교육의 가치실현을 촉진하는 방식으로 조정된다. 다시 말해, 융합본위의 융합교육에서는 융합의 내재적 가치를 위해 교육의 외재적 가치가 강조되고, 교육본위의 융합교육에서는 교육의 내재적 가치를 위해 융합의 외재적 가치에 보다 주목한다. 이 말은 융합교육이 어떤 고정된 가치성향을 지닌 것이 아니라 본위가 달라짐에 따라 유동적인 가치맥락으로 전환된다는 것을 의미한다.

1) 융합을 본위로 한 융합교육의 양태

융합을 본위로 하는 융합교육에서 그 가치실현의 양태는 융합의 의미에 따라 두 가지로 구분하여 설명할 수 있다. 하나는 학제연구를 위한 교육이고, 다른 하나는 기술의 융합을 위한 교육이다. 어느 것을 융합으로 파악하든지 간에 융합교육의 목적은 융합의 내재적 가치의 실현에 있고, 교육을 그 수단으로 활용하는 공통점을 갖는다.

학제연구를 본위로 한 융합교육에서는 문제에 대한 다원적인 이해가 전면에 부각되고 교육은 그것에 종속하는 배경으로 후퇴한다. 앞에서 살펴보았듯이 학제연구의 필요성은 분과학문의 좁은 시야를 뛰어넘은 폭넓은 안목의 확보에서 찾을 수 있다. 자기 분야에 갇혀 옹졸하고 틀에 박힌 사고를 고집해서는 대국적인 이해에 결코 도달할 수 없다. 다른 분야의 이야기에 귀를 기울이고 그들의 낯선 사고방식을 이해하려는 지평의 확장 없이는 학문의 경계를 넘나드는 포괄적 안목을 가지기가 어렵다. 그렇지만 전공이 다른 학자들끼리의 소통은 말처럼 쉽지가 않다. 마치 외국인을 만난 것처럼 문법체계가 다른 상대방의 언어를 알아듣기 어렵다. 각 분과학문은 그들만의 고유한 학술용어를 창조하고 그 전문용어들로 기술된 의미의 위계 구조를 높이 형성하고 있다. 그 내부로의 진입은 아무에게나 허용되지 않는 점에서 일종의 성역(聖域)이다. 이 때문에 전공이 다른 학자들끼리 소통과 대화가 가능하려면 서로가 지닌 학문의 내용을 최첨단의 수준에서 이해할 수 있어야 한다. 그런 높은 수준의 지식을 기본 소양으로 갖춘 자라야 학제연구의 취지에 맞게 그 목적을 실현할 수 있다.

수도계로서 학문의 내재적 목표는 가장 높은 수준의 지식에 도달하는 것이다(장상호, 2009a, p. 40, p. 47). 학제연구를 본위로 할 때 교육은 그 학제연구의 목적달성에 기여하는 수단이라는 시각에서 파악된다. 상구와 하화로 이루어진 협동교육은 그 고유한 규칙은 뒤로 한 채 학제연구에 필요한 지적 소양을 확충하는 방법의 하나로 활용된다. 전공에서 익힌 사고체계 대신 다른 학문의 사고방식을 습득하는 데 유용한 방식으로 교육이 이루어진다. 여기서 분야를 달리하는 학자들끼리 전공을 맞바꾸어 상구하고 하화하는 교류교육(mutual education exchanging positions and subjects)이 중요한 역할을 할 수 있다. 교류교육은 X를 교육 소재로 할 때 자연인 갑이 을의 스승이 되고, Y를 교육 소재로 할 때 을이 갑의 스승이 되어 교육적 관계가 역전되는 교육방식을 말한다(장상호, 1991, p. 84). 소재의 폭을 X, Y, Z……로 확대하면 교류교육의 시간과 공간이 더 확장되어 학제연구의 원동력인 시너지의 총합도 증폭된다. 교육 소재의 폭과 함께 소재의 높이도 학제연구에 필요한 방식으로 조정된다. 정상과학의 지식 습득을 위해 필요하다면 초보적인 것에서부터 고차원의 것까지 매 단계를 일일이 터득하기보다는 시간과 노력을 가급적 절약하는 숨 가쁜 '교육'이 이루어진다. 그 힘겨운 과정을 통과하는 소수의 뛰어난 학자들을 위해서는 다수의 탈락자를 감수하는 엘리트 위주 교육도 불사한다. 그렇게 배출된 최고의 학제연구자에게 교육의 감흥이나 보람을 바라는 것은 지나친 요구일 수밖에 없다.

기술의 융합을 본위로 한 융합교육도 기본적으로 같은 양태를 보인다. 최고 수준의 신기술 창출이라는 목적에 부합한다면 정상에 이르기까지 중간 단계에 배열된 경험을 과감히 생략하는 효율적인 '교육'이 선호된다. 기술의 각 단계를 일일이 경험하면서 가파른 고지를 점유하기에 정상적인 교육은 사치스럽고 한가롭기까지 하다. 이 분야에서도 한 명의 뛰어난 기술이 백 명의 낮은 기술을 능가하는 것으로 평가받는다. 귀족주의에 입각한 '교육'은 상구와 하화의 가치 체험은 간간히 허용될 뿐이고 나머지는 온통 신기술 창출을 위한 기술모방과 교육외적인 활동으로 가득 찬 일과에 매달린다. 그 피 말리는 시간과의 다툼과 경쟁의 압박을 견뎌낸 소수의 기술창조자가 승리자로서 모든 영광을 독식하고 나머지는 모두 실패자로 간주된다.

2) 교육을 본위로 한 융합교육의 양태

교육을 본위로 하면, 교육이 목적이 되고 융합이 수단이 되는 융합교육이 전개된다. 이때 학제연구와 기술융합은 교육의 가치 실현을 위한 소재로 활용된다.

앞에서 교육의 내재적 가치는 그 소재의 높낮이와 상관없이 각자의 위치에서 타고난 인간적 가능성을 실현하는 과정의 고유한 만족과 보람에서 찾아진다고 하였다. 그것은 교육으로 인하여 나타나는 어떤 결과를 가지고 설명하거나 대신할 수 없는 교육의 자율적인 삶의 양식에 충실함으로써 체득되고 체현된다. 교육의 세계는 현재의 품위에서 차상의 품위에 이르는 주체적 활동에 몰입하고 심취하는 상구교육과 스스로 터득한 상구교육의 체험을 타인과 공유하는 활동에 전념하고 흥겨워하는 하화교육을 기본 단위로 한다. 상구와 하화는 그 결합을 통해 협동교육이라는 공조체제를 형성한다. 따라서 교육의 내재적 가치는 상구교육과 하화교육, 그 둘의 관계로서 협동교육의 가치를 모두 합친 것이라고 보면 된다.

교육의 내재적 가치를 우선하는 융합교육에서 그 소재의 선택은 한껏 열려 있다. 다시 말하면, 어느 소재가 교육에 유리한가에 따라 선택을 달리한다는 점이다. 교육본위의 융합교육에서 학제연구이거나 기술 간의 연계와 제휴이거나를 막론하고 그것을 소재로 하는 상구와 하화와 협동교육의 내재적 가치를 만끽할 수 있다면 그것으로 충분하다. 가령, 학문을 소재로 삼는 경우 그것이 반드시 과학공동체의 최첨단 이론일 필요는 없다. 과학적 지식의 정답과 오답의 숫자가 교육의 성공과 실패를 평가하는 내재적 기준이 되지 않는다. 아무리 높은 수준의 과학적 지식이라고 하더라도 교육의 고유한 보람을 창출하는 데 적합하지 않다면 교육의 소재로서 가치가 없는 것이며, 비록 낮은 수준의 지식이라고 하더라도 그것을 얻기까지의 과정이 교육에 내재하는 고유한 속성을 실현하는 것이라면 그만큼 소재의 가치를 가진 것으로 인정받을 수 있다(장상호, 1991, p. 59). 기술의 융합을 교육 소재로 삼을 때도 마찬가지이다. 교육의 보람은 기술결합의 수준이 얼마나 높으냐가 결정하는 것이 아니다. 비록 수준이 낮은 기술의 융합 이라고 하더라도 그것을 얻는 과정에서 신명나는 교육활동을 전개할 수 있다면 그것만큼 소재의 가치를 지닌 것으로 평가받을 수 있다.

교육에서 중요한 것은 최종의 결과가 아니라 그것을 습득하는 과정이나 활동 에 얼마나 몰입하느냐이다. 교육활동 자체에서 오는 흥취와 보람을 약속할 수 있다면 소재의 수준이 문제가 되지 않으며, 이미 폐기된 과거의 지식도 얼마든 지 소재로서 재활용될 수 있다(장상호, 2009a, p. 59; 최성욱, 2006). 또, 교육은 최 첨단 지식을 정답으로 거기에 도달하는 논리적으로 일관된 계열을 아무런 감흥 없이 따라가는 무기력한 준비활동에 그쳐서는 안 된다. 그것은 교육의 체험을 훼손하거나 저해시킬 위험성이 있다. 그보다는 학문의 발전 단계에서 드러난 서 로 다른 패러다임 간의 모순된 논리적 계열 안에서 각자에게 맞는 실현 가능한 수준을 잠정적인 표적으로 삼고 그 교육활동에 심취하는 것이 바람직하다. 이런 내재적 보람을 극대화하기 위한 상구와 하화의 관계 맺음의 원리는 적정한 거리 와 속도를 유지하면서 각자의 활동에 온전히 몰입하는 것이고, 이를 통해서 부 수적으로 상대에게 도움이 되는 방식을 취하는 것이다. 이런 협동교육의 원리는 기술의 융합을 소재로 할 경우에도 그대로 적용될 수 있다.

요컨대, 교육본위의 융합교육에서 소재가 어떤 수준에 있느냐 하는 것은 그렇 게 중요한 문제가 아니다. 진정 중요한 것은 교육의 과정이 허용하는 고유한 의 미의 상구체험과 하화체험이다. 그런 체험을 가능케 하는 품위일수록 그것이 지 닌 교육 소재로서의 가치는 높아진다. 이런 이유에서 교육본위의 융합교육에서 는 학제연구나 기술의 최정상 품위에 굳이 집착할 필요가 없다. 교육의 내재적 가치를 실현하는 데에는 그런 최종의 품위가 오히려 불편하고 부적합한 경우가 많다. 오히려 사다리를 오르는 것처럼 한 단계씩 각자에게 실현가능한 지점을 목표로 삼는 것이 더 큰 교육의 재미와 보람을 가져다준다. 교육은 바로 그 품위 라는 사다리를 오르내리는 활동에 해당하며, 그 활동을 위해서 반드시 높은 목표가 필요한 것은 아니다. 높은 품위의 지식이나 기술도 그것이 만들어지기까지 그보다 낮은 단계들을 일일이 거치고 극복하면서 나타난 것이다. 어느 수준의 것이든 절대적이거나 최종적인 것은 될 수 없다. 따라서 그 미완성에 이르는 각 단계를 여실하게 체험하는 것이 도리어 삶의 진솔한 목표라는 깨달음이 필요하다. 교육은 완성을 목표로 하는 수도계적 삶과 달리, 미완으로 향하는 도중에서 단계와 단계 사이를 이행하는 과정에 충실한 삶을 목표로 한다. 앞에서 '무(無)와 공(空)에 대한 자각된 성실성'이라고 말한 것은 바로 이를 두고 한 말이다. 교육의 내재적 가치는 한 단계의 교육이 끝난 지점에서 교육을 계속하고 싶은 추진력으로 작용하여 다음 단계의 교육으로 진전해 간다(장상호, 2009a, p. 60). 그 보람을 끝없이 반복할 수 있는 소재의 하나가 융합인 셈이다.

4. 결론

융합교육이 유행하게 된 것은 비교적 최근의 일이다. 그것이 점차 확산되는 추세에 비하면 담론의 전개에 필요한 요건의 정비가 제대로 따라가지 못하는 편이다. 이 장은 융합교육이 봉착한 상황을 개념적인 측면에서 이해하고자 하였다.

융합교육이 당면한 문제는 이중으로 얽혀 있다. 융합의 의미도 애매하지만, 교육 역시 비슷한 형편에 놓여 있다. 그 둘이 엉키다 보니, 문제가 한층 심각하다. 필자는 융합교육의 의미를 '융합을 목표로 한 교육'으로 보는 관점이 융합을 본위로 한 것임을 밝히고, 그 본위의 전환 가능성에 주목하였다. 그렇게 하여 융합과 교육을 각기 본위로 한 융합교육의 양태를 비교, 분석하였다. 이를 위해 융합과 교육의 의미와 가치를 별도로 고찰하여 융합교육에서 볼 수 있는 가치 양태를 파악하는 토대로 삼았다.

융합을 본위로 한 융합교육은 학문과 기술의 최정상에 도달하는 것을 지상목표로 삼고 소수정예의 양성에 매달리는 것을 정당화한다. 그에 못 미치는 다수의 저급자들은 실패자로 낙인찍힌다. 이는 보통의 학교에서 볼 수 있는 교과교육과 조금도 다를 바 없다. 교육을 본위로 한 융합교육은 수준의 높낮이에 구애됨이 없이 학문과 기술의 어느 수준에서든지 다음 단계를 목표로 상구교육과 하화교육의 흥겨운 놀이를 즐길 수 있도록 배려한다. 여기에 최첨단의 지식과 기술은 오히려 방해가 되며 교육의 고유한 가치체험을 제대로 구현할 수 없다. 교육본위의 융합교육에서는 천민이든 서민이든 가리지 않고 참여 가능하다는 점에서 엘리트 중심의 귀족주의를 추구하는 융합본위의 융합교육과 큰 차이를 보인다.

융합교육은 반드시 학교에서만 가능한 것은 아니다. 그럼에도 불구하고, 융합교육에 관한 많은 연구와 실천이 주로 학교를 대상으로 삼고 있다. 여기에는 교육을 제도적 형태와 일치시키는 통속적인 교육관의 영향이 크다. 그 또한 극복되어야 할 융합교육의 장애 요인이다. 이 점을 깨닫고 교육의 자율성을 이론적인 견지에서 이해하고 동시에 교육의 내재적 가치에 공감하는 이들이 많이 일어나기를 희망한다. 그렇게 되면 무턱대고 높은 수준의 품위를 강요하면서 모방과 형식적 일치를 조장하는 위험으로부터 교육을 구제할 길이 열린다. 그래야만 융합교육이 또 하나의 생기 잃은 교육 사례로 전락하지 않을 수 있다. 융합교육의 정상적인 진로와 지속적인 발전은 융합에 대한 연구와 실천만으로 부족하다. 교육을 교육답게 바라보는 건전한 인식의 토대를 구축하는 것이 중요하고, 더불어 메타교육('교육을 교육하는 것')이 병행되어야 한다. 앞의 것은 교육관의 재교육을 말하고, 뒤의 것은 교육실천의 재교육을 의미한다. 융합교육이 갈 길은 아직 멀지만, 그 기초 작업으로서 이런 일들이 견실하게 이루어진다면 그 전망이 반드시 어둡지만은 않다.

참고문헌

강영안, 곽영훈, 김광수, 김기봉, 김상환, 김선영, 김혜숙, 소광섭, 성영은, 엄정식, 이덕환, 이명현, 이승종, 정복근, 조인래, 홍성욱(2014). 철학, 과학 그리고 융합연구, 어디로 가는가?: 〈특별좌담〉 4시간 반 열여섯 명이 벌인 토론 한마당. 철학과 현실, 100, 16-134. 철학문화연구소.

고려대학교 민족문화연구소(1964~1970). 한국문화사대계(Ⅰ~Ⅳ). 서울: 고대민족문화연구소출판부.

고려대학교 민족문화연구소(1980~1981). 한국민속대관(Ⅰ~Ⅳ). 서울: 고대민족문화연구소출판부.

고병익(1982). 동아사의 전통. 서울: 일조각.

고영미(2010). 유아교육 실습지도를 위한 실습지도교수와 예비교사 간 e-멘토링 모형 개발. 유아교육연구, 30(1), 447-472. 한국유아교육학회.

곽덕훈(2010). 스마트 교육의 의미와 전망. 스마트 교육 코리아 발표 자료집. 한국이러닝산업협회.

곽암사원(/1985). 깨달음에 이르는 열 가지 시리즈-십우도(이희익 역). 서울: 경서원.

곽철홍, 이도수, 홍영환(1989). 사대생 교육실습의 문제와 그 개선책. 중등교육연구, 1, 62-82. 경상대학교 중등교육연구소.

교육과학기술부(2011). 스마트교육 추진 전략 시행 계획(안). 스마트교육 추진 전략 오픈 정책 설명회 자료집.

국민윤리학회(1983). 한국의 전통사상. 서울: 형설출판사.

권동택(2009). 교실친화적 교사 양성을 위한 강의 지침과 평가 준거 개발. 제18회 청람 교과교육 정책 포럼 자료집, 1-32. 한국교원대학교 교과교육연구소.

권동택(2013). 〈스마트교육 및 디지털교과서 정책의 과제 및 발전 방향〉에 대한 종합토론 3. 2013년 스마트 포럼 자료집, 177-184. 한국교원대학교 교육연구원.

김규욱(2001). 듀이 교육이론에 대한 교육본위론적 재해석. 서울대학교 대학원 박사학위논문.

김기석(1997). 한국 근대교육의 기원과 발달. 한국교육사, 191-264. 서울대학교 교육연구소.

김남두(1994). 서양학문의 형성과 학문 분류의 기본 원칙. 현대의 학문체계, 39-73. 서울: 민음사.

김병성 외(1994). 교과교육학의 학문적 성격과 체제에 관한 연구. 연구보고 RR 93-3-1. 한국교원대학교 부설 교과교육공동연구소.

김병찬(2005). 예비교사들은 교육실습을 통해서 무엇을 경험하는가? 교육행정학연구, 3(4), 49-76. 한국교육행정학회.

김송일(2001). 21세기 정보화 사회와 학교교육의 혁신. 사회과학논집, 11(2), 115-135. 울산: 울산대학교.

김영화(2011). 교원양성과정에 있어서 교육심리학, 교육사회학, 교육행정학의 위상에 대한 토론 II. 2011 한국교육학회 춘계학술대회 학술자료집, 229-235.

김용식(1997). 과학·기술시대의 교육문제: Heidegger의 철학적 관점에서. 허숙, 유혜령(편). 교육현상의 재개념화: 현상학, 해석학, 탈현대주의적 이해, 53-76. 서울: 교육과학사.

김윤옥, 설양환(2005). 교대 수업, 종합 교육실습 평가, 분석. 초등교육연구, 18(2), 173-193. 한국초등교육학회.

김인회(1987). 한국무속사상연구. 서울: 집문당.

김정현, 강명숙, 왕석순(2009). 예비 중등교사의 교육실습이 교사로서의 자질 인식에 미치는 영향. 한국가정과교육학회지, 21(4), 55-70. 한국가정과교육학회.

김재웅(2012). 분과학문으로서 교육학의 위기에 대한 비판적 고찰: 현장적 전문성과 학문적 정체성의 관점에서. 아시아교육연구, 13(3), 1-26. 서울대학교 교육연구소.

김지현(2004). 고등교육 후속세대를 위한 강의실습: 서울대학교 핵심교양 「삶과 교육」의 '하화공동체' 사례를 중심으로. 아시아교육연구, 5(1), 127-143. 서울대학교 교육연구소.

김학주 편저(1985). 논어. 서울: 서울대학교 출판부.

김현숙(1999). 교육실습 협력교사의 자질과 필수요건. 사회과교육, 32, 371-392. 한국사회과교육연구학회.

김현철(2011). 스마트교육 콘텐츠 품질관리 및 교수학습 모형 개발 이슈. 2011 KERIS 이슈리포트. 연구자료 RM 2011-20. 서울: 한국교육학술정보원.

나경희(2008). 예비영어교사의 교육실습과정에 관한 인식 및 태도에 관한 탐색. 영어영문학연구, 50(1), 101-129. 한국중앙영어영문학회.

남궁용권(1989). 교육실습의 이론과 실제. 서울: 학문사.

노희관, 이용남 편(2000). 교육학의 새로운 패러다임. 서울: 교육과학사.

두란노서원 성경출판팀(2008). 우리말 성경. 서울: 두란노.

문태관(1991). 정보화 사회에 대응하는 교육환경 개선을 위한 탐색. 서울교대논문집, 24(1), 301-317.

문화재관리국(1977). 한국민속종합보고서. 서울: 형설출판사.

박상완(2000). 사범대학 교사교육 특성 분석: 서울대학교 사례연구. 서울대학교 대학원 박사학위논문.

박순자, 김혜자(2001). 초등학교 교육실습의 효율화 방안. 한국실과교육학회지, 14(1), 181-201. 한국실과교육학회.

박영규(1996). 달마에서 경허까지. 서울: 정신세계사.

박영균(2009). 이념적 통섭을 통한 학문적 통섭의 모색. 문화과학, 59, 287-317. 서울: 문화과학사.

박영만, 김기태, 이시용, 박경묵, 송민영(2003). 교육실습제도 개선 연구. 교사교육 프로그램 개발 과제 2003-2. 서울: 교육인적자원부.

박영배, 백운학(1989). 교육실습. 서울: 대은출판사.

박은숙(2000). 중등학교 가정과 교육실습 실태 및 교육실습 만족도에 영향을 미치는 요인. 한국가정과교육학회지, 12(3), 129-143. 한국가정과교육학회.

박종렬(1996). 지식정보화 사회에서의 교육발전 방향. 교육재정 · 경제연구, 5(2), 313-351. 한국교육경제학회.

박진(2011). 통섭비판: 칸트의 '이성비판'의 관점에서. 인문과학연구논총, 32, 227-260. 명지대학교 인문과학연구소.

박철홍(1995). 듀이의 '하나의 경험'에 비추어 본 교육적 경험의 의미: 수단으로서의 지식과 내재적 가치의 의미. 교육철학, 13, 81-109. 한국교육학회 교육철학연구회.

백순근, 함은혜(2007). 중등 예비교사의 교육실습이 '교육적 가치'에 미치는 영향. 교육평가연구, 20(4), 1-29. 한국교육평가학회.

서근원(2003). 수업을 왜 하지? 서울: 우리교육.

서울대학교 동아문화연구소(1980). 한국학. 서울: 현암사.

손인수(1985). 교육사 · 교육철학연구. 서울: 문음사.

송건호(1973). 한국사상의 과학화 문제. 한국사상총서 Ⅲ, 20-32. 한국사상연구회.

신용일(1997). 교육실습의 이론과 실제. 서울: 동문사.

양미경(1992). 질문 연구의 교육학적 의의와 과제. 서울대학교 대학원 박사학위논문.

양미경(1995). 질문의 생성을 촉진하는 교육적 조건 연구. 교육학연구, 33(1), 95-116. 한국교육학회.

양미경(2004). 학교의 기능에 대한 사회적 요구의 성격: 다중성과 모호성. 교육학연구, 42(2), 133-162. 한국교육학회.

엄미리, 엄문용(2010). 교육실습 제도 개선에 관한 인식 및 요구조사. 인적자원관리연구, 17(1), 127-149. 한국인적자원관리학회.

엄태동(1998). 교육적 인식론 연구: 키에르케고르와 폴라니의 교화적 방법. 서울대학교 대학원 박사학위논문.

엄태동(2001). 존 듀이 교육학에 대한 오해와 새로운 이해. 교육원리연구, 6(1), 95-129. 교육원리연구회.

오천석(1964). 한국신교육사. 서울: 현대교육총서출판사.

유인식(2013). 스마트교육 운영의 실제. 스마트교육 및 디지털교과서 정책의 과제 및 발전 방향: 주제 발표 2부 주제 1. 2013년 스마트 포럼 자료집, 45-58. 한국교원대학교 교육연구원.

유지영(2008). 교육실습 경험이 초임교사의 역할수행에 미치는 영향. 교육연구논총, 29(2), 21-40. 충남대교육연구소.

유형근(2013). 스마트교육을 적용한 교육실습 강화 방안 연구. 2012년 한국교원대학교 교내정책연구 결과보고서. 한국교원대학교 교육연구원.

윤기옥, 이학주(2001). 반성적 교육실습 프로그램에 대한 협력교사, 초임교사, 교생의 지각 분석. 초등교육연구, 14(3), 317-345. 한국초등교육학회.

윤기옥, 정문성, 최유현, 고경석(2002). 교육대학교 교육실습 프로그램의 운영 및 발전 방안의 탐색: 반성적 교사교육의 관점. 교육논총, 19, 347-369. 인천교육대학교.

윤병희(1997). 커리큘럼학의 정립가능성 탐색을 위한 시론. 교육학연구, 35(1), 161-183.

윤사순, 고익진 편(1984). 한국의 사상. 서울: 열음사.

이경화(2008). 초등학교 국어 수업의 반성적 점검과 교실친화적 교육실습 방안. 교원교육, 24(10), 52-70. 한국교원대학교 교육연구원.

이경희(2005). 교육실습의 내용과 환경 분석. 교육발전연구, 22(1), 117-152. 경희대 교육문제연구소.

이남인(2009). 인문학과 자연과학은 어떻게 만날 수 있는가?: 통섭개념에 대한 비판을 토대로 삼아. 철학연구, 87, 259-311. 철학연구회.

이돈희 편역, 해설(1992). 존 듀이 교육론. 서울: 서울대학교 출판부.

이돈희(1994). 교과교육학의 성격과 과제. 교과교육학 탐구, 9-35. 서울: 교육과학사.

이명순(2001). 유치원 교사의 교직 사회화 방향에 대한 탐색. 교육인류학연구, 4(3), 201-226. 한국교육인류학회.

이문웅(1991). 인간과 문화: 인류학에서 본 인간. 장회익 외. 인간이란 무엇인가, 131-174. 서울: 민음사.

이민수 역(1987). 법화경. 서울: 홍신문화사.

이성규(1994). 동양의 학문체계와 그 이념. 현대의 학문체계, 9-38. 서울: 민음사.

이용남 편(2002). 교육학과 교육. 서울: 교육과학사.

이을호(1982). 단군신화의 철학적 분석. 조명기 외. 한국사상의 심층연구, 10-23. 서울: 우석출판사.

이재경(2000). 정보화 사회에 대한 세 가지 이론적 관점과 한국사회의 과제. 사회과학 연구논총,

　　　5, 217−242. 이화여자대학교 사회과학연구소.

이재창(2000). 지식정보화 사회와 정보교육. 진로교육연구, 11, 1−18. 한국진로교육학회.

이종후, 윤명노(1982). 전통사상에 나타난 융화정신. 한국철학사상연구, 157−224. 성남: 한국정
　　　신문화연구원.

이태진(1994). 한국의 학문적 전통과 서양학문에 대한 반응. 현대의 학문체계, 74−126. 서울: 민
　　　음사.

이학원(1999). 사범대학의 교육실습의 문제점과 그 개선방향. 교육연구, 9(1), 121−138. 강원대
　　　학교 교육연구소.

이홍우(1977). 교육과정 탐구. 서울: 박영사.

이홍우(1982). 소크라테스의 교육방법. 지식의 구조와 교과, 167−190. 서울: 교육과학사.

이홍우(1984). 교육의 목적과 난점. 서울: 교육과학사.

이홍우(1985). 교육학에 있어서의 전통의 의미. 정신문화연구, 1985−3, 77−86. 성남: 한국정신
　　　문화연구원.

이홍우(1988). 도덕경에 나타난 도덕의 개념. 교육이론, 3(1), 5−34. 서울대학교 교육학과.

이홍우(1991). 교육의 개념. 서울: 문음사.

이홍우(1992). (증보)교육과정 탐구. 서울: 박영사.

장상호(1986). 교육학의 비본질성. 교육이론, 1(1), 5−53. 서울대학교 교육학연구회.

장상호(1987). Piaget: 발생적 인식론과 교육. 서울: 교육과학사.

장상호(1990). 교육의 정체혼미와 교육학의 과제. 교육이론, 5(1), 21−64. 서울대학교 교육학과.

장상호(1991). 교육학 탐구영역의 재개념화. 교육학연구, 91−2. 서울대학교 교육연구소.

장상호(1994). 또 하나의 교육관. 이성진 편, 한국교육학의 맥, 291−326. 서울: 나남출판.

장상호(1996). 교육적 관계의 인식론적 의의. 교육원리연구, 1(1), 1−50. 교육원리연구회.

장상호(1997a). 학문과 교육(상): 학문이란 무엇인가. 서울: 서울대학교 출판부.

장상호(1997b). 교육의 재개념화에 따른 10가지 탐구영역. 교육원리연구, 2(1), 111−213. 교육원
　　　리연구회.

장상호(1998). 교육활동으로서의 언어적 소통: 그 한계와 새로운 가능성의 탐색. 교육원리연구,
　　　3(1), 77−128. 교육원리연구회.

장상호(1999). 교육적 반전의 내재율에 비추어 본 고대희랍의 교육삼대. 교육원리연구, 4(1),
　　　1−62. 교육원리연구회.

장상호(2000a). 학문과 교육(하): 교육적 인식론이란 무엇인가. 서울: 서울대학교 출판부.

장상호(2000b). 사대스승의 메타교육. 교육원리연구, 5(1), 49−127. 교육원리연구회.

장상호(2001). 교육연구의 패러다임 전환을 위한 방략. 교육원리연구, 6(1), 1−35. 교육원리연구회.

장상호(2002a). 서울대학교 우수강의 시리즈: 장상호 교수, 이렇게 가르친다. 서울대학교 교수

학습개발센터 우수강의 사례(CD 자료).

장상호(2002b). 교육적 관계와 교육공동체에 관한 소고. 교육원리연구, 7(1), 1-42. 교육원리연구회.

장상호(2003). 교육발전의 도해. 교육원리연구, 8(1), 77-123. 교육원리연구회.

장상호(2004). 학교교육의 정상화를 위한 교육평가의 재구성. 교육원리연구, 9(1), 177-270. 한국교육원리학회.

장상호(2005a). 학문과 교육(중 I): 교육이란 무엇인가. 서울: 서울대학교 출판부.

장상호(2005b). 당신은 교육학자인가? 교육원리연구, 10(2), 1-37. 한국교육원리학회.

장상호(2007). 교육에 대한 개념과 용어의 해체. 교육원리연구, 12(1), 1-37. 한국교육원리학회.

장상호(2009a). 학문과 교육(중 II): 교육본위의 삶. 서울: 서울대학교 출판문화원.

장상호(2009b). 학문과 교육(중 III): 교육연구의 새 지평. 서울: 서울대학교 출판문화원.

전정호(2000). 쇤의 전문가 교육론. 교육원리연구, 5(1), 129-151. 교육원리연구회.

정재걸, 이혜영(1993). 전통교육의 체계화를 위한 연구. 연구보고 RR 93-25. 한국교육개발원.

정재철(1995). 교육실습. 서울: 교육출판사.

정태범(1985). 교과교육학의 개념적 모형. 교원교육, 1(1), 3-15. 한국교원대학교 교육연구원.

정혜영(2009). 초등 교육실습 기간 확대 및 내용 강화를 적용한 사례연구. 한국교원교육연구, 26(3), 241-260. 한국교원교육학회.

조동일(1993). 우리 학문의 길. 서울: 지식산업사.

조동일(1997). 인문학문의 사명. 서울: 서울대학교 출판부.

조명기 외(1982). 한국사상의 심층연구. 서울: 우석출판사.

조용진(1983). 교육실습 개선에 관한 조사 연구: 교육실습 실태와 학생의 의견을 중심으로. 교육발전논총, 5(1), 3-22. 충남대학교 교육연구소.

조용진(1993). 동양화 읽는 법. 서울: 집문당.

조용환(1997). 사회화와 교육. 서울: 교육과학사.

지눌(/1990). 마음 닦는 길-수심결(강건기 역). 서울: 불일출판사.

채선희(2001). 교육평가에 개입되는 가치 간의 갈등유형 분석과 갈등해결을 위한 평가모형 탐색. 교육학연구, 39(3), 27-50. 한국교육학회.

천세영 외(2012). 스마트 교육 혁명. 파주: 21세기 북스.

최돈형 외(2009). 교실친화적 교사 양성 연구 I: 교실친화적 교사 양성 기본체제의 설계. 연구보고 RRI 2009-1-1. 한국교원대학교-한국커리큘럼평가원 협동연구과제.

최돈형 외(2010a). 교실친화적 교육실습 프로그램. 한국교원대학교 교육연구원.

최돈형 외(2010b). 교육실습 프로그램(매뉴얼) 개발(유아, 초등, 인문사회 계열, 자연계열, 예체능 계열). 한국교원대학교 교육연구원.

최성욱(1988). 학교와 교육의 관계에 비추어 본 교육사회학의 학문적 성격 고찰. 서울대학교 대학원 석사학위논문.

최성욱(1994). 변신이야기에 나타난 교육의 구조 탐색. 서울대학교 대학원 박사학위논문.

최성욱(1995). 교육적 가치에 관한 개념적 혼동. 한국교육, 22, 17-34. 한국교육개발원.

최성욱(1996). 교과교육학 논의의 반성적 이해와 대안적 접근: 교육본위 교과교육학의 가능성 검토. 교육원리연구, 1(1), 51-84. 교육원리연구회.

최성욱(1997). 가르침의 방법적 이해. 목포대학교 논문집, 18(2), 23-47. 무안: 목포대학교.

최성욱(2004). 교사-학생 관계의 비판적 고찰. 교육원리연구, 9(1), 1-45. 한국교육원리학회.

최성욱(2005). 교육학 패러다임의 전환: 기능주의에서 내재주의로. 교육원리연구, 10(2), 71-135. 한국교육원리학회.

최성욱(2006). 교육적 시간의 의미. 교육원리연구, 11(1), 101-128. 한국교육원리학회.

최성욱(2009). 질문공탁의 교육적 의의. 교육원리연구, 14(1), 101-131. 한국교육원리학회.

최성욱(2010a). 교육실습의 개념 정립을 위한 탐색적 소고. 교육원리연구, 15(2), 175-203. 한국교육원리학회.

최성욱(2010b). '학교교육'의 정상화를 위한 인식의 재구성과 그 적용. 교원교육, 26(5), 127-142. 한국교원대학교 교육연구원.

최성욱(2011). 수업능력의 전환적 이해. 교육원리연구, 16(1), 61-85. 한국교육원리학회.

최성욱(2013). 교육원리탐구, 30년의 성과와 과제. 교육원리연구, 18(1), 63-90. 한국교육원리학회.

최성욱, 신기현(1999). 교육평가의 새 영역. 교육원리연구, 4(1), 141-187. 교육원리연구회.

최재천(2014). 통합, 융합, 그리고 통섭. 철학과 현실, 100, 126-129. 철학문화연구소.

최재천, 주일우 편(2007). 지식의 통섭: 학문의 경계를 넘다. 서울: 이음.

최충옥(1998). 정보사회와 교육: 지식정보화사회에 대비한 교육개혁 과제. 한국교육연구, 5(1), 25-38. 한국교육연구소.

함종규(1983). 한국커리큘럼변천사연구(전편). 서울: 숙명여자대학교 출판부.

허병기, 최돈형, 김도기, 김민희, 김한별, 박병기, 손준종, 차우규, 이성민, 조성화(2009). 교실 친화적 교사 양성을 위한 기본체제의 설계와 과제. 교원교육, 25(2), 1-23. 한국교원대학교 교육연구원.

홍원표(1998). 듀이와 피터즈 논의의 비판적 재검토: 교육의 내재적 가치를 기준으로. 교육원리연구, 3(1), 129-153. 교육원리연구회.

홍이섭(1973). 한국사회사상사의 방법. 한국사상연구회 편. 한국사상총서 III, 5-19.

황복선, 민정원, 김계전(2007). 멘토 및 수퍼바이저제도를 연계한 교육실습 프로그램이 예비 특수교육교사의 수행능력에 미치는 영향. 특수교육 저널: 이론과 실천, 8(1), 315-337. 대구대학교 한국특수교육문제연구소.

황성모(1984). 전통사상과 외래사상. 불교사상, 1984년 9월호, 84-93.

황윤한(2007). 교육대학 교육실습 개선을 위한 실천 방안: 광주교대를 중심으로. 초등교육연구, 20(1), 301-333. 한국초등교육학회.

Althusser, L., & Balibar, E. (1968/1970). *Lire le Capital*. (Ben Brewster, Trans. *Reading "Capital."* London: New Left Books.)

Bachelard, G. (1934/1990). *Le Nouvel Esprit Scientifique*. 김용선 역. 새로운 과학정신. 서울: 인간사랑.

Bachelard, G. (1949/1991). *La Philosophie du Non*. 김용선 역. 부정의 철학. 서울: 인간사랑.

Bell, D. (1973). *The Coming of Post-Industrial Society: A Venture in Social Forecasting*. New York: Basic Books.

Berger, P. L., & Luckmann, T. (1966). *The Social Construction of Reality: A Treatise in the Sociology of Knowledge*. New York: Doubleday & Co.

Bernstein, B. J. (1977). *Class, Codes and Control. Vol. 3.: Toward a Theory of Educational Transmissions*. London: Routledge & Kegan Paul.

Bernstein, R. J. (1966/1995). *John Dewey*. Atascadero, CA: Ridgeview Publishing Company. 정순복 역. 존 듀이 철학입문. 서울: 예전사.

Bloom, B. S. *et al.* (1956, 1964). *Taxonomy of Educational Objectives, I. Cognitive Domain, II. Affective Domain*. New York: David McKay.

Boorstin, D. J. (1983/1987). *The Discoverers*. 이성범 역. 발견자들 II. 서울: 범양사 출판부.

Bruner, J. S. (1960/1973). *The Process of Education*. 이홍우 역. 브루너 교육의 과정. 서울 : 배영사.

Campbell, J. (1949/1989). *The Hero with a Thousand Faces*. 이윤기 역. 세계의 영웅신화: 아폴로, 신농씨 그리고 개구리 왕자까지. 서울: 대원사.

Clifford, G. J., & Guthrie, J. W. (1988). *ED School*. Chicago: The University of Chicago Press.

Deci, E. L., & Ryan, R. M. (1985). *Intrinsic Motivation and Self-Determination in Human Behavior*. New York: Plenum Press.

Dewey, J. (1916a/1987). *Democracy and Education*. New York: The Macmillan Company, 이홍우 역. 민주주의와 교육. 서울: 교육과학사.

Dewey, J. (1916b/1984). Essays in experimental logic. In Boydston, Jo, Ann. (Ed.), *John Dewey: The Middle Works. Vol. 10*, 319-365. Carbondale & Edwardsville: Southern Illinois University Press.

Dewey, J. (1929). *The Quest for Certainty: A Study of the Relation of Knowledge and Action*. New York: Minton Balch Company.

Dewey, J. (1949/1960). Letter to Albert George Adam Balz, *Journal of Philosophy* 46(May 26, 1949). Reprinted as "In defense of the theory of inquiry", in *John Dewey: On Experience, Nature and Freedom* (ed. by Richard J. Bernstein). New York: The Liberal Arts Press.

Dewey, J. (1963). *Experience and Education*. New York: Collier Books.

Egan, K. (1983). *Education and Psychology*. London: Methuen.

Eggleston, J. (1977). *The Sociology of the School Curriculum*. London: Routledge & Kegan Paul.

Eisner, E. W. (1985). Can educational research inform educational practice? *The Art of Educational Evaluation: A Personal View*, 255–268. London: The Falmer Press.

Feyerabend, P. (1975). *Against Method*. London: Humanities Press.

Flitner, A. (1982). Educational science and educational practice. *Education, 25*, 63–75.

Foucault, M. (1966/1987). *Les Mot et les Choses*. 이광래 역. 말과 사물. 서울: 민음사.

Furth, H. G. (1966). *Thinking without Language: Psychological Implications of Deafness*. New York: Free Press.

Gadamer, Hans-Georg (1960/1982). *Wahrheit und Methode*. (J. C. B. Mohr, Trans. *Truth and Method*. New York: The Crossroad Publishing Company.)

Gagné, R. M. (1965). *Conditions of Learning* (2nd ed.). New York: Holt, Rinehart and Winston.

Goodman, N. (1978). *Ways of Worldmaking*. Indianapolis: Hackett Publishing Company.

Gowin, D. B. (1981). *Educating*. London: Cornell University Press.

Hanson, N. R. (1961/1995). *Patterns of Discovery: An Inquiry into the Conceptual Foundations of Science*. 송진웅, 조숙경 역. 과학적 발견의 패턴. 서울: 민음사.

Heidegger, M. (1927/1989). *Sein und Zeit*. 전양범 역. 존재와 시간. 서울: 시간과 공간.

Hills, P. J. (1986/1987). *Teaching, Learning and Communication*. 장상호 역. 교수, 학습, 그리고 의사소통. 서울: 교육과학사.

Hirst, P. H. (1974). *Knowledge and the Curriculum: A Collection of Philosophical Papers*. London: Routledge & Kegan Paul.

Inhelder, B., Sinclair, H., & Bovet, M. (1974/1974). *Apprentissage et Structures de la Connaissance*. (S. Wedgwood, Trans. *Learning and the Development of Cognition*. London: Routledge & Kegan Paul).

Kierkegaard, S. (1941). *Concluding Unscientific Postcript to the Philosophical Fragments.* (D. Swenson & W. Lowrie, Trans.). Princeton: Princeton University Press.

Kierkegaard, S. (1962). *Philosophical Fragments.* (trans. by D. F. Swenson, revised by H. Hong). Princeton: Princeton University Press.

Kohlberg, L., & Hersh, R. H. (1977). Moral development: A review of the theory. *Theory into Practice, 16,* 53–59.

Kohlberg, L. (1981). *The Philosophy of Moral Development.* San Francisco: Harper and Row.

Kuhn, T. (1970). *The Structure of Scientific Revolutions* (2nd ed.). Chicago and London: The University of Chicago Press.

Kushner, H. S. (1981/1983). *When Bad Things Happen to Good People.* 김쾌상 역. 착한 사람이 왜 고통을 받습니까. 서울: 심지.

Lagemann, E. C. (2000). *An Elusive Science: The Troubling History of Educational Research.* Chicago: The University of Chicago Press.

Lemos, N. M. (1994). *Intrinsic Values: Concept and Warrant.* New York: Cambridge University Press.

Lewis, C. I. (1946). *An Analysis of Knowledge and Valuation.* La Salle, Illinois: The Open Court Publishing Company.

Lindsay, P. H., & Norman, D. A. (1972). *Human Information Processing: An Introduction to Psychology.* New York: Academic Press.

MacIntyre, A. (1981). *After Virtue: A Study in Moral Theory.* Notre Dame, Indiana: University of Notre Dame Press.

Mager, R. F. (1962). *Preparing Instructional Objectives.* San Francisco: Fearon.

McLuhan, H. M. (1964). *Understanding Media: The Extensions of Man.* New York: Signet Books.

Negroponte, N. (1995). *Being Digital.* New York: Vintage Books.

Novak, J. D., & Gowin, D. B. (1984). *Learning How to Learn.* Cambridge: Cambridge University Press.

Nyberg, D., & Egan, K. (1981). *The Erosion of Education: Socialization and the Schools.* New York: Teachers College, Columbia University.

Oakeshott, M. (1933). *Experience and its Modes.* Cambridge University Press.

Oakeshott, M. (1962). *Rationalism in Politics.* London: Methuen.

Perkinson, H. J. (1971/1984). *The Possibilities of Error: An Approach to Education.* 장상호

역. 오류가능성의 교육적 의의. 서울: 교육과학사.

Perry, W. G. (1968). *Forms of Intellectual and Ethical Development in the College Years.* New York: Holt, Rinehart and Winston, Inc.

Peters, R. S. (1966/1980). *Ethics and Education.* 이홍우 역. 윤리학과 교육. 서울: 교육과학사.

Peters, R. S. (1977). *John Dewey Reconsidered.* London: Routledge & Kegan Paul.

Piaget, J. (1923/1955). *The Language and Thought of the Child.* (M. Gabain, Tans.). New York: Meridian Books.

Piaget, J. (1950). *The Psychology of Intelligence.* New York: Harper & Row.

Piaget, J. (1954). *The Construction of Reality in the Child.* New York: Basic Books.

Piaget, J. (1971)(orig. 1967). *Biology and Knowledge: An Essay on the Relations between Organic Regulations and Cognitive Processes.* Chicago: The University of Chicago Press.

Piaget, J., & Inhelder, B. (1968/1973). *Memoire et Intelligence.* (A. J. Pomerans, Trans. *Memory and Intelligence.* London: Routledge & Kegan Paul.)

Platon(/1997). *Republic.* 박종현 역. 국가 · 정체. 서울: 서광사.

Polanyi, M. (1958). *Personal Knowledge: Towards a Post—Critical Philosophy.* London: Routledge and Kegan Paul.

Rorty, R. (1979). *Philosophy and the Mirror of Nature.* Princeton: Princeton University Press.

Rorty, R. (1989). *Contingency, Irony, and Solidarity.* Cambridge: Cambridge University Press.

Saussure, F. de. (1959/1990). *Course in General Linguistics.* New York: Philosophical Library. 최승언 역. 일반언어학 강의. 서울: 민음사.

Schneider, B. (1987). Tracing the Province of teacher education. In T. S. Popkewitz (Ed.), *Critical Studies in Teacher Education.* New York: The Palmer Press, 211—241.

Schön, D. A. (1983). *The Reflective Practitioners.* New York: Basic Books.

Schön, D. A. (1988a). *Educating the Reflective Practitioners.* San Francisco: Jossey—Bass Publishers.

Schön, D. A. (1988b). Coaching reflective teaching, In P. P. Grimmett & G. L. Erickson (Eds.). *Reflection in Teacher Education,* 19—30. New York: Teachers College, Columbia University.

Schutz, A. (1973). *Collected Papers I: The Problem of Social Reality.* (edited and introduced by M. Natanson). The Hague: Martinus Nijhoff.

Shils, E. (1981/1992). *Tradition*. Chicago: The University of Chicago Press. 김병서, 신현순 역. 전통: 변하는 것과 변하지 않는 것. 서울 : 민음사.

Simpson, D. (1968). *Learning to Learn*. Columbus, C. E.: Merrill.

Smith, D. E. P. (1961). *Learning to Learn*. New York: Harcourt, Brase & World.

Smith, D. E. P. (1990). *Learning How to Learn across the Life Span*. San Francisco: Jossey—Bass Publishers.

Taba, H. (1962). *Curriculum Development: Theory and Practice*. New York: Brace and World.

Toffler, A. (1970). *Power Shift*. New York: Bantam Books.

Toulmin, S. (1961). *Foresight and Understanding: An Inquiry into the Aims of Science*. New York: Harper Torchbooks.

Tyler, R. W. (1949). *Basic Principles of Curriculum and Instruction*. Chicago: University of Chicago Press.

Walton, J. (1974). A confusion of context: The interdisciplinary study of education. *Educational Theory, 24*, 219—229.

Wells, D. G. (2005/2007). *Prime Numbers: The Most Mysterious Figures In Math*. 심재관 역. 소수 수학 최대의 미스터리. 서울: 한승.

White, J. (1987). *The Aims of Education Restated*. London: Routledge & Kegan Paul.

White, L. A. (1949/1978). *The Science of Culfure*. 이문웅 역. 문화의 개념. 서울: 일지사.

Wilson, E. O. (1998/2005). *Consilience: The Unity of Knowledge*. 최재천, 장대익 역. 통섭: 지식의 대통합. 서울: 아이언스북스.

Wright, J. (1982). *Learning How to Learn in Higher Education*. London: Croom Helm.

Young, M. F. D. (1971). An approach to the study of curricula as socially organized knowledge. In M. F. D. Young (Ed.). *Knowledge and Control: New Direction for the Sociology of Education*, 19—47. London: Collier Macmillan.

찾아보기

내용

저자 소개

최성욱(Sung-Wook Choi)
서울대학교 대학원 교육학과(교육학박사)
현 한국교원대학교 교육학과 교수

〈주요 저서 및 논문〉
『교육과 삶의 질』(공저), 『융합교육의 이해』 (공저), 「교육발전론 재검토」, 「교육평가의 내재성과 외재성」, 「판소리 전승사에 나타난 도제교육의 양상과 원리」, 「교육비 개념의 타당성 검토」, 「교육학 패러다임의 전환」, 「교육적 시간의 의미」, 「교육공간의 의미와 조건」, 「'교육목표'에 함축된 '교육' 개념의 해체」, 「단군신화의 교육학적 재해석」, 「배움과 상구의 치환가능성에 대한 비판적 고찰」 등 논문 다수

커리큘럼과 수업의 성찰
Reflections on Curriculum and Instruction

2018년 10월 23일 1판 1쇄 발행
2023년 3월 20일 1판 3쇄 발행

지은이 • 최 성 욱

펴낸이 • 김 진 환

펴낸곳 • **(주)학지사**

　　　　04031 서울특별시 마포구 양화로 15길 20 마인드월드빌딩 5층

대표전화 • 02) 330-5114　　팩스 • 02) 324-2345

등록번호 • 제313-2006-000265호

홈페이지 • http://www.hakjisa.co.kr
페이스북 • https://www.facebook.com/hakjisabook

ISBN 978-89-997-1692-8　93370

정가 **20,000원**

│ 출판미디어기업 학지사

간호보건의학출판 **학지사메디컬** www.hakjisamd.co.kr
심리검사연구소 **인싸이트** www.inpsyt.co.kr
학술논문서비스 **뉴논문** www.newnonmun.com
원격교육연수원 **카운피아** www.counpia.com